W0321645

PLUSPUNKT DEUTSCH

Leben in Österreich

ARBEITSBUCH

A2

LÖSUNGEN

Cornelsen

Lösungen

1 Meine Geschichte

1
1 Woher – **2** Wo – **3** Wie lange – **4** Welche – **5** Wie – **6** Wohin

2
2 habe … gelebt – **3** habe … gewohnt – **4** haben … gelebt – **5** bin … gefahren

4
seit einem Jahr – seit einem Monat – seit einer Woche

5
1 Marta hat die Matura gemacht.
2 Ihre Eltern sind wieder nach Italien umgezogen.
3 Carlos hat seine Arbeit verloren.
4 Die neue Arbeit hat ihn wieder motiviert.
5 Linying hat in Taiwan für eine österreichische Firma gearbeitet.

6
Herr Litwinow **ist** 2010 von Russland nach Österreich gekommen, denn er **hat** eine Österreicherin geheiratet. Er **hat** zuerst Deutsch gelernt. Danach hat er Arbeit in Innsbruck gefunden. Später **sind** er und seine Frau nach Graz umgezogen, aber sie **sind** dort nur sechs Monate geblieben. Heute wohnen sie in Wien.

7a
abgeholt – geglaubt – gefunden – geflogen – gegeben – geschwommen – gefragt – kennengelernt

7b
funktioniert – verlassen – telefoniert – verloren – besichtigt – erklärt – begonnen – verkauft – vergessen – buchstabiert – bekommen – studiert

8
In meiner Heimat habe ich als Ingenieur **gearbeitet**, aber dann habe ich meine Arbeit **verloren**. Ich habe mein Heimatland **verlassen** und bin dann nach Österreich **umgezogen**. Hier habe ich schnell Deutsch **gelernt** und jetzt habe ich einen Job in einem Architekturbüro **gefunden**. Die Arbeit macht mir Spaß. Ich habe viele neue Menschen **kennengelernt**. Mit meinen Freunden habe ich schon viel zusammen **gemacht**.

9
2011 bin ich **nach** Österreich gekommen. Ich habe zuerst **in** Graz **bei** meinen Verwandten gewohnt. Dann bin ich **von** Graz **nach** Eisenstadt umgezogen. **In** Eisenstadt habe ich eine Arbeit als Lehrer gefunden.

10
Beispiel:
Frau Tokaryk ist 2012 nach Österreich gekommen. Sie hat zuerst in Innsbruck bei Verwandten gewohnt. 2013 hat sie einen Deutschkurs gemacht. Dann hat sie 2014 eine Wohnung gefunden und ihr Mann ist auch nach Österreich gekommen. 2015 hat Frau Tokaryk in Innsbruck Arbeit gesucht. Sie hat 2016 in Wien Arbeit gefunden und ist nach Wien umgezogen.

11a
3 – 1 – 4 – 2

11b
1 ist 2011 nach Österreich gekommen – **2** hat in der Nähe von Enns gewohnt – **3** ist nach Linz umgezogen – **4** hat einen Sprachkurs gemacht – **5** hat viele nette Leute kennengelernt – **6** hat die Prüfung beim zweiten Mal geschafft – **7** hat eine Arbeit gefunden – **8** arbeitet als Verkäufer – **9** möchte als Ingenieur arbeiten

11c
Beispiel:
Herr Sorokin ist 2011 nach Österreich gekommen. Er hat zuerst in der Nähe von Enns gewohnt. Dann ist er nach Linz umgezogen. Dort hat er einen Sprachkurs gemacht. Im Sprachkurs hat er viele nette Leute kennengelernt. Die Prüfung hat er beim zweiten Mal geschafft. Dann hat er auch eine Arbeit gefunden, er arbeitet als Verkäufer. Er möchte aber wieder als Ingenieur arbeiten.

12
Dialog 1:
mein – meine – unsere – Ihre
Dialog 2:
eure – unsere – unsere – ihre – Unsere – eure

13
1 Ihre – **2** dein – **3** eure – **4** Ihre – **5** Ihre – **6** euer

14
1 Ihren – mein
2 Ihren – meinen
3 Ihrem – seinen
4 Ihrer – meiner – Ihre

15
habe studiert – habe kennengelernt – haben geheiratet – habe bekommen – sind umgezogen – sind gekommen – haben gewohnt – habe gefunden – ist geblieben

16

Beispiel:

1 • Wie lange lernen Sie schon Deutsch?
• Seit einem Jahr.

2 • Sprechen Sie viel mit Österreichern?
• Nein, leider nicht. / Ja, bei der Arbeit.

3 • Sehen Sie auch Filme auf Deutsch im Fernsehen?
• Nein, nicht oft. / Ja, ich sehe oft Filme auf Deutsch.

4 • Lesen Sie österreichische Zeitungen und Bücher?
• Österreichische Bücher habe ich noch nicht gelesen. Ich lese manchmal die Zeitung.

5 • Wie lernen Sie neue Wörter?
• Ich schreibe die Wörter auf Karten und spreche sie laut.

17

Eine Übung ist schwierig, wichtig, einfach, kompliziert.
Ich finde es schwierig, lustig, wichtig, einfach, kompliziert.
Die Frau spricht leise, langsam, laut, schnell.

19

1 B – **2** D – **3** A – **4** C

20

1 Früher habe ich wenig Deutsch gesprochen.
2 Früher habe ich Wörter nie auf Karteikarten geschrieben.
3 Früher habe ich die neuen Wörter nie behalten und sie immer schnell vergessen.
4 Früher habe ich wenig Radio auf Deutsch gehört und nie Filme auf Deutsch geschaut.
5 Früher habe ich viele Fehler gemacht.

21

Meine Eltern **haben** vor 30 Jahren ihre Heimat verlassen. Sie **sind** aus der Türkei **gekommen**. Sie haben in Österreich Arbeit gesucht und **gefunden**. Ich bin in Österreich geboren. Wir **sind** letzten Monat von Salzburg nach Innsbruck **umgezogen**.

22a

1 C – **2** D – **3** A – **4** E

Wichtige Wörter

1a

1 groß – **2** gemütlich – **3** langweilig – **4** laut – **5** schmutzig – **6** modern

1b

A groß – laut – modern – interessant – hektisch
B klein – ruhig – alt – langweilig – sauber – gemütlich

2

2 behalten – **3** verstehen – **4** haben – **5** machen – **6** lernen – **7** schreiben – **8** lesen – **9** besuchen

4

linke Seite:
1 – 7 – 4 – 8 - 2
rechte Seite:
6 – 9 – 5 – 10 - 3

5

1 C – **2** D – **3** E – **4** F – **5** B – **6** A

2 Medien

1a

1 das Radio – **2** der Kopfhörer – **3** das Smartphone / das Handy – **4** der Computer – **5** die Zeitung – **6** das Tablet / das E-Book

1b

hört – liest – hört – hat … gekauft – telefonieren – chatten – arbeitet – spielt – sieht fern

2

Beispiel:

1 In der Früh stehe ich auf.
2 Am Vormittag arbeite ich.
3 Ich kaufe am Nachmittag ein.
4 Zu Mittag trinke ich einen Kaffee.
5 Ich schlafe in der Nacht.
6 Am Abend sehe ich fern.

4a

Internet – Smartphone – Kontakt – Nachrichten – Online-Spiele

4b

1 R – **2** F – **3** F – **4** F – **5** R

5

1 Schüler brauchen oft Internet, weil sie Informationen für die Schule recherchieren.
2 Kinder gehen gern ins Internet, weil es viele Online-Spiele für Kinder gibt.

3 Viele Leute nutzen das Internet, weil sie Preise vergleichen.
4 Bei der Arbeit braucht man Internet, weil man E-Mails schicken muss.
5 Viele Leute haben mobiles Internet, weil es sehr praktisch ist.

6a

1 Die Arbeit von Tim fängt um 7 Uhr an.
2 Er holt die Kinder von der Schule ab.
3 Er kommt spät nach Hause zurück.
4 Er liest den Kindern vor.
5 Er kann nicht einschlafen.

6b

1 Tim muss sehr früh aufstehen, weil seine Arbeit um 7 Uhr anfängt.
2 Er fährt nicht sofort nach Hause, weil er die Kinder von der Schule abholt.
3 Er ruft seine Frau an, weil er spät nach Hause zurückkommt.
4 Er kann nicht fernsehen, weil er den Kindern vorliest.
5 Er liest noch ein Buch, weil er nicht einschlafen kann.

7

1 ..., weil er Zeitung liest.
2 ..., weil sie mit dem Handy telefoniert.
3 ..., weil er Musik hört.
4 ..., weil sie im Internet surft.
5 ..., weil sie fernsieht.

8a

1 C – **2** E – **3** A – **4** B – **5** D – **6** F

8b

2 ● Warum surft sie im Internet?
  ● Weil sie Urlaubsangebote sucht.
3 ● Warum nimmt sie ihr Smartphone mit?
  ● Weil sie immer erreichbar sein muss.
4 ● Warum packt sie ihr Tablet ein?
  ● Weil sie im Urlaub Nachrichten schauen will.
5 ● Warum nimmt sie ihr E-Book mit?
  ● Weil sie im Urlaub viel lesen möchte.
6 ● Warum nimmt sie ihre Kopfhörer mit?
  ● Weil sie im Flugzeug Musik hören will.

9

Beispiel:

1 Die Kinder spielen nicht im Garten, weil es regnet.
2 Herr Hamidi fährt zum Flughafen, weil er seine Familie abholt.
3 Herr Weber trinkt heute kein Bier, weil er noch Auto fahren muss.
4 Frau Santana geht heute früh ins Bett, weil sie morgen früh aufstehen muss.

10

1 Speichern – **2** Schließen – **3** Drucken – **4** Optionen – **5** Öffnen – **6** Löschen – **7** Hilfe – **8** Beenden

11

Beispiel:

Zuerst schaltet man das Smartphone ein. Dann öffnet man das Programm. Danach wählt man den Empfänger aus und schreibt den Text. Danach schickt man die Nachricht ab. Zuletzt schließt man das Programm.

12a

1 der Spielfilm – **2** der Animationsfilm – **3** der Quiz – **4** die Nachrichten – **5** der Krimi – **6** der Dokumentarfilm – **7** die Sportsendung – **8** die Serie – **9** die Talkshow

12b

die Nachrichten – die Sportsendung – der Krimi – der Dokumentarfilm

14

● Was gibt es heute im Fernsehen?
● Heute Abend gibt es um 20.15 Uhr ein Fußballspiel. Das möchte ich gern sehen. Du auch?
● Nein, ich mag keine Sportsendungen. Ich möchte lieber einen Film sehen.
● Es kommt auch ein Film mit Emma Watson.
● Ja, das finde ich gut. Wann beginnt der Film?
● Um 22 Uhr.
● Dann kannst du zuerst das Fußballspiel schauen und wir schauen danach den Film. Okay?
● Ja, das ist eine gute Idee.

15a

Radio – Zeitung – Internet – Buch – Handy – Smartphone

15b

☺ Zeitung, Buch

☹ Radio, Internet, Handy, Smartphone

15c

1 F – **2** R – **3** R

16

1 Ich finde es schlecht, dass die Internetverbindung in Kleinstädten oft nicht so gut ist.
2 Ich finde, dass man immer erreichbar sein muss.
3 Ich finde es gut, dass man auch mit einer App Vokabeln lernen kann.

17
Beispiel:
1 Ich finde, dass Zugfahrkarten in Österreich sehr teuer sind.
2 Ich denke, dass der Winter sehr kalt ist.
3 Ich finde es gut, dass man am Wochenende viel machen kann.
4 Ich finde es schlecht, dass man nur schwer eine Wohnung findet.
5 Ich denke nicht, dass alle Menschen ein Auto haben.

18
Jetzt bin ich schon eine Woche hier im Sprachkurs. – Leider habe ich noch nicht viel Kontakt mit den anderen Kursteilnehmern. – Gestern hat sie mir eine Vokabel-App gezeigt. – Mit der App lerne ich gerne.

19a
1 D – **2** A – **3** B – **4** E – **5** C

19b
1 Tag der offenen Tür im Sprachenzentrum Krems
2 Schneechaos in Wien

19c
Beispiel:
1 Das Sprachenzentrum Krems hat einen Tag der offenen Tür gemacht, weil es sein 20jähriges Jubiläum gefeiert hat.
2 Die Kinder sind in Wien am Montag nicht zur Schule gegangen, weil das Wetter schlecht war.

Wichtige Wörter

1
1 Talkshow – **2** Serie – **3** Sportsendung – **4** Nachrichten – **5** Dokumentarfilm – **6** Krimi – **7** Quiz – **8** Animationsfilm
Lösungswort: Wetterbericht

2
1 anmelden – **2** chatten – **3** surfen

4a
1 der Drucker – **2** der Bildschirm – **3** der Rechner – **4** der Scanner – **5** das Laufwerk – **7** der USB-Anschluss – **9** die Tastatur – **11** das Ladekabel – **12** die Maus – **13** die DVD

4b
6 der USB-Stick
8 das Smartphone / das Handy
10 das Tablet
14 der Laptop

7
Beispiel:
Zwei Kinder spielen Computerspiele. Ich spiele selten Computerspiele.
Eine Person scannt einen Text. Ich scanne manchmal einen Text.
Eine Person macht Online-Banking. Ich mache immer Online-Banking.
Die Frau sieht einen Film. Ich sehe oft Filme.
Ein Mann arbeitet mit einem Musikprogramm.
Ich arbeite nie mit einem Musikprogramm.
Eine Person trägt einen Termin am Tablet ein.
Ich habe kein Tablet.
Eine Person bearbeitet Bilder. Ich bearbeite selten Bilder.

3 Wochenende

1a
2 – 4 – 5 – 6 – 7

1b
1 die Wohnung putzen – **2** Sport machen / joggen gehen – **3** mit der Freundin essen gehen – **4** im Garten helfen – **5** die Waschmaschine reparieren – **6** für einen Test Deutsch lernen

3a
1 Eis essen – **2** Verwandte besuchen – **3** Kaffee trinken – **4** in einen Club gehen – **5** einen Ausflug machen – **6** schwimmen gehen

3b
Beispiel:
Am Samstag besuche ich meine Verwandten. Wir gehen am Nachmittag ein Eis essen. Am Samstagabend gehe ich mit Freunden in einen Club.

Lösungen

4
1 am – **2** auf dem – **3** unter dem – **4** vor dem – **5** hinter dem – **6** neben dem – **7** zwischen dem

5a
2 auf den – **3** unter den – **4** auf den – **5** ins – **6** zwischen den – **7** auf den

5b
1 Die Kinder sind in die Apotheke gerannt.
2 Das Buch ist auf den Sessel geflogen.
3 Die Katze ist unter den Tisch gerannt.
4 Der Salat ist auf den Boden gefallen.
5 Der Verkäufer ist ins Café gelaufen.
6 Die Äpfel sind zwischen den Obststand und den Tisch gefallen.
7 Der Sonnenschirm ist auf den Tisch gefallen.

6
1 Die Katze steht zwischen den Sesseln.
2 Die Katze läuft unter den Tisch. Die Katze liegt unter dem Tisch.
3 Die Katze springt auf die Bank. Die Katze liegt auf der Bank.

7
den – den – einem – der – die – eine – der

8
1 Am – um – Von ... bis – Am
2 im – im
3 um – um – Am – Am – am – von ... bis

10
1 Nein – Ja
2 Ja – Doch
3 Doch – Ja
4 Ja – Nein

11
Beispiel:

1 Hallo Max, nein, leider kann ich nicht mitkommen. Ich muss am Nachmittag arbeiten. Liebe Grüße

2 Hi Viki,
doch, ich habe Zeit und ich komme sehr gern mit in die Disco. Wann treffen wir uns? Gruß

12a
1 Björn arbeitet am Wochenende von 9:00 bis 17:00 Uhr oder von 17:00 Uhr bis 01:00 Uhr.
2 Er muss nicht an jedem Wochenende arbeiten.
3 Am Montag hat er immer frei.
4 Er geht dann mit seiner Freundin essen oder sie machen einen Ausflug.

12b
Beispiel:
Björn Nowitzki arbeitet oft am Wochenende, denn er ist Kellner von Beruf. Besonders am Wochenende hat er im Restaurant viel Arbeit. Er hat Schichtarbeit, das heißt, er arbeitet am Samstag und Sonntag von 9.00 bis 17.00 Uhr oder von 17.00 bis 1.00 Uhr im Restaurant. Am Montag ist das Restaurant geschlossen und er hat immer frei. Natürlich arbeitet er nicht jedes Wochenende. Ihm gefallen die freien Wochenenden. Dann geht er mit seiner Freundin gerne essen oder sie machen einen Ausflug.

12c
Früher habe ich am Wochenende oft gearbeitet, denn ich war Kellner von Beruf. Besonders am Wochenende haben wir in unserem Restaurant viel Arbeit gehabt. Ich habe Schichtarbeit gehabt, das heißt, ich habe am Samstag und Sonntag von 9.00 bis 17.00 Uhr oder von 17.00 bis 1.00 Uhr im Restaurant gearbeitet. Am Montag war das Restaurant geschlossen und ich habe immer frei gehabt. Natürlich habe ich nicht jedes Wochenende gearbeitet. Mir haben die freien Wochenenden gefallen. Dann bin ich mit meiner Freundin gerne essen gegangen oder wir haben einen Ausflug gemacht.

13
1 A – **2** A – **3** A – **4** B – **5** B – **6** A

14a
- Restaurant zur Post. Was kann ich für Sie tun?
- Grüß Gott, hier spricht Fernando Lopez. Ich möchte gerne einen Tisch für Samstagabend reservieren. Geht das?
- Ja, das geht. Wie viele Personen sind Sie und wann möchten Sie kommen?
- Wir sind drei Personen und möchten um 20.00 Uhr kommen.
- Möchten Sie einen Tisch auf der Terrasse?
- Ja, gerne.
- Das habe ich notiert. Vielen Dank für Ihre Reservierung. Auf Wiederhören.
- Auf Wiederhören.

14b
Wer? Fernando Lopez und 2 Personen.
Was? Herr Lopez reserviert einen Tisch im Restaurant.
Wo? Im Restaurant zur Post.
Wann? Samstagabend um 20 Uhr.

15

- Ich möchte gerne bestellen.
- Ja, gerne, was möchten Sie essen?
- Ich hätte gerne das Brathendl mit Reis und Gemüse.
- Das Gericht haben wir nicht mehr, tut mir leid.
- Schade, dann nehme ich die Gemüselasagne.
- Sehr gerne. Und was möchten Sie trinken?
- Ich nehme einen Apfelsaft.

17a

Selvi: Gemüsesuppe – Hühnerfilet mit Nudeln und Gemüse – Apfelsaft

Filipp: Gemüsesuppe – Spaghetti mit Basilikum-Pesto und Paradeisern – Vanilleeis – Bier

17b

Richtig: 2 und 3

Falsch:

1 Selvi isst gern Gemüsesuppe.

4 Filipp isst auch die Gemüsesuppe als Vorspeise.

5 Filipp nimmt das Vanilleeis als Nachspeise.

18

Liebe Jessica,
noch einmal vielen Dank für das schöne Wochenende bei dir in Graz. Das Essen am Samstagabend war sehr gemütlich und die Radtour am Sonntagmittag war wirklich toll. Ich hoffe, dass du mich dann Anfang Mai in Salzburg besuchst.
Viele Grüße
Iane

19a

A 3 – **B** 5 – **C** 4 –**D** 6 – **E** 2 – **F** 1

19b

Beispiel:

1 Es wohnen 6 Personen in dem Haus: Neyla, Sebastian, Andi, Gregor, Eli und Claudia.

2 Sie haben im Gemüsegarten gearbeitet, sie haben das Wohnzimmer gestrichen, sie haben den Keller aufgeräumt, sie haben im Haus Sachen repariert und sie haben den Flur und alle Gemeinschaftsräume geputzt.

3 Sie haben gut im Gemüsegarten gearbeitet, das Wohnzimmer gestrichen, Sachen repariert und geputzt.

4 Sie haben nicht die Elektrogeräte zum Mistplatz gebracht, weil der Mistplatz geschlossen hatte. Sie haben nicht den ganzen Keller aufgeräumt, weil Eli und Claudia viel geredet haben.

5 Sie haben zusammen gekocht und zusammen gegessen.

Wichtige Wörter

1

der Kellner, die Gäste: der Mann und die Frau, die Speisekarte, die Gläser, das Messer, die Gabel, die Serviette, die Teller, der Tisch, die Sessel

2

1 das Trinkgeld, Trinkgelder – **2** der Sonnenschirm, Sonnenschirme – **3** die Nachspeise, Nachspeisen – **4** das Stadtzentrum, Stadtzentren – **5** der Pflegedienst, Pflegedienste – **6** die Einkaufsstraße, Einkaufsstraßen

3a

1 bezahlen – **2** reservieren – **3** kaufen – **4** machen

3c

Beispiel:

Am Samstagvormittag kaufe ich auf dem Markt ein. Am Samstagabend gehe ich in eine Disco. Am Sonntagmittag lese ich die Zeitung. Am Sonntagnachmittag putze ich das Auto.

5

1 das Messer, -
2 die Gabel, -n
3 der Löffel, -
4 der Teller, -
6 die Serviette, - n
7 die Teekanne, - n
11 das Öl, Sg.

7

Beispiel:

Ich möchte einen Salat machen. Ich brauche das Salatbesteck und Essig und Öl.
Ich möchte einen Kaffee trinken. Ich brauche den Zuckerstreuer und einen Löffel.
Ich möchte Abendbrot essen. Ich brauche eine Tischdecke, ein Messer, eine Gabel und einen Teller.

8

1 F – **2** E – **3** D – **4** C – **5** A – **6** B

9

Beispiel:

Ich mag sehr gern Hühnerfilet mit Reis und Gemüse.
Das Matjesfilet mit Salat mag ich nicht, weil ich keinen Fisch esse.
Das Rindergeschnetzelte mit Gemüsereis sieht sehr lecker aus, ich esse gern Reis.

4 Schule

1a
der Unterricht – das Lieblingsfach – der Stundenplan – die Gruppenarbeit – die Geschichte – die Mathematik – der Schulhof – die Lehrerin

1b
Beispiel:
1 Ich habe am Montag von 9 bis 12 Uhr Unterricht.
2 Mein Lieblingsfach ist Physik.
3 Wo ist mein Stundenplan?
4 Wir machen im Deutschunterricht oft Gruppenarbeit.
5 Ich finde Geschichte interessant.
6 Ich muss viel für Mathematik lernen, das ist oft schwer für mich.
7 In der Pause müssen wir immer auf den Schulhof gehen.
8 Meine Lehrerin heißt Frau Kube, sie ist nett.

2a
1 Mathematik – **2** Englisch – **3** Bildnerische Erziehung – **4** Physik – **5** Biologie – **6** Geografie

2b
Physik – Sport

2c
1 F – **2** F – **3** R – **4** F – **5** R – **6** F

3
Beispiel:
Paula ist zuerst in die Kindergarten gegangen. Dann ist sie in die Volksschule gekommen. Nach vier Jahren ist sie in die Neue Mittelschule gegangen. Nach dem Poly hat sie eine Lehre begonnen.

4a
1 D – **2** C – **3** A – **4** B

4b
1 Wenn Filip einen Zweier in Mathe hat, dann kann er ins Gymnasium gehen.
2 Wenn er mit der Schule fertig ist, möchte er Arzt werden.
3 Wenn er Arzt werden möchte, dann muss er an der Universität studieren.
4 Wenn er Arzt ist, kann er viel Geld verdienen.

5
2 Wenn Erol die Matura schafft, dann kann er in die Universität gehen.
3 Wenn Corinna die Matura machen will, dann muss sie ins Gymnasium gehen.
4 Wenn Nico eine Lehre machen will, kann er in die Neue Mittelschule gehen.
5 Wenn Kaja im vierten Schuljahr gute Noten hat, kann sie ins Gymnasium gehen.

6
1 = sehr gut – **2** = gut – **3** = befriedigend – **4** = genügend – **5** = nicht genügend

7a
1 B – **2** C – **3** E – **4** A – **5** D

7b

1	Wenn meine Tochter nicht	aufräumt,		darf	sie nicht fernsehen
2	Wenn du nicht	anrufst,		bin	ich traurig.
3	Wenn das Wetter gut	ist,	dann	gehe	ich spazieren.
4	Wenn ich viel arbeiten	muss,		trinke	ich viel Kaffee.
5	Wenn Sina Sport	macht,		trinkt	sie viel Wasser.

8
2 Du musst eine Entschuldigung schreiben, wenn dein Kind krank ist.
3 Du musst bei der Firma anrufen, wenn du die Stelle haben willst.
4 Man kann den Lehrer fragen, wenn man etwas nicht versteht.
5 Kinder können Nachhilfe bekommen, wenn sie Probleme in der Schule haben.

9a
2 Was machen Sie, wenn Sie Fieber haben?
3 Was machen Sie, wenn die Hose zu klein ist?
4 Was machen Sie, wenn Sie nicht schlafen können?
5 Was machen Sie, wenn Sie nicht fit sind?
6 Was machen Sie, wenn das Wetter schön ist?
7 Was machen Sie, wenn Sie zwei Wochen Urlaub haben?

9b
Beispiel:
2 Wenn ich Fieber habe, gehe ich zum Arzt.
3 Wenn die Hose zu klein ist, dann esse ich weniger.
4 Wenn ich nicht schlafen kann, schaue ich einen Film.
5 Wenn ich nicht fit bin, dann mache ich mehr Sport.

6 Wenn das Wetter schön ist, dann treffe ich meine Freunde im Park.
7 Wenn ich zwei Wochen Urlaub habe, gehe ich jeden Tag spazieren.

10a

1 Dürfen die Kinder den Schulhof in der Pause verlassen?
2 Wie viel Euro muss ich in die Klassenkassa einzahlen?
3 Warum ist im letzten Monat der Chemieunterricht ausgefallen?
4 Was brauchen die Kinder für den Sportunterricht?

10b

Beispiel:
1 Dürfen die Kinder Handys in der Schule benutzen?
2 Welche Bücher brauchen die Kinder für den Deutschunterricht?
3 Dürfen die Kinder auf dem Schulhof Fahrrad fahren?
4 Müssen alle Kinder zum Schwimmunterricht gehen?

11

1 Projektwoche – **2** Taschengeld – **3** Ausflug – **4** Schularbeiten

12

1 A – **2** B – **3** B – **4** A

13

1 wollte – **2** konnte – **3** wollten – **4** musste – **5** musste – **6** durften – **7** konnte

14

	wollen	können	müssen	dürfen
ich	woll**te**	konn**te**	muss**te**	durf**te**
du	woll**test**	konn**test**	muss**test**	durf**test**
er/es/sie/man	woll**te**	konn**te**	muss**te**	durf**te**
wir	woll**ten**	konn**ten**	muss**ten**	durf**ten**
ihr	woll**tet**	konn**tet**	muss**tet**	durf**tet**
sie/Sie	woll**ten**	konn**ten**	muss**ten**	durf**ten**

15

1 konnte – durfte – wollte
2 durften – mussten – durften
3 wollten – wollte – konnte

16a

2 Die Lehrer waren streng.
3 Die Prüfungen waren einfacher als heute.
4 Sie durften nicht an den Strand gehen.

16b

Beispiel:
Frau Sánchez musste viel lernen. Die Schüler konnten verschiedene Kurse wählen. Die Eltern mussten ein bisserl was für die Kurse zahlen. Frau Sánchez durfte keine Hausaufgaben in der Schule machen. Sie musste die Hausaufgaben zu Hause machen. Die Kinder wollten an den Strand gehen. Sie durften nicht schwimmen.

18a

1 Ich muss jetzt Deutsch lernen, weil ich in der Schule in meiner Heimat kein Deutsch gelernt habe.
2 Wenn ich noch drei Monate lerne, kann ich die Prüfung machen.
3 Wenn ich die Prüfung bestehe, kann ich leichter eine Arbeit finden.
4 Ich finde es gut, dass mein Kurs so nett ist.

19a

Brief 1:
Was? Elternabend
Wann? 25.05. um 19 Uhr
Wo? Raum 210 in der Schule

Brief 2:
Was? Film „Krabat" anschauen
Wann? Montag 23.05. zwischen 9.30 und 12.30 Uhr
Wo? Hauptbahnhof

19b

Beispiel:
1 Die Lehrer heißen Michael Hertel und Irene Beilig.
2 Sie sprechen über die Projektwoche.
3 Die Klasse sieht den Film Krabat.
4 Die Kinder sollen 5 Euro mitbringen.
5 Die Eltern sollen die Kinder um 12:30 Uhr wieder abholen.
6 Wenn die Kinder allein nach Hause fahren dürfen, müssen die Eltern den Abschnitt unterschreiben.

Wichtige Wörter

1

1 Zeugnis – **2** Note – **3** Matura – **4** Lehre – **5** Schulfächer – **6** Nachhilfe

2

Beispiel:

der Deutschunterricht – die Projektwoche – der Schulabschluss – die Sporttasche – der Physiklehrer – der Schulhof – der Schulausflug – der Deutschlehrer – der Schulbus

3

1 besuchen – **2** nachsitzen – **3** gehen – **4** bestehen

5

1 das Lehrerzimmer – **2** der Schulhof – **3** das Sekretariat – **4** die Schulkantine – **5** der Schulbus – **6** der Hausmeister – **10** die Brotdose – **12** die Schularbeit – **14** der Schreibblock – **15** die Schere – **16** das Hausaufgabenheft – **17** der Klassenraum – **18** der Computerraum – **20** der Chemieraum – **22** der Sportplatz – **23** der Kunstunterricht – **26** der Schulchor – **28** die Schultüte – **30** die Projektwoche

7

1 Man bekommt Informationen im Sekretariat.
2 Sie machen auf dem Sportplatz oder in der Turnhalle Sport.
3 Sie bringen die Schultasche, die Brotdose, den Turnbeutel, das Federpennal, den Schreibblock, die Schere und das Hausaufgabenheft mit.
4 Sie sind im Lehrerzimmer oder auf dem Schulhof.
5 Sie sind im Klassenraum oder auf dem Schulhof.
6 Sie bekommen eine Schultüte.
7 Im Schulranzen ist das Federpennal, der Schreibblock, die Schere und das Hausaufgabenheft.
8 Sie können in die Bibliothek, in den Schulchor oder in die Theater-AG gehen.
9 Es gibt das Schulfest und die Abschlussfeier.

Station 1

A

Beispiel:

Ich komme aus Ghana. – Ich wohne in Innsbruck. – Ich habe eine Arbeit als Taxifahrer gefunden. – Meine Verwandten wohnen in Wien.

B

Beispiel:

Ich finde, dass viele Kindersendungen gut sind. Ich finde es wichtig, dass Kinder nicht viel fernsehen. Ich denke, dass das Internet mehr Informationen als das Fernsehen bietet.
Für mich ist das Internet wichtig, weil ich mit meinen Freunden chatten kann.
Für mich ist das Internet nicht wichtig, weil ich immer Zeitung lese.
Ich sehe gern fern, weil ich das entspannend finde.
Ich sehe nicht gern fern, weil ich lieber Bücher lese.

C

öffnet – wählt ... aus – schreibt – schickt ... ab – schließt

D

Beispiel:

Am Samstag gehe ich in den Supermarkt und kaufe ein. Dann gehe ich ins Schwimmbad.
Am Sonntag mache ich eine Fahrradtour. Manchmal mache ich auch ein Picknick. Danach gehe ich gern ins Kino.

E

Beispiel:

Von Montag bis Donnerstag habe ich gearbeitet. Am Freitag bin ich ins Schwimmbad gegangen und am Freitagabend habe ich mit Freunden im Restaurant gegessen.

F

Beispiel:

Ja, ich hätte gern das Hühnerfilet mit Reis und Gemüse.
Ich nehme eine Fanta, bitte.

G

Beispiel:

In der Schule musste ich viel lernen.
Ich durfte kein Handy benutzen.
Ich wollte ins Gymasium gehen.

ÖIF-Test Neu Hörverstehen

Teil 1

1 B – **2** C – **3** C – **4** B

Teil 2

5 C – **6** C – **7** A – **8** A – **9** B

Teil 3

10 Richtig – **11** A – **12** Richtig – **13** C –**14** Falsch – **15** B – **16** Falsch – **17**A

5 Am Arbeitsplatz

1a
1 Pilot – **2** Ingenieur – **3** Physiotherapeutin – **4** Pädagogin

1b
1 früher: Busfahrer, heute: Arzt
2 früher: Friseurin, heute: Köchin
3 früher: Ingenieur, heute: Mechatroniker

3a
1 Wie lange sind Sie heute im Büro?
2 Wo bekomme ich einen Büroschlüssel?
3 Wann kommt Herr Weber heute? / Wann kommt heute Herr Weber?
4 Warum kommen Sie so spät?

3b
2 Können Sie mir erklären, wo ich einen Büroschlüssel bekomme?
3 Wissen Sie, wann Herr Weber heute kommt?
4 Können Sie mir sagen, warum Sie so spät kommen?

4
1 Wisst – weiß – weißt – weiß
2 Wissen – weiß – weiß – wissen

5
1 der Ordner, die Ordner – **2** das Passwort, die Passwörter – **3** die Rechnung, die Rechnungen – **4** die Überweisung, die Überweisungen – **5** der Drucker, die Drucker – **6** der Schlüssel, die Schlüssel

6a
Beispiel:
1 • Können Sie mir sagen, wo Herr Müller ist?
2 • Wissen Sie, wie viel das Auto kostet?
• Es kostet 25.000 Euro.
3 • Darf ich fragen, wer gerade angerufen hat?
• Tut mir leid, das weiß ich nicht.

6b
Beispiel:
1 • Kannst du mir sagen, wohin du auf Urlaub fährst?
• Ja, ich fahre nach Spanien.
2 • Weißt du, wann der Quiz anfängt?
• Ja, um 20.15 Uhr.
3 • Darf ich fragen, wie lange du in Österreich bist?
• Ja, ich bin seit zwei Jahren in Österreich.

7
Beispiel:
• Können Sie mir sagen, wie spät es ist?
• Ja, es ist 12.30 Uhr.

• Wissen Sie, wo meine Jacke ist?
• Ja, sie liegt dort auf dem Sessel.

• Können Sie mir erklären, wie der Kaffeeautomat funktioniert?
• Tut mir leid, das weiß ich auch nicht.

8
1 Herr Neumann hat keine Zeit, weil er einen Termin in Innsbruck hat.
2 Er ruft am Donnerstag wieder an.

9a
mir – dir – ihm – ihr – uns – euch – ihnen

9b
1 Ihnen – **2** mir, dir – **3** ihr – **4** ihm – **5** ihnen, ihnen – **6** uns, euch

10
1 ihnen – **2** mir, dir – **3** uns, euch, mir – **4** ihm – **5** ihr – **6** Ihnen

11
Sie – ihn - sie – ihr – sie – ihm – Er

12
1
Liebe Frau Luttich,
wir müssen noch einen Tisch im Restaurant reservieren.
Könnten Sie das bitte machen?
Vielen Dank
Daniel Adila

2
Hallo Lena, wie gehen heute in die Disco.
Kommst du mit?
Liebe Grüße Anton

13
Beispiel:
1
Liebe Frau Peneva, der Briefträger hat ein Paket für Sie bei mir abgegeben. Ich bin jetzt nicht zu Hause. Sie können es aber morgen bei mir abholen.

2
Hallo Robert, ich habe Probleme mit dem Computerprogramm. Kannst du mir helfen und mir das Programm erklären? Wann hast du Zeit?
Danke.

14
1 C – **2** A(D) – **3** D(A) – **4** B

15
1 welche, diese, welches, Dieses
2 diesen, diese, dieser, diesen, Welchen

16

17
Dialog 1:
- Autohaus König, Reinhard Neuner.
- Guten Morgen, Herr Neuner, hier ist Luisa Wagner. Ich bin krank und bleibe heute zu Hause
- Okay. Gehen Sie zum Arzt?
- Ja, ich schicke dann eine Krankschreibung.
- Gut, dann gute Besserung!
- Vielen Dank!

Dialog 2:
- Herr Ehlich, sind die Zeitschriften schon im Regal?
- Nein, ich habe noch keine Zeit gehabt. Ich war an der Kassa.
- Dann machen Sie es jetzt, bitte.
- Soll ich danach wieder an die Kassa gehen?
- Ja, bitte.

19a
Hallo Angela,
leider kann ich morgen Nachmittag nicht zu unserem Termin kommen.
Könnten wir den Termin verschieben?
Bitte sag mir Bescheid.
LG Tobias

19b
Beispiel:
Sehr geehrte Frau Huber,
leider kann ich morgen Nachmittag nicht zu unserem Termin kommen.
Könnten wir den Termin verschieben?
Bitte sagen Sie mir Bescheid.
Mit freundlichen Grüßen

20
Beispiel:
1 Der Betriebsausflug findet am 17.7. statt.
2 Sie fahren nach Krems.
3 Sie besuchen das Karikaturmuseum.
4 Die Kollegen müssen den Eintritt für das Museum selbst bezahlen. Das Essen im Restaurant bezahlt die Firma für die Kollegen.
5 Am Nachmittag machen sie einen Spaziergang durch die Stadt.

21
3 A – **1** B – **4** C – **2** D

Wichtige Wörter

1a
der Fahrer, die Fahrerin – der Physiotherapeut, die Physiotherapeutin – der Pädagoge, die Pädagogin – der Ingenieur, die Ingenieurin – der Polizist, die Polizistin – der Arzt, die Ärztin

1b
1 der Pädagoge, die Pädagogin – **2** der Polizist, die Polizistin – **3** der Fahrer, die Fahrerin – **4** der Physiotherapeut, die Physiotherapeutin – **5** der Ingenieur, die Ingenieurin – **6** der Arzt, die Ärztin

2
1 drücken – **2** zurückrufen – **3** einwerfen

4
2 der Elektriker – **3** der Dachdecker – **6** der Maler – **7** der Tischler – **11** der LKW-Fahrer – **12** der Bauingenieur / die Bauingenieurin

7
1 die Kellnerin – **2** der Polizist/die Polizistin – **3** der Gepäckfahrer – **5** der Pilot – **6** die Reinigungskraft – **10** der Busfahrer – **12** der Taxifahrer

6 Wohnen nach Wunsch

1a
in einem Dorf – Balkon/Garten – Garten/Balkon – ruhig – keine Autos – viel Platz – in der Nähe

1b
Beispiel:
Auf Foto 2 sind viele Wohnungen. Es gibt einen Spielplatz. Das Haus ist groß und hat viele Balkons. Hier wohnen die Leute angenehm und ruhig.

Vielleicht liegt das Haus außerhalb oder in einem Vorort.
Auf Foto 3 sind Wohnungen in einer Großstadt. Die Wohnungen liegen in einer Einkaufsstraße, es gibt viele Geschäfte. Die Wohnungen liegen verkehrsgünstig. Man kann mit den öffentlichen Verkehrsmitteln fahren. Man wohnt praktisch, es ist aber laut.

1c

2 – 3 – 1

1d

Beispiel:

1 Familie Bach findet ihre Wohnung gut,
weil sie groß und hell ist.
weil die Wohnung einen Balkon hat.
weil hinter dem Haus ein Spielplatz ist.

2 Familie Gruber gefällt ihre Wohnung,
weil sie zentral liegt.
weil es viele Geschäfte gibt.
weil es in der Nähe viele Kinos und Restaurants gibt.

3 Familie Müller findet ihre Wohnung gut,
weil ihr Haus einen Garten hat.
weil ihr Haus ruhig liegt.
weil die Kinder ohne Probleme auf die Straße laufen können.

2

einer – einem – dem – der – einem – einer – einem – die – der – dem – einem – ein

3

Beispiel:
In der Stadt gibt es mehr Geschäfte als auf dem Land.
In der Stadt kann man besser ausgehen als auf dem Land.
In der Stadt findet man leichter Arbeit als auf dem Land.
Auf dem Land ist es ruhiger als in der Stadt.
Auf dem Land sind die Straßen sauberer als in der Stadt.
Auf dem Land haben die Kinder mehr Platz als in der Stadt.

5a

Zi: Zimmer – m^2: Quadratmeter – OG: 1. Stock (= Obergeschoss) – BLK: Balkon – EBK: Einbauküche – BK: Betriebskosten – inkl. BK: inklusive Betriebskosten – Tel.: Telefonnummer
Kü.: Küche – EG: Erdgeschoss – ZH: Zentralheizung – MM: Monatsmieten

5b

Anzeige 1: 72 m^2 – 3 Zimmer – 650 € + 150 € BK / Kaution: keine – Balkon und Einbauküche
Anzeige 2: 120 m^2 – 4 Zimmer – 940 € / Kaution: 3 MM

6

1 C – **2** A – **3** D – **4** B

8

1 lässt – **2** lasse – **3** Lässt – **4** lasst – **5** lassen – **6** lassen

9

2 … lässt sie bügeln.
3 … lässt es kochen.
4 … lässt sie aufräumen.
5 … lässt es zur Post bringen.

10a

2 der Kühlschrank, die Kühlschränke – **3** der Geschirrspüler, die Geschirrspüler – **4** die Abwasch, die Abwäschen – **5** die Lampe, die Lampen – **6** der Tisch, die Tische – **7** der Sessel, die Sessel – **8** der Löffel, die Löffel

10b

1 am – **2** zwischen dem, dem – **3** auf dem – **4** über dem – **5** neben dem – **6** auf dem

11a

1 der Kasten, die Kästen – **2** das Regal, die Regale – **3** der Teppich, die Teppiche – **4** die Wand, die Wände – **5** das Sofa, die Sofas – **6** der Tisch, die Tische – **7** die Lampe, die Lampen – **8** das Bild, die Bilder

11b

1 an die – **2** neben den – **3** auf den – **4** über das – **5** vor das – **6** an die

12

1 stehen – liegen
2 stellt – legt
3 stellt – steht
4 legt – liegt

13a

1 stellen – Stell – stehen
2 stehe
3 steht – gestellt

13b

1 liegt – liegt
2 Legen

14

1 stellen … vor – **2** freut – **3** fühlt … wohl

15

1 sich – **2** mich, sich – **3** dich, mich – **4** euch, uns – **5** sich, sich

16

mich – verliebt – sich – verliebt – uns – getroffen – uns – gestritten – sich – entschuldigt – mich – entschuldigt

17

Beispiel:

Wir möchten uns vorstellen. Wir heißen Giorgia und Nicolo Gallo und kommen aus Italien. Wir wohnen seit drei Jahren in Österreich. In Hollabrunn wohnen wir in einer Wohnung im Zentrum. Vor einem Monat sind wir von Graz nach Hollabrunn umgezogen. Wir fühlen uns hier sehr wohl.

18

Unsere Wohnung ist nicht groß, sie hat nur 67 Quadratmeter. Wir haben drei Zimmer: ein Wohnzimmer, ein Schlafzimmer und ein Kinderzimmer. Unsere Einbauküche ist ganz neu. Manchmal ist es etwas laut, denn in der Nähe ist ein Spital und wir hören oft den Alarm von den Krankenwagen.

19a

B

19b

1 B – **2** A – **3** C

19c

1 6,91 € – 1,65 €
2 377,24 € – 89,85 €
3 787,26 € – 187,51 €
4 3,56 €

Wichtige Wörter

1

Beispiel:

1 Der Bub fühlt sich stark, fit, wunderbar.
2 Der Mann fühlt sich schwach, einsam, erschöpft, schlecht.
3 Der Mann fühlt sich schwach, erschöpft, krank, matt, schlecht.

2

1 die Monatsmiete – **2** öffentliche Verkehrsmittel – **3** zentrale Lage – **4** der Vermieter

3

1 sich trennen – **2** sich kennenlernen – **3** sich verlieben – **4** sich entschuldigen – **5** sich streiten

5a

1 die Großstadt – **2** die Kleinstadt – **3** das Dorf – **4** das Hochhaus – **6** das Einfamilienhaus – **8** der Neubau

7

2 eine Lampe aufhängen – **4** den Herd anschließen – **6** die neue Wohnung anmelden – **9** die Wohnung streichen

8a

Umzugskartons einpacken – Bücher einräumen – Zimmer streichen – den Herd anschließen

8b

Ranjit packt die Umzugskartons ein/aus.
Er räumt die Bücher ins Regal.
Ranjit lässt die Möbel abbauen.
Er lässt die Möbel transportieren.
Er lässt die Möbel fahren.
Er lässt die Zimmer streichen.
Er lässt den Herd anschließen.

7 Feste feiern

1

Beispiel:

1 Sie machen ein Feuerwerk.
2 Sie verkleiden sich. Sie haben Spaß.
3 Sie tanzen zusammen. Sie feiern vielleicht Geburtstag.
4 Sie feiern Weihnachten.

2

2 Die Hochzeit von Maya und Luis ist am dritten März.
3 Der Arzttermin bei Herrn Dr. Wevers ist am siebzehnten September.
4 Die Geburtstagparty von Jack ist am einundzwanzigsten Mai.
5 Das Essen bei Herrn und Frau Paulus ist am einunddreißigsten Juni.
6 Das Sommerfest in der Sprachschule ist am ersten Juli.

3

1 Vom 18.3. bis zum 15.4
2 Vom 2.8. bis zum 14.8.
3 Vom 30.6. bis zum 8.9.

4a

1 29.7. – 19 Uhr
2 20.5. – 16 Uhr
3 20.6. – 15 Uhr

4b

1 F – **2** R – **3** R

5a

- Anna Barczynski.
- Hallo Anna, hier ist Lili
- Hallo Lili, wie geht's?
- Sehr gut! Ich habe meine Prüfung geschafft!
- Oh toll! Das freut mich für dich! Glückwunsch!
- Danke. Die Prüfung liegt hinter mir und jetzt will ich feiern.
- Wohin willst du gehen?
- Alia und ich treffen uns heute um 20 Uhr im Café Frieda. Kommst du mit?
- Ja, ich komme gern. Ich bin dann um acht Uhr im Café. Bis dann!
- Bis später. Servus!

5b

Beispiel:

1 Anna, Alia und Lili treffen sich.
2 Lili hat die Prüfung geschafft.
3 Sie treffen sich heute um 20 Uhr.
4 Sie treffen sich im Café Frieda.

6a

2 der zwanzigste Siebte
3 der achtundzwanzigste Achte
4 der neunte Elfte
5 der neunzehnte Zehnte
6 der neunundzwanzigste Zweite
7 der dreiundzwanzigste Fünfte
8 der achte Dritte

6b

1 05.06 – **2** 08.07 – **3** 21.05

7

einundzwanzigste – einundzwanzigsten – achtundzwanzigste – achtundzwanzigsten – einundzwanzigsten – siebzehnten – achtzehnten

8

1 ihr
2 ihm – ihr – ihnen
3 mir – dir - dir
4 mir – Ihnen – mir
5 euch

9

Beispiel:

2 Man kann ihm Schokolade/Pralinen schenken.
3 Man kann ihr eine Halskette/Ohrringe schenken.
4 Man kann ihm eine Krawatte/ein Hemd schenken.
5 Man kann ihnen Möbel/Geschirr schenken.

10

1 Ich schenke meinem Sohn viele Bücher.
2 Ich schenke meinem Großvater zum Geburtstag eine DVD.
3 Zum Geburtstag schenke ich meiner Schwester ein Parfum.
4 In meinem Land darf man keine Messer schenken.
5 Was schenkt ihr euren Eltern zu Weihnachten?
6 Schenkst du deinen Eltern zu Weihnachten diesen Fernseher? / Schenkst du deinen Eltern diesen Fernseher zu Weihnachten?

11a

Das Hemd ist grün. Die Krawatte ist rot. Die Hose ist blau. Die Schuhe sind braun.
Der Rock ist weiß. Die Bluse ist blau. Die Jacke ist rot. Die Schuhe sind schwarz.

11b

Der Mann trägt ein grünes Hemd, eine rote Krawatte, eine blaue Hose und braune Schuhe.
Die Frau trägt einen weißen Rock, eine blaue Bluse, eine rote Jacke und schwarze Schuhe.

12

1 … schwarze Krawatte.
2 Das ist eine kleine Torte.
3 Das ist kein kurzer Schleier. Das ist ein langer Schleier.
4 Das ist keine elegante Kette. Das ist eine billige Kette.

13

1 graue – **2** -, Schwarze – **3** Große elegante – **4** eine, große, helle – **5** einen, günstigen – **6** ein, rotes

14

1 einen warmen – der braune – warm – günstig
2 kalt, einen neuen
3 ein großes, eine klare, einen frischen, eine kleine, ein kaltes
4 zwei große, drei kleine, ein großes, ein kleines, kein neues, das blaue

16

1 Angelina und Jean haben eine Party gemacht.
2 Die Gäste sind pünktlich gekommen.
3 Sie haben etwas zu essen und trinken mitgebracht.
4 Das Fest hat allen gut gefallen.
5 Die Leute haben sich viel unterhalten, aber (sie) haben nicht viel getanzt.

17
1 mich – **2** sich, sich – **3** mich – **4** euch, uns

18
1

Liebe Eva, lieber Marco,
zu eurer Hochzeit wünschen wir euch alles Liebe und viel Glück.
Eure Jasmin und Tarek

2

Herzlichen Glückwunsch zum Geburtstag! Alles Gute für das neue Lebensjahr wünscht Ihnen
Ihr Pavel Vesniak

19a
Liebe Freunde,
ich habe meinen Führerschein gemacht.
Das möchte ich mit euch feiern.
Kommt am Samstag ab acht zu uns in den Garten.
Getränke und Musik habe ich hier.
Wer kann noch einen Salat oder Kuchen mitbringen?

19b
Beispiel:
Liebe Freunde,
ich habe meine Deutschprüfung bestanden.
Das möchte ich mit euch feiern.
Kommt Samstag ab zwei Uhr nachmittags zu mir in den Garten.
Getränke und Spiele habe ich hier.
Wer kann noch einen Salat oder Kuchen
oder vielleicht auch Musik mitbringen?

20
1 F – **2** B – **3** C

Wichtige Wörter

1
Hemd – Krawatte – CD/DVD – Geschirr – Decke – Ohrringe – Buch

2
2 A – **3** C – **4** E – **5** B – **6** G – **7** F

3
1 alt – **2** höflich – **3** fröhlich

5a
links:
12 das Pferd, -e
rechts:
4 das Geschenk, -e – **8** die Kerze, -n – **11** das Feuerwerk, -e

7
1 Kostüme, Umzug
2 Ostereier, Osterhase
3 Pferd, Laternen, Laternenumzug
4 Stiefel, Nikolaus
5 Weihnachtsgans, Geschenke
6 Bleigießen, Feuerwerk, Raketen, Böllern

Station 2

A
Beispiel:
Wissen Sie, wo die Rechnungen sind?/ Wissen Sie, wo der Ordner mit den Rechnungen ist?
Können Sie mir sagen, wo der Bahnhof ist?

B
Hallo – Termin - Geht – Büro – Grüße

C
Guten Tag, mein Name ist … Ich kann heute nicht kommen, weil ich krank bin.
Ja, um 10 Uhr. Ich schicke Ihnen eine Krankmeldung.
Vielen Dank. Auf Wiederhören.

D
Anzeige – Wohnung – frei – vermietet – Kaution – Monatsmieten – besichtigen

E
uns vorstellen – freut mich – fühlen … sich

F
Beispiel:
Liebe … / Lieber …,
zum Geburtstag wünschen wir dir alles Gute. Viel Glück für das neue Lebensjahr. Herzliche Grüße …

ÖIF-Test Neu Leseverstehen

Teil 1
1 H – **2** C – **3** X – **4** E – **5** A

Teil 2
6 Richtig – **7** C – **8** Falsch – **9** B

Antwortbogen

Hörverstehen

Teil 1

1	○ A	○ B	○ C	1
2	○ A	○ B	○ C	2
3	○ A	○ B	○ C	3
4	○ A	○ B	○ C	4

Teil 2

5	○ A	○ B	○ C	5
6	○ A	○ B	○ C	6
7	○ A	○ B	○ C	7
8	○ A	○ B	○ C	8
9	○ A	○ B	○ C	9

Teil 3

10	○ Richtig	○ Falsch		10
11	○ A	○ B	○ C	11
12	○ Richtig	○ Falsch		12
13	○ A	○ B	○ C	13
14	○ Richtig	○ Falsch		14
15	○ A	○ B	○ C	15
16	○ Richtig	○ Falsch		16
17	○ A	○ B	○ C	17

Leseverstehen

Teil 1 (Station 2)

1	○ A	○ B	○ C	○ D	○ E	○ F	○ G	○ H	○ X	1
2	○ A	○ B	○ C	○ D	○ E	○ F	○ G	○ H	○ X	2
3	○ A	○ B	○ C	○ D	○ E	○ F	○ G	○ H	○ X	3
4	○ A	○ B	○ C	○ D	○ E	○ F	○ G	○ H	○ X	4
5	○ A	○ B	○ C	○ D	○ E	○ F	○ G	○ H	○ X	5

Teil 2 (Station 2)

6	○ Richtig	○ Falsch		6
7	○ A	○ B	○ C	7
8	○ Richtig	○ Falsch		8
9	○ A	○ B	○ C	9

Teil 3 (Station 3)

1	○ A	○ B	○ C	1
2	○ A	○ B	○ C	2
3	○ A	○ B	○ C	3
4	○ A	○ B	○ C	4
5	○ A	○ B	○ C	5

8 Neue Chancen

1

1 suchen/bekommen – **2** beraten – **3** am Computer recherchieren – **4** suchen/bekommen – **5** fragen/suchen

2

1 uns, mich – **2** dich, sich – **3** dich, mich, sich

3a

2 Das Gespräch findet beim Arbeitsmarktservice statt.

3b

1 B – **2** A – **3** E – **4** D – **5** C

4

1 um/auf, über, für – **2** mit – **3** an – **4** über – **5** an, von

5

1 Das Kind freut sich über das Geschenk.
2 Die Männer ärgern sich über das Fußballspiel.
3 Der Mann wartet auf seine Freundin.
4 Die Frau träumt vom Urlaub.

6

1 über, auf – **2** auf, auf – **3** auf, über/auf

7

2 Ich finde den Kurs *Existenz gründen* interessant, weil ich ein eigenes Geschäft eröffnen möchte.
3 Ich finde den Kurs *MS Office für Anfänger* interessant, weil ich mehr über Computerprogramme lernen möchte.
4 Ich finde den Kurs *Schreiben lernen* interessant, weil ich jeden Tag viele E-Mails schreibe.
5 Das Gespräch mit dem AMS-Berater war gut, weil er mich gut beraten hat.
6 Ich finde den Grundkurs *Heimwerken* gut, weil ich meine Wohnung renovieren möchte.

8a

1 Herr Mazur arbeitet als Taxifahrer.
2 Frau Shobana arbeitet als Hausfrau.
3 Herr Dovic arbeitet als Kellner.
4 Frau Miller arbeitet als Aushilfe.

8b

1 B – **2** F – **3** C – **4** A – **5** D – **6** E

9

1 Frau Su arbeitet am Montag nicht, damit sie für ihren Besuch kochen kann.
2 Sie ruft ihren Mann an, damit er noch Salz mitbringt.
3 Herr Su arbeitet am Dienstag nur bis 15 Uhr, damit er seine Tochter zum Schwimmkurs bringen kann.
4 Frau Su geht zum Elternabend, damit sie die Lehrer kennenlernt.
5 Herr Su bleibt zu Hause, damit die Kinder nicht allein sind.
6 Familie Su fährt nach St. Pölten, damit sie Freunde besuchen kann.

10

1 Sie macht einen Sportkurs, damit sie fit bleibt.
2 Er sieht österreichisches Fernsehen, damit er schneller Deutsch lernt.
3 Ich kaufe meinem Sohn einen Computer, damit er programmieren lernt.
4 Sie machen eine Weiterbildung, damit sie bessere Berufschancen haben.
5 Er macht den Führerschein, damit er mit dem Auto in die Arbeit fahren kann.
6 Wir schreiben alle Wörter ins Heft, damit wir sie nicht vergessen.

11a

1 damit, weil – **2** weil, damit – **3** weil, damit

11b

2 Warum kocht sie? – Weil sie Gäste zum Abendessen eingeladen hat. Wozu kocht sie? – Damit die Gäste ein schönes Abendessen bekommen.
3 Warum bietet der Verein Deutschkurse an? – Weil viele Leute Deutsch lernen wollen. Wozu bietet der Verein Deutschkurse an? – Damit viele Leute Deutsch lernen können.

12

1 Frau Marx braucht ein Auto, weil sie am Wochenende viel einkauft.
2 Die Polizisten kontrollieren den Verkehr, damit es keine Unfälle gibt.
Die Polizisten kontrollieren den Verkehr, weil am Wochenende viele Leute mit dem Auto fahren.
3 Er hat eine Monatskarte für den Zug, damit er schnell in die Stadt kommt.
Er hat eine Monatskarte für den Zug, weil er keinen Führerschein hat.
4 Paulina will die Matura machen, damit sie Medizin studieren kann.
Paulina will die Matura machen, weil sie Medizin studieren will.

13

1 in die VHS gehen – **2** sagen, dass sie an dem Kochkurs teilnehmen will – **3** ist – **4** beginnt – **5** den Kurs machen

15

Beispiel:

- Grüß Gott, mein Name ist ... Ich möchte mich für den Kurs *Deutsch für den Beruf* anmelden.
- Sie können sich am Montag oder am Donnerstag anmelden. Wann möchten Sie sich anmelden?
- Ich möchte mich am Montag anmelden. Wo kann ich mich anmelden?
- Sie können sich im Internet oder im Büro anmelden.
- Wie ist die Adresse vom Büro?
- Das Büro ist in der Hainburger Straße 29.
- Entschuldigung, können Sie das bitte buchstabieren?
- Gern. H-A-I-N-B-U-R-G-E-R S-T-R-A-ß-E 29.
- Vielen Dank. Auf Wiederhören.

16a

Montag, 3. Mai, 19.30 Uhr: „Excel für Anfänger"
Dienstag, 11. Mai, 17.30 Uhr: Tanzkurs „Wiener Walzer"
Donnerstag, 13. Mai, 9.00 Uhr: Deutschkurs für Fortgeschrittene

16b

1 Falsch – **2** A

17a

1 Er möchte ein Geschäft eröffnen und macht einen Existenzgründerkurs.
2 Ich mache jetzt einen Nähkurs für Anfänger.
3 Im BIZ kann man Broschüren lesen und sich über Weiterbildungsmöglichkeiten informieren.
4 Das Büro hat am Vormittag immer von 9.00 bis 11.00 Uhr geöffnet.
5 Er arbeitet als Taxifahrer. Er hat einen Führerschein und einen Personenbeförderungsschein.

17b

Sehr geehrte Damen und Herren,
ich interessiere mich für Ihren Existenzgründerkurs. Ich möchte mein eigenes Geschäft eröffnen. Können Sie mir mitteilen, wann die Termine sind und wie viel der Kurs kostet? Vielen Dank für Ihre Antwort.
Mit freundlichen Grüßen

18

1 Schach spielen – **2** Gitarre spielen – **3** Volleyball spielen – **4** fotografieren – **5** nähen – **6** Schi fahren

19a

Alfred Stein: Garten, Apfelbäume – Werkzeug, Baumschere – Apfelsorten kennen, Bäume pflegen
Mario Fiore: Trommeln – Trommeln, Drums – üben
Maja Anan: Kartenspielen – drei Personen, Karten, Getränke – Spaß, verlieren können

19c

Beispiel:
Mein Hobby ist Fotografieren. Ich habe eine Digitalkamera. Ich fotografiere gerne Menschen, die Natur, in der Stadt oder wenn ich eine Reise mache. Zu Hause schaue ich die Fotos auf dem Computer an. Ich wähle die besten Fotos aus. Manchmal mache ich auch ein Fotobuch.

Wichtige Wörter

1a

träumen von – warten auf – sich freuen auf / sich freuen über – sprechen über – denken an – sich interessieren für – sich bewerben um/auf – teilnehmen an – sich informieren über – sich ärgern über

1b

Beispiel:

telefonieren mit:	Ich telefoniere mit meiner Mutter.
träumen von:	Er träumt vom Urlaub.
warten auf:	Sie warten auf den Zug.
sich freuen über:	Ich freue mich über mein Fahrrad.
sich freuen auf:	Ich freue mich auf meinen Urlaub im nächsten Monat.
sprechen über:	Wir sprechen über Probleme.
denken an:	Ich denke an dich.
sich interessieren für:	Sie interessiert sich für Politik.
sich bewerben um:	Viele Leute bewerben sich um die Stelle.
teilnehmen an:	Ich nehme an einem Computerkurs teil.
sich informieren über:	Er informiert sich über die Kursangebote.
sich ärgern über:	Sie ärgert sich über die laute Musik.

2

1 Weiterbildung – **2** Anfänger – **3** Förderung – **4** Online-Anmeldung – **5** Voraussetzung – **6** Fortgeschrittene – **7** Kursangebot – **8** Arbeitsmarkt – **9** Existenzgründerkurs

4

3 der Gitarrenkurs – **4** der Nähkurs – **8** der Heimwerkerkurs – **9** der Erste-Hilfe-Kurs – **11** der Computerkurs – **12** der Kochkurs – **16** der Tanzkurs

6a

Beispiel:

	Mario:	Carla:	Jack:	Michaela:
Kurse?	Gitarrenkurs	Yoga-Kurs	Kochkurs	Malkurs
Warum?	Er möchte mehr über Musik lernen. Sein Sohn lernt auch Gitarre.	Ihr Beruf ist sehr anstrengend. Sie möchte sich gut fühlen.	Er ist nicht zufrieden. Er möchte neue Ideen bekommen.	Dann kann sie gut nachdenken, sich entspannen, sie hat dann Ruhe und Zeit.

6b

Mario macht den Kurs, damit er mehr über Musik lernt und mit seinem Sohn Gitarre spielen kann. – Jack macht den Kurs, weil er neue Ideen bekommen möchte. – Michaela besucht den Kurs, damit sie nachdenken kann. – Carla macht den Kurs, damit sie sich gut fühlt und sich entspannt.

7

Beispiel:

Ich möchte einen Fotografie-Kurs machen, weil ich gerne fotografiere. Ich will einen Schwimmkurs machen, weil ich schwimmen lernen möchte. Ich möchte eine Stadtführung machen, damit ich die Stadt gut kenne. Ich will einen Erste-Hilfe-Kurs machen, damit ich bei einem Unfall helfen kann.

9 Gesund leben

1

Sport: sich bewegen – abnehmen – fit sein – die Muskeln trainieren – Gymnastik machen – joggen gehen – Fußball spielen

Beruf: Stress haben – Kollegen im Café treffen – Sorgen haben – im Stau stehen – in der Kantine essen

Freizeit: sich entspannen – sich bewegen – im Garten arbeiten – gemütlich zusammensitzen – Gymnastik machen – Fußball spielen – sich mit Freunden unterhalten

Ernährung: zu Mittag essen – zunehmen – Stress haben – sich gesund ernähren – Kollegen im Café treffen – abnehmen – frühstücken – in der Kantine essen

2a

1 C – **2** A – **3** B – **4** D

2b

1 B – **2** E – **3** D – **4** A – **5** C

2c

Beispiel:

1 Ich entspanne mich gut, wenn ich Musik höre.
2 Ich ernähre mich gesund, aber manchmal esse ich auch Fastfood.
3 Ich bewege mich jeden Tag. Ich gehe zu Fuß in die Arbeit.
4 Ich mache jetzt Sport und habe zwei Kilo abgenommen.

3

Foto 1: eine neue Brille brauchen, eine Verletzung am Auge haben, meine Augen kontrollieren lassen

Foto 2: Zahnschmerzen haben, meine Zähne kontrollieren lassen

Foto 3: eine Impfung brauchen, Blut abnehmen lassen

Beispiel:

Wenn ich eine Impfung brauche, dann gehe ich zum Hausarzt.
Wenn ich eine neue Brille brauche, dann gehe ich zum Augenarzt.
Wenn ich Blut abnehmen lassen will, dann gehe ich zum Hausarzt.
Wenn ich Zahnschmerzen habe, dann gehe ich zum Zahnarzt.
Wenn ich eine Verletzung am Auge habe, dann gehe ich zum Augenarzt.
Wenn ich meine Zähne kontrollieren lassen will, dann gehe ich zum Zahnarzt.
Wenn ich meine Augen kontrollieren lassen will, dann gehe ich zum Augenarzt.

4

1 C, D – **2** B, C, D

5

1 e-card – **2** Krankschreibung – **3** Krankenkasse – **4** Rezeptgebühr – **5** Überweisung

6

- Grüß Gott, bitte nehmen Sie Platz.
- Grüß Gott. Danke.
- Sie kommen für den Gesundheits-Check. Haben Sie gesundheitliche Beschwerden?
- Nein, ich habe keine Probleme, ich möchte nur einmal alles kontrollieren lassen.
- Gut, das ist vernünftig. Bewegen Sie sich regelmäßig?
- Es geht, ich fahre manchmal Fahrrad, aber ich habe nicht so viel Zeit.
- Die Ergebnisse von der Laboruntersuchung sind in Ordnung: Die Blutwerte und Cholesterinwerte sind normal. Haben Sie Ihren Impfpass dabei?
- Ja, hier bitte.
- Gut, die Impfungen sind fast komplett. Wir müssen nur noch einmal gegen Tetanus impfen. Bitte lassen Sie sich einen Termin geben.
- Ich habe die Impfung doch schon beim letzten Mal bekommen.
- Nein, das war die Impfung gegen Tuberkulose, jetzt müssen wir Sie noch gegen Tetanus impfen.
- Ach ja. Dann lasse ich mir einen Termin geben. Vielen Dank.

7a

1 die – **2** der – **3** der – **4** die – **5** die – **6** die – **7** die – **8** die

7b

Arzthelferin – Blutdruck – Gesundheits-Check – Laboruntersuchung – Vorsorgeuntersuchung – Blutwerte – Cholesterinwerte – Gesundheitsuntersuchung

8

1 R – **2** F – **3** R – **4** R – **5** F – **6** F

9

1 C – **2** D – **3** A – **4** B – **5** E

11a

1 A – **2** A, C, D

11b

2 Frau Schneider sollte einen Verband in ihrer Hausapotheke haben.
3 Frau Schneider sollte Pflaster in ihrer Hausapotheke haben.
4 Frau Schneider sollte ein Fieberthermometer in ihrer Hausapotheke haben.
5 Frau Schneider sollte Salbe in ihrer Hausapotheke haben.

12

Beispiel:

Frühstück	Mittagessen	Abendessen
Milchprodukte: die Milch, der Joghurt, der Käse, *Backwaren*: das Brot, die Semmel	*Fisch*: der Lachs, der Thunfisch *Fleisch*: das Schnitzel, das Schweinefleisch	*Obst*: Äpfel, Bananen, Birnen *Gemüse*: Erdäpfel, Paradeiser, Erbsen

Beispiel:

Zum Frühstück esse ich viele Milchprodukte. Ich esse oft Semmeln mit Käse und trinke ein Glas Saft. Zu Mittag esse ich gern Fleisch mit Erdäpfeln und Gemüse. Aber Paradeiser mag ich nicht so gern. Zum Abendessen esse ich manchmal Brot mit Butter und Wurst. Manchmal esse ich Obst. Süßigkeiten esse ich immer, aber Gummibärchen mag ich nicht.

13a

1 Vegetarier – **2** Veganer – **3** Milchprodukte – **4** verzichtet – **5** Nahrungsmittel – **6** etwas ablehnen

13b

lehne … ab – verzichte – Nahrungsmittel – Milchprodukte – Vegetarier – Veganer

14a

A **Frau Nerval:** Eine Tasse Kaffee am Morgen ist wichtig. – Der Körper braucht Vitamine.
B **Herr Bruckstätter:** Bewegung ist wichtig für die Gesundheit. – Das Essen sollte nicht zu fett sein.
C **Frau Mangelsdorff:** Das Leben in der Stadt ist hektisch. - Die Luft auf dem Land ist gesund.

14b

1 Frau Nerval sagt, dass eine Tasse Kaffee am Morgen wichtig ist.
2 Frau Nerval sagt, dass der Körper Vitamine braucht.
3 Herr Bruckstätter sagt, dass das Essen nicht zu fett sein sollte.
4 Herr Bruckstätter sagt, dass Bewegung wichtig ist.
5 Frau Mangelsdorff sagt, dass das Leben in der Stadt hektisch ist.
6 Frau Mangelsdorff sagt, dass die Luft auf dem Land gesund ist.

15a

ha**be** – Fie**ber** – be**im** – ha**t** – Ta**ge** – Hausau**fgaben** – hil**ft** – entsch**uldigen** – I**ch** – a**m** – de**n** – vie**le**

15b

Beispiel:

Lieber Herr Neumann, Innsbruck, den 17.08.2017

seit gestern habe ich Bauchschmerzen und heute habe ich auch noch Fieber bekommen. Ich war beim Arzt und er hat mich für eine Woche krankgeschrieben. Ich frage Serap Yildirim, welche Hausaufgaben wir machen sollen. Serap hilft mir bestimmt. Bitte entschuldigen Sie mein Fehlen. Ich hoffe, dass ich am Dienstag wieder in den Kurs kommen kann.
Viele Grüße
Luis Alves

Wichtige Wörter

1

1 E – **2** A – **3** F – **4** D – **5** C – **6** B

2a

1 impfen – **2** nehmen/verschreiben – **3** nehmen/verschreiben – **4** geben – **5** bezahlen – **6** untersuchen – **7** abnehmen – **8** messen – **9** haben – **10** messen/haben

2b

Beispiel:

2 Der Apotheker sagt, dass ich Halstabletten nehmen soll.
3 Der Arzt verschreibt ihr ein Medikament.
4 Die Ärztin gibt dem Kind eine Spritze.
5 Für das Rezept muss ich eine Gebühr zahlen.
6 Der Augenarzt untersucht meine Augen.
7 Die Arzthelferin nimmt mir Blut ab.
8 Ich messe jeden Tag meinen Blutdruck.
9 Die Apothekerin sagt, dass die Tabletten Nebenwirkungen haben.
10 Die Ärztin misst Fieber.

3

1 die Nasentropfen – **2** das Fieberthermometer – **3** die Brandsalbe – **4** das Schmerzmittel

5

1 der Kinderarzt – **2** der Hausarzt – **3** der Augenarzt – **4** die Zahnärztin – **5** der Ohrenarzt – **6** der Empfang – **11** die Gynäkologin

7a

der Kinderarzt:	eine Spritze geben
der Hausarzt:	den Blutdruck messen
der Augenarzt:	ein verletztes Auge untersuchen
die Zahnärztin:	bohren
der Ohrenarzt:	die Ohren untersuchen
die Internistin:	die Lunge abhören
der Psychotherapeut:	mit den Patienten über Probleme sprechen
der Radiologe:	ein Röntgenbild machen
die Orthopädin:	das Kniegelenk untersuchen
die Gynäkologin:	ein Gespräch über die Schwangerschaft führen
die Physiotherapeutin:	gymnastische Übungen machen
Empfang/Arzthelferin:	einen Termin machen

7b

Beispiel:

Der Zahnarzt kontrolliert die Zähne.
Die Arzthelferin verbindet eine Wunde.
Der Hausarzt gibt dem Patienten eine Spritze.

10 Arbeitssuche

1a

1 Initiativbewerbung – **2** Praktikum – **3** Zeitarbeitsfirma

1b

weil ich nicht genug Deutsch konnte – aber ich habe nichts gefunden – weil ich die Arbeit in vielen verschiedenen Firmen kennengelernt habe – dass ich in der Firma bleibe

2

Beispiel:

Ich bin Ingenieur. Ich habe einen Deutschkurs gemacht, weil mein Deutsch noch nicht so gut war. Dann habe ich beim Arbeitsmarktservice nach Stellen gesucht. Dort hat man mir sehr geholfen. Ich habe mich bei verschiedenen Firmen beworben. Bei einer Firma habe ich ein Praktikum gemacht. Jetzt arbeite ich in dieser Firma. Die Arbeit macht mir sehr viel Spaß und die Kollegen sind nett.

3a

1 B – **2** A – **3** C

3b
1 A – **2** C – **3** B

3c
1 F – **2** R – **3** R – **4** F – **5** F – **6** R

4
würdet – würden – würde – würdest – würde – würden – würden

5
2 Victor würde gern eine große Reise machen.
3 Victor würde gern eine Ausbildung machen.
4 Er würde gern die Führerscheinprüfung bestehen.
5 Er würde gern ein eigenes Auto kaufen.
6 Er würde gern eine Freundin finden.

6
1 Ich würde gern Fußball spielen.
2 Er würde gern einen Porsche kaufen.
3 Sie würden gern einen Tanzkurs machen.
4 Wir würden sehr gern in einer Großstadt wohnen.

7
Beispiel:
Ich würde gern sehr gut Deutsch können.
Ich würde gern viele Freunde in Österreich haben.
Ich würde gern eine große Wohnung finden.

8
1 Darf ich fragen, wo Sie arbeiten?
2 Wissen Sie, wie lange die Ausbildung dauert?
3 Können Sie mir sagen, wie viel man verdienen kann?
4 Darf ich fragen, warum Sie diesen Beruf gewählt haben?

9
1 Darf ich fragen, ob Sie mit ihrer Arbeit zufrieden sind?
2 Können Sie mir sagen, ob die Bezahlung in dieser Firma gut ist?
3 Wissen Sie, ob es bei dieser Arbeit auch Schichtarbeit gibt?
4 Können Sie mir sagen, ob man eine feste Stelle bekommen kann?

10
Julia:
1 Ich weiß nicht, was ich am ersten Tag machen muss.
2 Ich weiß nicht, was ich anziehen soll.
3 Ich weiß nicht, ob die Arbeit schwer ist.
4 Ich weiß nicht, ob die Kollegen nett sind.

Patrick:
1 Ich bin nicht sicher, was ich nach der Schule machen soll.
2 Ich bin nicht sicher, ob ich einen handwerklichen Beruf lernen soll.
3 Ich weiß nicht, wie ich eine Lehrstelle finden kann.
4 Ich bin nicht sicher, ob meine Noten gut genug sind.

11
1 Ben weiß nicht, ob sie bald ein Kind bekommen sollen.
2 Er weiß nicht, wo sie die Hochzeitsfeier machen wollen.
3 Ben ist nicht sicher, wie viele Leute sie zur Hochzeit einladen wollen.
4 Mia weiß nicht, ob ihre Eltern ihn sympathisch finden.
5 Sie ist nicht sicher, was für ein Kleid sie auf der Hochzeit tragen soll.
6 Mia weiß nicht, ob sie noch Zeit für ihre Hobbys hat.

12
1 dass, ob – **2** ob, dass – **3** dass, ob

13
- Müller-Transporte, am Apparat Yasin Gül. Guten Tag.
- Grüß Gott, Jetan Haralan. Ich habe Ihre Anzeige gelesen. Sie suchen einen Fahrer. Ist die Stelle noch frei?
- Ja, sie ist noch frei.
- Sehr gut. Können Sie mir sagen, wie die Arbeitszeiten sind?
- Wir beginnen um 8 Uhr und arbeiten bis 17 Uhr. Zu Mittag gibt es eine Stunde Pause.
- Und ich würde gern wissen, wie die Bezahlung ist.
- Das sollten wir hier besprechen. Kommen Sie bitte morgen um 14 Uhr in mein Büro.

15a
gemacht – gelernt – gearbeitet – gekommen – besucht – beendet

15b
Sergej Pilakew – 11.3.1990, Uman – Ausbildung zum Mechatroniker am Technikum – Praktikum in der Autowerkstatt Horvath – Toyota-Servicecenter – Mercedes-Servicecenter – Muttersprache

15c
Beispiel:
Herr Pilakew sollte viel Radio hören. Er sollte österreichische Zeitungen lesen und im Internet Nachrichten auf Deutsch lesen. Herr Pilakew sollte einen Blog auf Deutsch schreiben und viel mit seinen Nachbarn sprechen. Er sollte auch einen berufsorientierten B2-Sprachkurs machen.

16a
3

16b
1 R – **2** F – **3** R

17a
1 A – **2** C – **3** A – **4** B

17b
Beispiel:
1 Ich habe zehn Monate Deutsch gelernt.
2 Ja, für das Niveau A1.
3 Ich kann einfache Texte schreiben.
4 Ich habe in einer Bäckerei gearbeitet.

18
von oben nach unten:
3 – 7 – 1 – 4 – 8 – 2 – 6 – 5

Jamal Kesete · Bergstr. 5 · 7210 Mattersburg

08.02.2017

Sehr geehrte Damen und Herren,
in der Zeitung vom 06.02.2017 habe ich Ihre Anzeige gelesen und würde mich gerne als Fahrer bei Ihnen bewerben.
Ich habe den Führerschein Klasse C1 und habe bereits als Paketfahrer gearbeitet. Jetzt arbeite ich als Aushilfe in einem Supermarkt. Ich möchte gerne wieder als Fahrer arbeiten und möchte mich hiermit um die Stelle bewerben. Ich bin zeitlich flexibel und kann ab nächstem Monat anfangen.
Ich würde mich über eine positive Antwort freuen.

Mit freundlichen Grüßen

Jamal Kesete

19a
1 Informationen über die Firma sammeln – **2** Fragen und Antworten vorbereiten – **3** Passende Kleidung – **4** Letzte Vorbereitungen – **5** Beim Vorstellungsgespräch

19b
Beispiel:
1 Man sollte passende Kleidung tragen. Man sollte sein Handy ausschalten. Man sollte freundlich sein.
2 Man sollte den Gesprächspartner ausreden lassen. Man sollte ruhig und deutlich sprechen.
3 Man sollte nicht zu spät kommen.

Wichtige Wörter

1
1 E – **2** D – **3** A – **4** G – **5** F – **6** C – **7** B – **8** H
Beispiel:
Ich arbeite seit zwei Jahren in Teilzeit. Ich habe eine feste Stelle. Ich mache oft Überstunden. Ich bekomme ein Gehalt. Man bewirbt sich um eine Stelle. Man schreibt einen Lebenslauf und schickt die Bewerbungsunterlagen. Ich arbeite mit Kollegen zusammen.

2
das Bewerbungsfoto, das Bewerbungsschreiben, das Bewerbungsgespräch, die Bewerbungsunterlagen
die Arbeitszeit, der Arbeitsvertrag, der Arbeitstag
die Berufserfahrung, die Berufsschule
die Stellensuche, die Stellenanzeige, das Stellenangebot

3a
1 Schichtarbeit – **2** Stress – **3** Team – **4** Stelle – **5** Überstunden

3b
Beispiel:
1 Ja, ich habe schon in Schichtarbeit gearbeitet. – **2** Ja, ich bin belastbar. Ja, ich bleibe in Situationen mit Stress ruhig. – **3** Ich arbeite gern im Team, aber auch gern allein. – **4** Die Stelle ist für mich interessant, weil die Arbeit mich sehr interessiert. – **5** Ja, ich kann am Abend länger arbeiten und Überstunden machen.

5
1 teamfähig – **2** kreativ – **6** ordentlich – **7** neugierig – **8** pünktlich – **10** genervt – **14** erschöpft

6a
Person 1: Foto 6 – **Person 2:** Foto 2 – **Person 3:** Foto 14 – **Person 4:** Foto 15 – **Person 5:** Foto 7

6b
Person 2: Das ist dieser Mann hier. Er ist kreativ.
Person 3: Das ist dieser Mann hier. Er ist erschöpft.
Person 4: Das ist diese Person hier. Sie ist flexibel.
Person 5: Das ist dieser Mann hier. Er ist neugierig.

7
2 leise – **4** groß – **6** ungeduldig – **8** stark – **10** jung – **11** glücklich

11 Von Ort zu Ort

1a

1 fliegen, besuchen, checken … ein – **2** packt, machen, fahren, stehen

1b

1 aus, in – **2** mit, in, nach

2a

Interview 1: Foto 1 – **Interview 2:** Foto 4

2b

Interview 1:

1 Die Reise hat vier Tage gedauert.
2 Die Eltern haben die Reise bezahlt.
3 Das Hotel war sehr gemütlich.

Interview 2:

4 Er lebt seit zwölf Jahren in Österreich.
5 Er hat eine Geschäftsreise gemacht.
6 Die Reise war schön, aber anstrengend.

3

haben … gewohnt – hat … gefallen – haben … besichtigt – gemacht – sind … gefahren – haben … gegessen – sind … gegangen

4

Beispiel:

Meine letzte Reise

Wir waren zwei Wochen in Italien. Wir haben in einem Hotel am Gardasee gewohnt. Das Hotel hat uns gut gefallen. Wir sind viel gewandert. An einem Tag sind wir nach Verona gefahren. Die Stadt ist sehr schön. Wir haben das Amphitheater und die berühmte Julia-Statue besucht. Wir haben viele Fotos gemacht. Das Wetter war sehr schön. Wir haben einen schönen Urlaub gehabt.

5a

1 Das ist der Strand, der so viel weißen Sand gehabt hat.
2 Das sind die Nachbarn, die so freundlich waren.
3 Das ist das Meer, das so sauber war.
4 Das ist die Stadt, die so voll war.
5 Das ist der Markt, der nur am Vormittag geöffnet hatte.
6 Das ist das Café, das so gemütlich war.

5b

1 das – **2** der – **3** die – **4** die – **5** das

6

1 Familie Hamudi sucht einen Park, der einen schönen Spielplatz hat.
2 Frau Hamudi sucht ein nettes Café, das in der Nähe vom Spielplatz liegt.
3 Familie Hamudi sucht einen Kindergarten, der Musikunterricht anbietet.
4 In der Stadt gibt es viele Geschäfte, die der Familie gut gefallen.

7

1 Kennst du eine Stadt, die in der Steiermark liegt?
2 Kennst du eine Stadt, die an der Grenze zu Deutschland liegt?
3 Wie heißt der Fluss, der durch Wien fließt?
4 Wie heißt der See, der bei Bregenz liegt?

8

1 Grüß Gott, was kann ich für Sie tun?
2 Grüß Gott, ich möchte einen Flug nach Athen buchen.
3 Wann möchten Sie reisen?
4 Ich möchte am 2.10. von Wien abfliegen und am 5.10. zurückkommen.
5 In dieser Zeit gibt es viele günstige Angebote. Hier ist zum Beispiel ein Flug für 172 Euro.
6 Das ist gut. Den Flug können Sie für mich buchen.
7 Sehr gern. Sagen Sie mir bitte Ihren Namen.

9

1 Der Hinflug soll am 31.3. sein. – **2** Die Unterkunft soll nicht so viel kosten. – **3** Der Abflugort soll Wien sein. – **4** Die Reise soll nicht so lange dauern.

10

Beispiel:

- ● Guten Tag, ich möchte einen Flug von Innsbruck nach Athen buchen.
- ● Wann möchten Sie fliegen?
- ● Ich möchte am 17.2. nach Athen und am 28.2. wieder zurück nach Innsbruck fliegen.
- ● Ich habe hier ein Angebot. Hinflug und Rückflug kosten nur 190 Euro.
- ● Ja, den Flug können Sie bitte für mich buchen.

11a

1 ein Paket – **2** die Zeitschrift – **3** die Flugtickets – **4** keinen Regenschirm – **5** das neue Kleid – **6** eine Zahnbürste

11b

bekommen – lesen – suchen – brauchen – tragen – kaufen

12a

1 das – **2** den – **3** die – **4** die – **5** den – **6** die – **7** die – **8** die

Lösungen

12b

1 Wo ist die Jacke, die ich immer im Garten trage?
2 Wo sind die Pässe, die ich auf den Tisch gelegt habe?
3 Wo ist das Paket, das ich gestern bekommen habe?
4 Wo ist der Rucksack, den ich für die Reise gekauft habe?
5 Wo sind die Badesachen, die im Kasten gelegen sind?

13

1 Herr Asmeron sucht Geschenke, die er in seine Heimat mitnehmen kann.
2 Frau Ivanova sucht einen Pullover, der warm ist.
3 Frau Marini gefällt ein Kleid, das ihr Mann hässlich findet.
4 Frau da Silva sucht eine Reisetasche, die viele Fächer hat.
5 Herr Bloch kauft einen Ring, den er seiner Frau schenken will.

14

1 Autopanne – Notrufsäule – Notrufzentrale – Pannendienst – **2** Platzreservierung – Wagennummer

15

- ● Darf ich Sie kurz stören? Ich glaube, Sie sitzen auf meinem Platz.
- ● Das ist nicht möglich. Ich habe für diesen Platz eine Reservierung.
- ● Nein, ich habe diesen Platz reserviert. Hier steht es: Platz 31 in Wagen 12.
- ● Haben Sie Wagen 12 gesagt? Wir sind aber in Wagen 11.
- ● Oh, entschuldigen Sie bitte!
- ● Das macht nichts. Das ist mir auch schon passiert.

17

C – A – F – D – G – E – H – B

Graz liegt in der Steiermark. Viele Touristen kommen jedes Jahr nach Graz. Das Wahrzeichen von Graz ist der Uhrturm, der oben auf einem Berg liegt. Man kann mit einer kleinen Bahn hinauf fahren oder man kann zu Fuß gehen. Durch die Stadt fließt ein Fluss, die Mur. Die Murinsel ist eine wichtige Sehenswürdigkeit in Graz. Viele Touristen besuchen diese moderne Insel.

18

einen Vorschlag machen: Ich schlage vor, dass … – Ich denke, wir sollten …
zustimmen: Ja, so machen wir es. – Das finde ich gut. – Einverstanden. – Das ist eine gute Idee.
ablehnen: Das finde ich nicht so gut. – Nein, ich möchte lieber … - Ich finde es besser, wenn …

19

1 A – **2** C – **3** A – **4** B

20

Lieber Hans,
jetzt sind wir schon zwei Tage hier am Meer. Das Wetter ist fantastisch und wir baden jeden Tag. Am Abend gehen wir in ein kleines Restaurant, das Spezialitäten aus der Region hat. Schade, dass du nicht mitkommen konntest.
Liebe Grüße
Murat

21a

2 Angebote und Tickets – **3** Jetzt Ticket buchen – **4** 🔍 z. B. Vorteilscard – **5** Flaggen

21b

1 Ein „Sparschiene-Österreich-Ticket" kostet ab 9 Euro. – **2** Für Strecken unter 150 km kann man kein „Sparschiene-Ticket" bekommen. – **3** Mit dem „Sparschiene-Europa-Ticket" kann man bis Prag fahren.

Wichtige Wörter

1

Verben	Nomen
buchen	die Buchung
reservieren	die Reservierung
fliegen	der Flug, das Flugzeug
vorschlagen	der Vorschlag
abfliegen	der Abflug

2

1 die Notrufsäule – **2** die Regensachen – **3** die Platzreservierung – **4** die Burg

3a
der Ausweis – der Rucksack – der Schlafsack – der Koffer - das Ticket – das Reisedokument – die Kamera – die Zahnbürste

3b
Rucksack – Koffer – Kamera – Schlafsack

5a
1 im See baden/schwimmen – **6** malen – **8** Eis essen – **11** grillen –**14** fotografieren – **17** ein Picknick machen – **20** wandern – **23** ein Museum besuchen – **24** Rad fahren

6
Beispiel:
Im Herbst kann man gut wandern. Es ist nicht so heiß. Ich bin schon oft mit Freunden wandern gegangen.
Im Sommer kann man gut mit dem Zelt Urlaub machen. Es ist warm. Man braucht einen Schlafsack. Ich habe mit einer Freundin in Italien mein Zelt aufgebaut. Der Campingplatz war an einem See.

Station 3

A
Beispiel:
1 Ich mache Sport, damit ich gesund bleibe.
2 Ich mache den Deutschkurs, damit ich Deutsch lerne.
3 Ich höre jeden Morgen Radio, damit ich informiert bin.

B
Name – interessiere – Computerkurs – Termin – kostet – wie – anmelden

C
Beispiel:
2 Du solltest eine Tasse Tee trinken.
3 Du solltest in der Zeitung suchen oder beim Arbeitsmarktservice fragen.

D
Beispiel:
2 Welche Nebenwirkungen gibt es? / Haben die Tabletten Nebenwirkungen?
3 Wie lange muss ich die Tabletten nehmen?

E
- Grüß Gott, ich habe Ihre Stellenanzeige gelesen. Ist die Stelle noch frei?
- Ja, sie ist noch frei.
- Wie sind die Arbeitszeiten?
- Sie arbeiten von Montag bis Freitag von 7.00 bis 15.00 Uhr.
- Bekomme ich einen festen Stundenlohn?
- Das können wir hier in der Firma besprechen.

G
Beispiel:
☺ Das finde ich eine gute Idee. / Einverstanden.
☹ Das finde ich nicht so gut. / Ich finde es besser, wenn wir mit dem Flugzeug fliegen.

ÖIF-Test Neu Lesen

1 B – **2** B – **3** A – **4** C – **5** C

ÖIF-Test Neu Schreiben

Thema 1
Beispiel:
Sehr geehrte Frau Nenning,
ich habe morgen Geburtstag und einen Tisch für 15 Personen bei Ihnen reserviert. Leider kann die Feier aber nicht stattfinden. Ich möchte gerne einen Tisch für 15 Personen am nächsten Samstag reservieren, um 20 Uhr. Ist das möglich?
Viele Grüße
Stefan Huber

Thema 2
Beispiel:
Liebe Frau Schmid,
mein Sohn Manuel kann morgen an dem Ausflug leider nicht teilnehmen, weil er verkühlt ist.
Am Donnerstag wird er wieder in die Schule kommen.
Viele Grüße
Maria Wagner

12 Treffpunkte

1

1 gut – **2** einsam – **3** ernst – **4** schlecht – **5** wohl

2

Text 1: Richtig: 1 – **Text 2:** Richtig: 1, 4

3a

das Nachbarschaftszentrum:

1 D – **2** A – **3** C – **4** B

die Besucher:

1 C – **2** E – **3** B – **4** A – **5** D

3b

Beispiel:

1 Das Nachbarschaftszentrum bietet Kurse an.

2 Das Nachbarschaftszentrum organisiert eine Hausaufgabenhilfe.

3 Das Nachbarschaftszentrum hilft bei Problemen.

4 Das Nachbarschaftszentrum arbeitet interkulturell.

5 Die Besucher können sich sozial engagieren.

6 Die Besucher können Sport machen.

7 Die Besucher können zu den Veranstaltungen kommen.

8 Die Besucher können sich beraten lassen.

9 Die Besucher lernen Leute kennen.

4

1 Pensionist – **2** Hausaufgabenhilfe – **3** Jugendliche – **4** Frauengruppe – **5** Rechtsberatung – **6** Erwachsene – **7** Kinder

5

nimmt … teil – bekommen – bietet … an – braucht – trifft – besucht – will

6a

Interview 1: der Faschingsverein (Foto links oben), Tanzgruppe (Foto unten rechts)

Interview 2: der Sportverein (Foto links unten)

6b

1 F – **2** F – **3** R – **4** F – **5** R – **6** F

7a

1 zehn – **2** einhundert – **3** eintausend – **4** zehntausend – **5** hunderttausend – **6** eine Million – **7** zehn Millionen – **8** hundert Millionen – **9** eine Milliarde

7b

1 8.600.000 – **2** 1.800.000 – **3** 260.000 – **4** 590.000 – **5** 100 – **6** 50.000

8a

1 die – **2** die – **3** der – **4** das

8b

1 Ulyana ist eine Schülerin, die Frau Bauer hilft.

2 „Jugend aktiv" ist ein Projekt, das das Nachbarschaftszentrum anbietet.

3 Der SK Rapid Wien ist ein Fußballverein, den viele Leute kennen.

4 Der Verein bietet Beratungen an, die für viele Menschen wichtig sind.

5 Das Nachbarschaftszentrum bietet viele Projekte an, die ein Treffpunkt für die Nachbarn sind.

9

1 mit dem – **2** zu dem – **3** in dem – **4** ohne das – **5** für die

10a

1 B – **2** A – **3** F – **4** C – **5** E – **6** D

10b

2 Das ist meine Freundin. Ich fahre mit ihr auf Urlaub.

3 Das ist der Bus. Mit dem Bus fahre ich in die Arbeit.

4 Das ist der Markt. Hier gehen wir jeden Samstag einkaufen.

5 Das ist die Schule. Hier habe ich die Matura gemacht.

6 Das sind die Lehrer. Von ihnen habe ich viel gelernt.

11

2 Ich arbeite gut mit meinen Kollegen zusammen. Die Kollegen sind alle sehr nett.

3 Ich esse in der Kantine zu Mittag. Die Kantine hat auch eine Terrasse.

4 Meine Kollegen kommen aus Innsbruck zu einem Termin. Der Termin findet am Freitag statt.

5 Ich fahre jeden Morgen mit dem Zug in die Arbeit. Der Zug hat selten Verspätung.

6 Ich nehme an einem Tanzkurs teil. Der Tanzkurs fällt morgen aus.

12

Beispiel:

1 Heide Jordan ist als Jugendliche Mitglied im Basketballverein geworden, weil ihre Freundin Anna Basketball spielen wollte.

2 Sie ist jetzt nicht mehr so aktiv, weil sie ihre Freizeit mit ihrer Familie verbringen will.

3 Sie bleibt im Verein, weil sie dort viele Freunde hat und an Vereinsfesten teilnimmt.

13

2 Ein Theaterverein ist ein Verein, in dem man Theater spielt.
3 Ein Vereinsfest ist ein Fest, das der Verein organisiert.
4 „Jugend hilft" ist ein Projekt, in dem sich junge Leute engagieren können.
5 Eine ehrenamtliche Arbeit ist eine Arbeit, für die man kein Geld bekommt.
6 Der Singkreis ist eine Gruppe, in der die Leute aus der Nachbarschaft zusammen singen.

14

Beispiel:
Mein Sohn ist zehn Jahre alt. Er spielt Fußball in einem Sportverein. Es macht ihm sehr viel Spaß. Jeden Dienstag bringe ich ihn zum Training. Am Wochenende sind oft Fußballspiele. Viele Eltern schauen zu. Manchmal organisiert der Verein ein Fest, zum Beispiel im Sommer oder zu Weihnachten.

15

1 verbinden, Durchwahl – **2** falsch verbunden, verwählt, Ursache – **3** belegt

17

In Österreich gibt es viele Vereine, in denen sehr viele Menschen aktiv sind. Man findet Sportvereine oder Kulturvereine, aber auch soziale Vereine, die Menschen in schwierigen Situationen helfen. Wenn man zum Beispiel Fußball spielen möchte, kann man sich in einem Fußballverein anmelden. Dann bezahlt man einen Mitgliedsbeitrag und kann am Vereinsleben teilnehmen.

18a

Elias Verne – 23.5.1984 – Hauptstraße 14 – 9813 Möllbrücke – aktives Mitglied, Trompete – Volksbank – AT18 6539 0120 0000 0027 – VBOEATWW

18b

1 Er muss pro Monat 2,50 Euro bezahlen. – **2** Er ist aktives Mitglied. – **3** Der Vertrag endet zum Jahresende.

Wichtige Wörter

1a

1 eine Strafe bezahlen – **2** die Durchwahl geben – **3** die Störung entschuldigen – **4** Mitglied werden – **5** eine Veranstaltung organisieren

1b

1 Er ist Mitglied in einem Verein.
2 Alle Mitglieder im Verein müssen einen Mitgliedsbeitrag zahlen.
3 Oft helfen Vereine in schwierigen Situationen.
4 Der Verein organisiert manchmal Feste.
5 Man kann sich täglich von 16 bis 20 Uhr im Verein anmelden.
6 Ich nehme an Angeboten vom Nachbarschaftszentrum teil.
7 Viele Vereine bieten Beratungen an.
8 Einige Vereine setzen sich für soziale Gerechtigkeit ein.

2

2 Hausaufgabenhilfe – **3** Telefonzentrale

4

1 der Gesangsverein – **5** der Faschingsverein – **11** der Turnverein – **15** der Fußballverein – **16** der Kleingartenverein

6

1 12 – **2** 16 – **3** 2 – **4** 4 – **5** 8 – **6** 18 – **7** 9

7

Beispiel:
Der soziale Verein hilft Menschen in schwierigen Situationen – Im Schachclub kann man Schach spielen. – Im Turnverein machen die Leute zusammen Gymnastik. – Im Kunstverein schauen sich die Leute Kunst an oder malen Bilder. – Im Fußballverein spielen die Mitglieder Fußball und trainieren gemeinsam. – Im Lesekreis liest man zusammen oder man redet über Literatur. – Der Tierschutzverein hilft Tieren und schützt die Umwelt. – Im Kleingartenverein kann man in seinem eigenen Garten arbeiten. – Im Gesangsverein singen die Leute gemeinsam. – Im Ruderverein rudern die Mitglieder zusammen. – Im Segelverein kann man segeln gehen. – Im Angelverein kann man angeln. – Der Taubenzüchterverein züchtet Tauben. – Mitglieder im Wanderverein gehen zusammen wandern. – Im Faschingsverein kann man sich verkleiden und man kann gemeinsam feiern. – Im Radsportverein kann man Radfahren trainieren. – Im Hundezüchterverein kann ich sehen, welcher Hund zu mir passt.

8

Beispiel 1:
Ich würde gern Mitglied im Angelverein sein, weil ich gern in der Natur bin. Man muss sehr ruhig sein. Ich mag die Ruhe. Da kann man gut entspannen. Fisch esse ich auch gern.

Beispiel 2:
Ich würde gern Mitglied im Gesangsverein sein, weil ich gern singe. Man lernt viele Leute kennen und kann sich unterhalten. Singen macht Spaß. Man kann neue Lieder lernen. Manchmal gibt es Veranstaltungen. Es ist schön, wenn man vor Menschen singt.

13 Banken und Versicherungen

1
1 Kontoauszug, Konto – **2** Bankomat – **3** überweisen, Bankverbindung

2a
eine Überweisung machen – ein Konto eröffnen – Kontoauszüge holen – einen Kredit beantragen – eine Onlineüberweisung machen – Geld überweisen, Geld abheben, Geld wechseln, Geld anlegen

2b
1 hebt … ab – **2** überweisen – **3** hole – **4** eröffnen – **5** beantragen

3
überwiesen – eingezahlt – abgehoben – vergessen

4a
1

4b
1 F – **2** F – **3** R – **4** F

5a
- ● Was kann ich für Sie tun?
- ● Grüß Gott, ich habe bei Ihnen ein Girokonto und mein Mann braucht jetzt auch eine Bankomatkarte für das Konto.
- ● Wie ist Ihre IBAN?
- ● Moment … das ist AT07 5001 0060 0254 4330.
- ● Vielen Dank. Bitte füllen Sie dieses Formular aus. Ihr Mann und Sie müssen beide unterschreiben.
- ● In Ordnung. Muss mein Mann mitkommen, wenn ich das Formular wieder abgebe?
- ● Nein, das muss nicht sein. Wenn Sie das Formular abgegeben haben, dauert es 10 bis 14 Tage bis die Bankomatkarte da ist.
- ● Vielen Dank für Ihre Hilfe.

6a
2 um – **3** an – **4** für – **5** über – **6** auf – **7** auf – **8** an – **9** von – **10** über

6b
für – über – auf – über – auf

7a
Person: 2, 4, 8 und 9
Sache: 1, 3, 5, 6, 7, 10, 11 und 12

7b
3 Worauf wartet er? – **4** Mit wem sprechen sie? – **5** Woran nimmt er teil? – **6** Wofür engagieren sich viele Menschen? – **7** Wofür ist dieses Buch interessant? – **8** Über wen hast du dich sehr geärgert? – **9** Von wem hast du heute Nacht geträumt? – **10** Wovon träumt er? – **11** Woran denkt sie? – **12** Wofür interessiert sie sich?

8
1 Er fährt mit seinen Kollegen. – **2** Er fährt mit dem Auto. – **3** Er kauft für seine Familie ein. – **4** Er kauft für das Wochenende ein. – **5** Er lädt seine Freunde zu der Geburtstagsparty ein.

9
1 B – **2** A – **3** D – **4** C

10a
- ● Grüß Gott, Innsbrucker Versicherung, Weber, was kann ich für Sie tun?
- ● Ich möchte eine Schadensmeldung machen. Ich bin mit meinem Auto gegen das Auto von meinem Nachbarn gefahren.
- ● Und das Auto von Ihrem Nachbarn hat jetzt einen Schaden?
- ● Ja, vorne an der Autotür rechts.
- ● Wie ist Ihre Versicherungsnummer?
- ● Das ist die 0749876.
- ● Können Sie mir auch den Namen, die Adresse und die Telefonnummer von Ihrem Nachbarn sagen?
- ● Er heißt Markus Berg und wohnt in der Kreuzgasse 40 in 6020 Innsbruck, die Telefonnummer ist die 0512 4711 665.
- ● Vielen Dank, die Sache erledigt unsere Schadensabteilung für Sie. Wenn wir noch Fragen haben, rufen wir Sie an.
- ● Vielen Dank, auf Wiederhören.

10b

die Autotür = das Auto + die Tür
die Versicherungsnummer = die Versicherung + die Nummer
die Telefonnummer = das Telefon + die Nummer
die Schadensabteilung = der Schaden + die Abteilung

11a

2 die Post, die Karte: die Postkarte – **3** das Ohr, der Ring: der Ohrring – **4** die Tasche, das Geld: das Taschengeld – **5** das Gemüse, die Suppe: die Gemüsesuppe – **6** der Fuß, der Ball: der Fußball

11b

Eine Postkarte ist eine Karte, die man oft aus dem Urlaub schreibt.
Ein Ohrring ist ein Ring, den man am Ohr trägt.
Taschengeld ist das Geld, das die Kinder von ihren Eltern bekommen.
Ein Fußball ist ein Ball, mit dem zwei Teams spielen.
Eine Gemüsesuppe ist eine Suppe, die man aus Gemüse kocht.

12

1 D: Das Schigebiet ist ein Gebiet, in dem man Schi fahren kann.
2 F: Die Autowerkstatt ist ein Ort, an dem man sein Auto reparieren lassen kann.
3 A: Das Ärztehaus ist ein Ort, an dem viele Ärzte arbeiten.
4 C: Das Arbeitszimmer ist ein Zimmer, in dem man arbeitet.
5 E: Der Tanzkurs ist ein Kurs, in dem man tanzen lernt.
6 G: Das Adressbuch ist ein Buch, in dem viele Adressen stehen.
7 B: Die Arbeitskollegin ist eine Person, mit der man zusammenarbeitet.

13

Beispiel:

1. Der Vorteil von der Kaffeemaschine *Senso* ist, dass sie zehn Tassen kochen kann.
2. Ich finde gut, dass sie zwei Jahre Garantie hat.
3. Die Kaffeemaschine *Avanti* hat den Nachteil, dass sie nur ein Jahr Garantie hat.
4. Wenn man wenig Geld hat, ist die Kaffeemaschine *Avanti* besser.
5. Schlecht ist, dass die Kaffeemaschine *Avanti* nur ein Jahr Garantie hat.

14

Beispiel:

- Grüß Gott, kann ich Ihnen helfen?
- Guten Tag, ich interessiere mich für eine Digitalkamera.
- Wir haben gerade diese Digitalkamera im Angebot, für 459 Euro.
- Das ist sehr teuer.
- Dann haben wir noch diese Kamera für 199,99 Euro. Die ist gut und günstig.
- Wie lange hat die Kamera Garantie?
- Die Kamera hat zwei Jahre Garantie.
- Gut, dann nehme ich die Digitalkamera.

15

1 Die Kamera funktioniert nicht mehr richtig. Sie speichert keine Fotos mehr. – **2** Die Kamera hat noch acht Monate Garantie. – **3** Herr Schneider schickt Kopien von der Rechnung und dem Garantieschein an die Firma. – **4** Herr Schneider möchte wissen, wie lange die Reparatur dauert und ob die Reparatur kostenlos ist.

16a

Sehr geehrte Damen und Herren,
vor sechs Monaten habe ich bei Ihnen die Mikrowelle *Panason X3* gekauft. Leider funktioniert sie jetzt nicht mehr. Sie startet, aber das Essen wird nicht mehr heiß. Können Sie die Mikrowelle bitte reparieren oder eine neue Mikrowelle schicken? Ich schicke Ihnen auch den Garantieschein und die Rechnung als Kopie mit.
Mit freundlichen Grüßen
Jochen Schott

16b

Beispiel:

Sehr geehrte Damen und Herren,
vor vier Monaten habe ich bei Ihnen den Rasierapparat *Super* gekauft. Ich war mit dem Rasierapparat sehr zufrieden, aber jetzt funktioniert er nicht mehr. Der Rasierapparat hat noch drei Monate Garantie. Können Sie den Rasierapparat bitte reparieren? Den Garantieschein und die Rechnung schicke ich als Kopie mit.
Mit freundlichen Grüßen

17a

Text 1: D – **Text 2:** C – **Text 3:** A

17b

	Vorteile	Nachteile
Fernseher	die Bedienung ist einfach und praktisch	die Tonqualität ist schlecht
Waschmaschine	die Bedienung ist kinderleicht, die Maschine hat gute Programme, die Maschine ist leise	die Maschine ist schwer, man darf die Maschine nicht zu voll machen
Espressomaschine	die Maschine ist sehr schick, der Kaffee schmeckt sehr gut und ist sehr heiß	die Maschine ist teuer, die Maschine macht wenig Schaum

Wichtige Wörter

1a
1 C: der Bankberater – **2 D**: der Garantieschein – **3 A**: der Rechtsanwalt – **4 B**: die Pensionsversicherung – **5 E**: der Dauerauftrag – **6 F**: das Geschäftskonto

1b
2 Ich schicke den Garantieschein als Kopie. – **3** Der Rechtsanwalt berät mich. – **4** Wir zahlen in die Pensionsversicherung ein. – **5** Ich habe einen Dauerauftrag für die Miete. – **6** Für die Firma habe ich ein Geschäftskonto.

2
1 eröffnen – **2** wechseln – **3** eingeben – **4** abschließen – **5** zeigen – **6** melden – **7** machen

3
Beispiel:

Banken: das Privatkonto, das Girokonto, das Geschäftskonto, das Firmenkonto, die Kontonummer, der Kontoauszug, der Kontostand, die Bankverbindung, die IBAN

Versicherungen: die Kfz-Versicherung, das Auto/der Pkw, der Gebrauchtwagen, die Pensionsversicherung, die Krankenversicherung, der Unfall, die Haftpflichtversicherung, der Schutz, der Tarif

5a
1 die Karte in den Bankomaten stecken – **2** das Geld entnehmen – **3** den Betrag auswählen – **4** die Geheimzahl eingeben – **5** den Betrag bestätigen – **6** die Karte entnehmen

5c
Zuerst muss man seine Bankomatkarte in den Bankomaten stecken. Dann gibt man die Geheimzahl ein. Danach wählt man einen Betrag und bestätigt ihn. Zum Schluss nimmt man die Karte wieder heraus und danach nimmt man das Geld.

6
1 der Staubsauger – **5** die Mikrowelle – **6** der Rasierapparat – **7** der Geschirrspüler – **9** der Herd – **11** der Kühlschrank

8
Beispiel:
- Wofür braucht man einen Staubsauger?
- Mit einem Staubsauger saugt man die Wohnung.
- Was macht man mit einem Bügeleisen?
- Mit dem Bügeleisen bügelt man die Wäsche.
- Wofür braucht man einen Wäschetrockner?
- Mit dem Wäschetrockner trocknet man die Wäsche.
- Wofür braucht man eine Nähmaschine?
- Mit einer Nähmaschine kann man Kleidung nähen.
- Wofür braucht man einen Rasierapparat?
- Mit einem Rasierapparat rasiert man sich.
- Was macht man mit einem Geschirrspüler?
- Ein Geschirrspüler spült das Geschirr.
- Wofür braucht man einen Fön?
- Mit einem Fön trocknet man sich die Haare.
- Was macht man mit einem Herd?
- Auf einem Herd kann man Essen kochen.
- Wofür braucht man ein Rührgerät?
- Mit einem Rührgerät kann man Lebensmittel mischen.
- Was macht man mit einem Kühlschrank?
- Im Kühlschrank kann man Lebensmittel frisch halten.
- Wofür braucht man einen Wasserkocher?
- Mit dem Wasserkocher kann man Wasser heiß machen.

14 Freunde und Bekannte

1
1 nett – **2** unterhalte – **3** vertraue – **4** duzt – **5** tröstet – **6** siezt – **7** gegenseitig
Lösungswort: traurig

2a
Interview 1: Bild 1 – **Interview 2:** Bild 3

2b
1 R – **2** F – **3** F – **4** F – **5** F – **6** R

3a
1 D – **2** A – **3** G – **4** F – **5** E – **6** C – **7** B

3b
Beispiel:
Auf einen guten Freund kann man sich verlassen. Wenn man Sorgen hat, hört ein guter Freund zu und oft kann er helfen. Mit guten Freunden kann man viele schöne Dinge erleben.

4a
2 mit – **3** auf – **4** über – **5** über – **6** auf – **7** von – **8** an

4b
Beispiel:
2 Ich telefoniere mit meiner Mutter. – **3** Ich kann mich immer auf meine beste Freundin verlassen. – **4** Manchmal ärgere ich mich über meinen Nachbarn. – **5** Ich freue mich über das Prüfungsergebnis. – **6** Wir freuen uns auf unseren Urlaub in Spanien. – **7** Mein Freund träumt von einem teuren Auto. – **8** Ich denke die ganze Zeit an den Urlaub.

5
1 D – **2** E – **3** G – **4** A – **5** H – **6** C – **7** F – **8** B

6
2 Wovon träumt ihr? – **3** Mit wem sprichst du über deine Probleme? – **4** Wofür interessiert sich dein Freund? – **5** Worüber streitet ihr? – **6** Worüber lacht ihr?

7
2 mit Fahrrädern – **3** über die schlechte Erinnerung an den Urlaub – **4** auf eine Fahrradtour in Spanien – **5** an den Urlaub am Bodensee – **6** über das sehr teure, nicht schöne Hotel – **7** auf das Wochenende

8
Text 1: Darüber – **Text 2:** Darüber, daran, Darauf – **Text 3:** Darüber – **Text 4:** daran, darüber, darüber

9
2 Davon träume ich schon lange. – **3** Über ihn ärgere ich mich oft. – **4** Mit ihr unterhalte ich mich in der Pause. – **5** Darüber sprechen wir viel. – **6** Auf ihn warte ich immer.

10a
1 C – **2** E – **3** A – **4** B – **5** D – **6** F

10b
2 – 3 – 1

10c
Beispiel:
Markus hat glücklicherweise sein Smartphone in der Tasche gehabt. Er hat einen Freund, der in der Nähe von Eisenstadt wohnt. Markus hat seine Nummer herausgefunden und ihn angerufen. Die Frau von seinem Freund war am Telefon. Sie war unfreundlich. Aber sein Freund hat ihn mit dem Auto vom Bahnhof abgeholt. Markus kann sich auf seinen Freund verlassen.

11a
Interview 1: Bild 1, 3 – **Interview 2:** Bild 5, 6

11b
1 B – **2** B – **3** A – **4** C – **5** C – **6** A

12
Beispiel:
Elfchen 1:
Freunde
immer zusammen
Energie und Spaß
zusammen schaffen wir alles
Perfekt!

Elfchen 2:
Freunde
50 Jahre
Familie, Kinder, Enkel
so viele gemeinsame Erinnerungen
Wunderbar!

13
Beispiel:
Sprachkurs
Sprechen, Schreiben und Lesen
Mit vielen anderen
Deutsch lernen
Zufrieden

14
Lieber Reza,
gerade habe ich deine Nachricht bekommen. Bist du wirklich für zwei Wochen in Graz? Das finde ich toll. Ich würde dich sehr gerne wiedersehen. Wie geht es dir und deiner Familie? Hast du immer noch deine Stelle in Salzburg?
Bei mir ist alles in Ordnung. Meine Frau macht jetzt einen Deutschkurs und die Kinder sind in der Schule. Sie haben schon sehr viel Deutsch gelernt. Erinnerst du dich noch an unseren gemeinsamen Deutschkurs? Ich denke gerne daran. Es war anstrengend, aber es hat auch Spaß gemacht. Wann kannst du zu uns kommen, damit wir uns mal wieder gemütlich unterhalten können? Sag Bescheid, meine Handynummer ist die 0664 55 123 98 675.
Ich freue mich schon auf dich!
Liebe Grüße
Javid

15b
1 Existentielle Sorgen – **2** Beziehungsprobleme – **3** Familiäre Ereignisse – **4** Gemeinsame Interessen/Hobbys

15c
Beispiel:
Die Österreicher sprechen mehr über gesundheitliche Probleme als ich. Das Thema „Entscheidungen im Beruf" ist für Österreicher wichtiger als für mich. Ich finde interessant, dass Österreicher mehr über Beziehungsprobleme sprechen als über finanzielle Probleme.

Lösungen

Wichtige Wörter

1a
denken, der Gedanke, -n – sich erinnern , die Erinnerung, -en – etwas erleben, das Erlebnis, -se – sich interessieren, das Interesse, -n

1b
Beispiel:
Einen guten Gedanken muss ich sofort aufschreiben. – An meinen letzten Urlaub habe ich schöne Erinnerungen. – Die Zeit im Spital war kein schönes Erlebnis. – Er hat viele Interessen.

2
1 vermissen – **2** sich verabreden – **3** weinen – **4** vertrauen – **5** trennen – **6** merken

3
1 traurig – **2** lachen – **3** gemeinsam – **4** die Wärme – **5** schlechte Erinnerungen – **6** das Gegenteil

5
1 sich erinnern an – **2** warten auf – **5** sich vorbereiten auf – **6** sich verlieben in – **8** sich kümmern um – **9** träumen von – **10** sich ärgern über – **12** sich freuen über – **13** lachen über – **14** sich informieren über – **16** sich beschweren über

7a
1 Foto 8, um – **2 Foto 4**, an – **3 Foto 7**, an – **4 Foto 3**, nach – **5 Foto 5**, auf

7b
Beispiel:
Foto 10: Sie ärgert sich über ihren Computer. – **Foto 11:** Sie sprechen über ihre nächste Reise. – **Foto 12:** Sie freut sich über ihren Führerschein. **Foto 13:** Die Buben lachen über den Clown. – **Foto 14:** Der Kunde informiert sich über Nebenwirkungen. – **Foto 15:** Die Kollegen diskutieren über ein neues Projekt. – **Foto 16:** Die Mieter beschweren sich über den Handwerker. – **Foto 17:** Die Kollegen gratulieren zu einer erfolgreichen Präsentation. – **Foto 18:** Sie streiten sich über eine Rechnung.

8
Beispiel:
1 Woran erinnert sich die Frau? – **2** Worauf wartet der junge Mann? – **4** Woran denkt sie? – **5** Wofür lernt er? – **7** Woran nehmen sie teil? – **9** Wovon träumt sie?

Station 4

A
Mitglied – ehrenamtlich – hilft – Mitgliedsbeitrag

B
1 Ein Radio ist ein Gerät, mit dem man Musik hören kann.
2 Ein Spielplatz ist ein Platz, auf dem Kinder spielen.
3 Der Winter ist eine Jahreszeit, in der man warme Kleidung braucht.
4 Das Gymnasium ist eine Schule, auf der man die Matura machen kann.
5 Ein Sportwagen ist ein Wagen, mit dem man schnell fahren kann.

C
Durchwahl – spricht – sprechen – verbinden – verbunden – verwählt

D
eröffnen – kostet – Gebühren – Kreditkarte – kostenlos – Kreditkarte

E
Ich finde eine Haftpflichtversicherung wichtig, weil wir Kinder haben.
Die Haushaltsversicherung ist wichtig, weil im Haus schnell etwas kaputtgehen kann.

F
gekauft – funktioniert – Rechnung – Garantieschein

G
Beispiel:
1 Meine Freunde treffe ich zwei- bis dreimal in der Woche. – **2** Mit guten Freunden spreche ich über alles. – **3** Ich gehe gerne mit Freunden ins Kino oder auf Konzerte.

ÖIF-Test Neu Sprechen

Teil 1
Beispiel:
- Wie heißen Sie? ● Ich heiße Luis Fernandez.
- Wo sind Sie geboren? ● Ich bin in La Paz, in Mexiko geboren.
- Wo wohnen Sie? ● Ich wohne jetzt in Wien.
- Was arbeiten Sie? ● Ich bin Student. Ich studiere an der TU Wien.
- Sind Sie verheiratet? ● Nein, ich bin ledig.
- Haben Sie Kinder? ● Nein, ich habe keine Kinder.
- Wie viele Geschwister haben Sie? ● Ich habe drei Brüder.

Teil 2

Foto 1

Beispiel:

Auf dem Foto sehe ich eine Familie. Es ist vielleicht Wochenende. Sie sitzen im Garten. Die Familie sitzt am Tisch, sie essen zusammen. Auf dem Tisch stehen Teller, Besteck, Gläser, eine Flasche Wein und Essen. Die Familie sieht fröhlich aus. Man kann ein Kind, die Großeltern und die Mutter sehen.

Foto 2

Beispiel:

Das Foto zeigt, wie ein Großvater mit seinem Sohn und seinem Enkelsohn Fußball spielen. Sie sind im Park. Die Sonne scheint. Sie haben Spaß.

Notizen

Notizen

PLUSPUNKT DEUTSCH

Leben in Österreich

ARBEITSBUCH

A2

Jin | Neumann | Schote

Cornelsen

Symbole

1.14 Hörtext auf CD

Partnerarbeit

Portfolio

Pluspunkt Deutsch A2
Leben in Österreich

Arbeitsbuch

Im Auftrag des Verlags erarbeitet von Dr. Friederike Jin, Jutta Neumann und Dr. Joachim Schote

Redaktion: Kristina Kremer
Redaktionelle Mitarbeit: Joachim Becker
Projektleitung: Dr. Ulrike Litters
Redaktionsleitung: Gertrud Deutz
Beratende Mitwirkung: Dr. Eva-Maria Enzelberger
Illustrationen: Christoph Grundmann
Layout und technische Umsetzung: zweiband.media, Berlin
Layoutkonzept und Umschlaggestaltung: finedesign Büro für Gestaltung, Berlin

Redaktion der Originalausgabe
Redaktion: Dieter Maenner und Laura Nielsen
Gertrud Deutz (Redaktionsleitung)
Redaktionelle Mitarbeit: Susanne Höhne
Bildredaktion: Katharina Hoppe-Brill, Marie Matern, Laura Nielsen

Audio-CDs: ISBN: 978-3-06-521263-2 (oder als Download unter *www.pluspunkt-oesterreich.veritas.at* bzw. unter *www.sprachportal.at*)

www.cornelsen.de

Die Webseiten Dritter, deren Internetadressen in diesem Lehrwerk angegeben sind, wurden vor Drucklegung sorgfältig geprüft. Der Verlag übernimmt keine Gewähr für die Aktualität und den Inhalt dieser Seiten oder solcher, die mit ihnen verlinkt sind.

Soweit in diesem Buch Personen fotografisch abgebildet sind und ihnen von der Redaktion Namen, Berufe, Dialoge und Ähnliches zugeordnet oder diese Personen in bestimmten Situationen dargestellt werden, sind diese Zuordnungen und Darstellungen fiktiv und dienen ausschließlich der Veranschaulichung und dem besseren Verständnis des Buchinhalts.

1. Auflage, 8. Druck 2024

Alle Drucke dieser Auflage sind inhaltlich unverändert und können im Unterricht nebeneinander verwendet werden.

© 2017 Cornelsen Verlag GmbH, Mecklenburgische Str. 53, 14197 Berlin

Das Werk und seine Teile sind urheberrechtlich geschützt. Jede Nutzung in anderen als den gesetzlich zugelassenen Fällen bedarf der vorherigen schriftlichen Einwilligung des Verlages. Hinweis zu §§ 60 a, 60 b UrhG: Weder das Werk noch seine Teile dürfen ohne eine solche Einwilligung an Schulen oder in Unterrichts- und Lehrmedien (§ 60 b Abs. 3 UrhG) vervielfältigt, insbesondere kopiert oder eingescannt, verbreitet oder in ein Netzwerk eingestellt oder sonst öffentlich zugänglich gemacht oder wiedergegeben werden. Dies gilt auch für Intranets von Schulen und anderen Bildungseinrichtungen.

Druck und Bindung: Livonia Print, Riga

ISBN: 978-3-06-520977-9

PEFC zertifiziert
Dieses Produkt stammt aus nachhaltig bewirtschafteten Wäldern und kontrollierten Quellen.
www.pefc.de
PEFC/12-31-006

Inhalt

Lektion 1	Meine Geschichte	4
Lektion 2	Medien	16
Lektion 3	Wochenende	28
Lektion 4	Schule	40
Station 1		52
Lektion 5	Am Arbeitsplatz	56
Lektion 6	Wohnen nach Wunsch	68
Lektion 7	Feste feiern	80
Station 2		92
Lektion 8	Neue Chancen	96
Lektion 9	Gesund leben	108
Lektion 10	Arbeitssuche	120
Lektion 11	Von Ort zu Ort	132
Station 3		144
Lektion 12	Treffpunkte	148
Lektion 13	Banken und Versicherungen	160
Lektion 14	Freunde und Bekannte	172
Station 4		184

Grammatik 188 Hörtexte 206

1 Meine Geschichte

1 **Ergänzen Sie die Fragewörter und beantworten Sie die Fragen.**

Wo • Wohin • Wie lange • Woher • Welche • Wie

1 Woher kommen Sie?
Ich komme auf Japan

2 Wo wohnt Ihre Familie?
Meine Familie wohnt in Wien

3 Wie lange sind Sie schon in Österreich?
Ich libe seit 7 Jahren in Wien

4 Welche Städte kennen Sie in Österreich?
....

5 Wie finden Sie die Städte?
....

6 Wohin möchten Sie gern fahren?
ich möchte nach India

2 **Früher und heute. Ergänzen Sie die Sätze wie im Beispiel.**

1 Früher *habe* ich in Barcelona *gearbeitet*. Jetzt arbeite ich in Wien.

2 Früher habe ich in Spanien gelebt. Jetzt lebe ich in Österreich.

3 Früher habe ich im Norden von Österreich gewohnt. Jetzt wohne ich im Süden.

4 Früher haben wir auf dem Land gelebt. Jetzt leben wir in der Stadt.

5 Früher bin ich nur selten in mein Heimatland gefahren. Jetzt fahre ich oft in mein Heimatland.

3 **Bei der Anmeldung. Füllen Sie das Formular aus.**

Anmeldebogen

Frau ☐ Herr ☐

Nachname(n)	Vorname(n)

Geburtsort	Herkunftsland	Staatsangehörigkeit
Wohnort	Postleitzahl	Straße und Hausnummer

Muttersprache	weitere Sprachen

4 *Seit* + Dativ. Ergänzen Sie die Artikel im Dativ.

- Sind Sie auch neu hier?
- Nein, ich wohne schon seit ein*em* Jahr hier. Und Sie?
- Wir sind seit ein*em* Monat hier, wir haben erst bei Verwandten gewohnt.

  Aber wir haben Glück gehabt. Seit ein*er* Woche haben wir eine Wohnung.

A Zuwanderer in Österreich

5 Menschen aus aller Welt. Schreiben Sie Sätze.

1 Marta – gemacht – die Matura – hat
2 nach Italien – ihre Eltern – wieder – sind – umgezogen
3 verloren – Carlos – hat – seine Arbeit in Spanien
4 die neue Arbeit – wieder – motiviert – ihn – hat
5 Linying – in Taiwan – für eine österreichische Firma – hat – gearbeitet

1	*Marta*	*hat*	die Matura	gemacht.
2	Ihre Eltern	sind	wieder nach Italien	umgezogen.
3	Carlos	hat	seine Arbeit in Spanien	verloren
4	Die neue Arbeit	hat	ihn wieder	motiviert.
5	Linying	hat	in Taiwan für eine österreichische Firma	gearbeitet.

6 Das Leben von Eugen Litwinow. *Sein* oder *haben*? Ergänzen Sie.

Herr Litiwnow ist 2010 von Russland nach Österreich gekommen, denn er hat eine Österreicherin geheiratet. Er hat zuerst Deutsch gelernt. Danach hat er Arbeit in Innsbruck gefunden. Später sind er und seine Frau nach Graz umgezogen, aber sie sind dort nur sechs Monate geblieben. Heute wohnen sie in Wien.

7a Partizipien mit *ge-*. Wie heißen die Partizipien? Schreiben Sie.

abholen	–	abgeholt	geben	–	gegeben
glauben	–	geglaubt	schwimmen	–	geschwommen
finden	–	gefunden	fragen	–	gefragt
fliegen	–	geflogen	kennenlernen	–	kennengelernt

7b Partizipien ohne *ge*-. Wie heißen die Partizipen? Schreiben Sie.

funktionieren	– funktioniert	beginnen	– begonnen
verlassen	– verlassen	verkaufen	– verkauft
telefonieren	– telefoniert	vergessen	– vergessen
verlieren	– verloren	buchstabieren	– buchstabiert
besichtigen	– besichtigt	bekommen	– bekommen
erklären	– erklärt	studieren	– studiert

8 Ergänzen Sie die Verben im Perfekt.

verlassen • umziehen • finden • verlieren • arbeiten • machen • lernen • kennenlernen

In meiner Heimat habe ich als Ingenieur gearbeitet, aber dann habe ich meine Arbeit verloren. Ich habe mein Heimatland verlassen und bin dann nach Österreich umgezogen. Hier habe ich schnell Deutsch gelernt und jetzt habe ich einen Job in einem Architekturbüro gefunden. Die Arbeit macht mir Spaß. Ich habe viele neue Menschen kennengelernt. Mit meinen Freunden habe ich schon viel zusammen gemacht.

9 Ergänzen Sie die Präpositionen.

in • in • von … nach • bei • nach

2011 bin ich nach Österreich gekommen. Ich habe zuerst in Graz bei meinen Verwandten gewohnt. Dann bin ich von Graz nach Eisenstadt umgezogen. In Eisenstadt habe ich eine Arbeit als Lehrer gefunden.

10 Frau Tokaryk erzählt. Schreiben Sie einen Text in Ihr Heft.

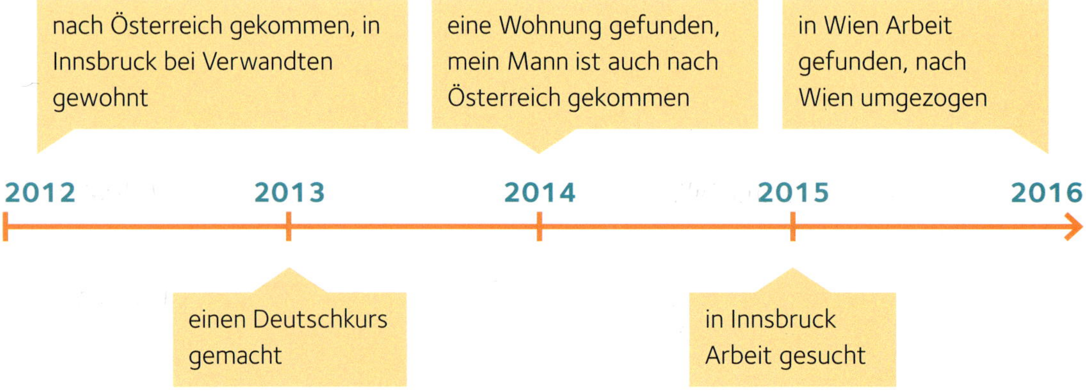

B Wie haben Sie das geschafft?

11a 1.02 **Hören Sie das Interview mit Herrn Sorokin und ordnen Sie die Fotos.**

11b 1.02 **Hören Sie noch einmal und ordnen Sie die Satzteile.**

- ☐ arbeitet als Verkäufer
- ☐ hat einen Sprachkurs gemacht
- ☐ hat in der Nähe von Enns gewohnt
- ☐ möchte als Ingenieur arbeiten
- ☐ ist 2011 nach Österreich gekommen
- ☐ hat die Prüfung beim zweiten Mal geschafft
- ☐ ist nach Linz umgezogen
- ☐ hat viele nette Leute kennengelernt
- ☐ hat eine Arbeit gefunden

11c **Schreiben Sie die Geschichte von Herrn Sorokin in Ihr Heft.**

12 **Possessivartikel. Ergänzen Sie die Dialoge.**

mein • Ihre • unsere • meine

Dialog 1

- Guten Tag, … Name ist Tranh. Das ist … Frau.
- Grüß Gott, was kann ich für Sie tun?
- Das ist … Tochter. Sie soll in den Kindergarten gehen.
- Wie alt ist … Tochter?
- Sie ist drei Jahre alt.

Familie Tranh

eure • eure • ihre • unsere • unsere • unsere

Dialog 2

- Hallo, ich habe euch lange nicht gesehen! Sind das … Kinder?
- Ja, das ist … Tochter Galina und das sind … Söhne Michail und Alexander.
- Seid ihr zu Fuß gekommen?
- Ja, nur Michail und Galina sind mit dem Fahrrad gefahren, … Fahrräder stehen vor der Tür.
- Kommt herein. … Kinder sind leider nicht da. Michail und Galina, bringt … Fahrräder lieber in den Hof. Das ist besser.

13 Die Possessivartikel *Ihr*, *dein* und *euer*. Ergänzen Sie.

dein • eure • euer • Ihre • Ihre • Ihre

1 • Guten Tag, Frau Dhal. Ist das Ihre Tochter? • Nein, das ist meine Nichte.

2 • Annan, Entschuldigung. Ist das dein Stift? • Ja, du kannst ihn gern nehmen.

3 • Sergej und Nina, sind das eure Bücher? • Nein, das sind nicht unsere Bücher.

4 • Herr Wang, ich brauche noch Ihre Telefonnummer. • Ah ja, 04242/24 25 29.

5 • Frau und Herr Cakarcan, wie heißen Ihre Kinder? • Miri und Alissa.

6 • Markus, Lea, wo ist euer Vater? • Er ist noch im Büro.

14 Auf dem Amt. Nominativ, Akkusativ und Dativ. Ergänzen Sie die Possessivartikel.

1 • Guten Tag, Frau Petöfi. Haben Sie .... Pass?

• Ja, hier bitte. Das ist .... Pass.

2 • Haben Sie .... Antrag ausgefüllt?

• Ja, ich habe .... Antrag ausgefüllt. Hier ist er.

3 • Ich brauche auch ein Dokument von .... Mann.

• Ich habe .... Führerschein. Ist das genug?

4 • Herr Cakarcan, hier brauche ich auch die Unterschrift von .... Frau.

• Ich muss also noch einmal mit .... Frau kommen?

• Nein, ... Frau kann auch zu Hause unterschreiben und Sie schicken den Antrag dann mit der Post.

15 Herr Akbar erzählt. Ergänzen Sie die Verben im Perfekt.

Ich .... in der Ukraine .... (studieren). Dort .... ich meine Frau .... (kennenlernen). Wir .... 2005 .... (heiraten). Ich .... in Kabul eine gute Arbeit .... (bekommen), deshalb .... wir nach Afghanistan .... (gehen). Aber die Situation war schwierig und wir .... nach Österreich .... (kommen). Wir .... zuerst im Wohnheim .... (wohnen). Dann .... ich eine Arbeit .... (finden). Meine Frau .... bei den Kindern .... (bleiben), sie waren noch klein.

C Sprachen lernen

16 **Schreiben Sie die Fragen und beantworten Sie sie.**

1 Sie – wie lange – lernen – schon Deutsch – ?

Wie lange lernen Sie schon Deutsch?

→ Ich habe sechs Monate Deutsch gelernt.

2 viel mit Österreichern – Sie – sprechen – ?

Sprechen Sie viel mit Österreichern?

Ja, abar ich spreche sie auf Englisch.

3 auch Filme auf Deutsch – Sie – sehen – im Fernsehen – ?

Sehen Sie im Fernsehen auch Filme auf Deutsch?

4 österreichische Zeitungen und Bücher – lesen – Sie – ?

Lesen Sie österreichische Zeitungen und Bücher?

→ Nein, ich lese keine ös. Zeitungen und Bücher

5 wie – neue Wörter – lernen – Sie – ?

~~Wie neue Wörter Sie lernen?~~

Wie lernen Sie neue ~~Wört~~ Wörter?

→ Ich habe keine gut Idee.

17 **Adjektive. Ordnen Sie zu. Es gibt verschiedene Möglichkeiten.**

静か むずかしい slow funny important simple

leise • schwierig • langsam • lustig • wichtig • einfach • laut • schnell • kompliziert

Eine Übung ist ……

Ich finde es ……

Die Frau spricht ……

1.03 **18** **Textkaraoke. Hören, lesen und sprechen Sie die -Rolle im Dialog.**

…

Du kannst mit anderen Ausländern auf Deutsch sprechen.

…

Schreib doch die Wörter auf Wortkarten.

…

Dann sag doch: Bitte sprechen Sie langsam.

…

Hab doch keine Angst. Fehler sind doch nicht schlimm.

19 Tipps zum Sprachenlernen. Was passt zusammen? Ordnen Sie zu.

1 Ich verstehe die Österreicher oft nicht.
2 Ich spreche so wenig Deutsch.
3 Ich kann die Wörter nicht gut lernen.
4 Ich spreche nicht viel. Ich möchte keine Fehler machen.

A Dann schreib sie doch auf Karteikarten.
B Dann sag doch: Ich habe Sie nicht verstanden. Bitte wiederholen Sie noch einmal.
C Man darf keine Angst haben. Fehler sind doch nicht so schlimm.
D Rede doch einmal mit deinen Nachbarn.

20 Naomi erzählt. Heute und früher. Schreiben Sie die Sätze im Perfekt.

1 Heute spreche ich viel Deutsch.
(Früher – ich – wenig Deutsch – sprechen)

Früher habe ich ...

2 Heute schreibe ich neue Wörter auf Karteikarten.
(Früher – ich – Wörter – nie – schreiben – auf Karteikarten)

3 Jetzt behalte ich die neuen Wörter leicht und vergesse sie nicht mehr.
(Früher – ich – nie – behalten – die neuen Wörter – und – sie immer – schnell – vergessen)

4 Jetzt höre ich auch Radio auf Deutsch und schaue Filme auf Deutsch.
(Früher – ich wenig Radio auf Deutsch – hören – und – nie Filme auf Deutsch – schauen)

5 Heute mache ich nur noch wenige Fehler.
(Früher – ich – viele Fehler – machen)

21 Schreibtraining. In diesem Text gibt es 6 Fehler (3 x Partizip, 3x *haben* und *sein*). Schreiben Sie den Text richtig.

Fehler +++ Fehler +++ Fehler

Meine Eltern sind vor 30 Jahren ihre Heimat verlassen. Sie haben aus der Türkei gekommt. Sie haben in Österreich Arbeit gesucht und gefindet. Ich bin in Österreich geboren. Wir haben letzten Monat von Salzburg nach Innsbruck umgezieht.

Meine Eltern

22a **Neue Kurse. Welcher Kurs passt? Lesen Sie die Situationen 1 bis 4 und ordnen Sie zu.**

1 ☐ Frau Kebaili hat zwei Kinder. Sie will nicht viel Geld für Kleidung ausgeben.
2 ☐ Herr Lehmann ist neu in Innsbruck. Er möchte Leute kennenlernen. Er mag Musik.
3 ☐ Herr Semprun ist 65 Jahre alt. Er ist gesund und möchte weiter gesund bleiben. Deshalb möchte er Sport machen.
4 ☐ Herr und Frau Siegmann sind Pensionisten und reisen gern. Sie fahren oft nach Spanien und möchten deshalb besser Spanisch lernen. Sie haben nur Grundkenntnisse und sind unsicher beim Sprechen.

A Walken für Anfänger

Walking, eine Aktivität zwischen spazieren gehen, wandern und joggen. Bringen Sie Laufschuhe und passende Kleidung mit.

Dienstag 10.00–11.30 Uhr. Beginn: 2.9.
Treffpunkt: Stadtpark Rapoldi, Eingang Südtor

B Kochen für Anfänger/innen

Sie können nicht kochen? Kein Problem. In diesem Kochkurs lernen Sie, wie man Pasta, Salate, Gemüse, Asia-Pfannen – und alles was Ihnen gut schmeckt – selber kocht.

Mittwoch 18.00–20.00 Uhr
Pradler Platz 8, U6, Küche

C Aktuelle Mode – selbst genäht

In angenehmer Atmosphäre machen wir modische Kleidung selbst. Sie lernen zuschneiden, nähen, abstecken und anprobieren – alle wichtigen Schritte bis zum fertigen Kleidungsstück. Der Kurs ist für Anfänger/innen und Fortgeschrittene geeignet. Voraussetzung: Spaß am Nähen!

Fr 17.00–19.15Uhr
Sa 13.00–18.15 Uhr
So 10.00–15.15 Uhr
Marktgraben 10, 3. Stock, Raum 8

D Chor – Lieder aus aller Welt

Für alle, die Freude am Singen haben. Wir singen Lieder aus verschiedenen Ländern. Notenkenntnisse sind nicht erforderlich. Weitere Informationen erhalten Sie telefonisch bei Monika Zelter 0664 70 81 77.

Donnerstag 19.00–20.30 Uhr
Im Atrium, E6, Raum 12, Langer Weg 11

E Spanisch für leicht Fortgeschrittene

Für alle, die schon ein bisschen Spanisch sprechen und ihre Sprachkenntnisse erweitern möchten. In diesem Kurs werden wir viel sprechen, wir wiederholen aber auch die Grammatik. Sie werden überrascht sein, wie schnell Sie Ihre Kenntnisse verbessern!

Vorbereitungstreffen:
Donnerstag, 25.07. um 15.00 Uhr
Im Atrium, 2. Stock, Raum 4, Langer Weg 11

F Orientalischer Tanz

Ein Kurs für Damen in jedem Alter. Wir wollen orientalische Musik hören und tanzen. Orientalischer Tanz macht Spaß und hält uns fit.

Dienstag 18.30–20.00 Uhr
Im Atrium 3, 3. Stock, Raum 1, Langer Weg 11

22b **Welcher Kurs ist für Sie interessant? Warum? Schreiben Sie Sätze.**

Wichtige Wörter

die Geschichte, Sg.	物語り
sauber	清潔な
schmutzig	汚い
hektisch	多忙な
eigentlich	実際に

A Zuwanderer in Österreich

der/die Zuwanderer/in, -/-nen	移民
die Welt, Sg.	世界
der Grund, "-e	理由
unterschiedlich	違い
erzählen	伝える、語る
kennen|lernen	知り合う
auf|geben	あきらめる
verlassen	離れる
verlieren	失う
erleben	体験する
motivieren	動機づける
schlimm	ひどい
enttäuscht	がっかりした
genervt	いらいらした
endlich	ついに
die Matura, Sg.	マトゥーラ
der/die Architekt/in, -en/-nen	建築家
der/die Abteilungsleiter/in, -/-nen	部長
die Teilzeitarbeit, Sg.	パートタイムJob
das Flüchtlingsheim, -e	難民ホーム

B Wie haben Sie das geschafft?

schaffen	作成する
die Universität, -en	大学
das Studium, Sg.	研究
jung	若い
der Anfang, "-e	始まり
depressiv	落ちこんだ、うつ
aktiv	活発な
der Verein, -e	協会
schwierig	困難

C Sprachen lernen

vor|sprechen	話す前
nach|sprechen	話す後
zu|hören	聞く
aus|probieren	試す
das Wort, "-er	単語
der Satz, "-e	文
neue Wörter behalten	新しい単語を覚える
auswendig lernen	暗記する
schriftlich	書面で
die Übung, -en	練習
üben	練習する
der Fehler, -	エラー
die Aussprache, Sg.	発音
unbedingt	必ず
lustig	おもしろい
Mut haben	勇気を持つ
Angst haben	恐れる

1a Gegenteile. Ordnen Sie zu.

modern • langweilig • laut • schmutzig • groß • gemütlich

1 klein – ....
2 hektisch – ....
3 interessant – ....
4 ruhig – ....
5 sauber – ....
6 alt – ....

1b Welche Wörter aus 1a passen zu den Fotos? Ordnen Sie zu.

....

....

2 Kreuzworträtsel. Ergänzen Sie die Verben.

~~sprechen~~ • schreiben • besuchen • machen • verstehen • behalten • haben • lesen • lernen

1 mit Österreichern …
2 neue Wörter leicht …
3 die Österreicher gut …
4 keine Angst …
5 einen Fehler …
6 Sätze auswendig …
7 Wörter auf Karteikarten …
8 ein Buch …
9 einen Kurs …

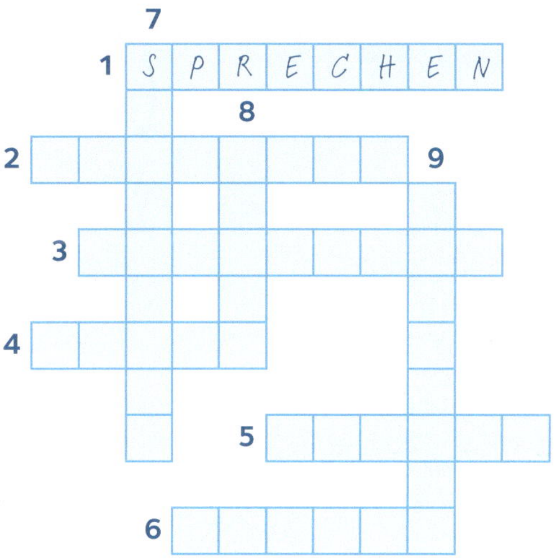

3 Wörter hören und nachsprechen. Hören Sie zu und sprechen Sie nach.

1.04

1 aktiv – enttäuscht – schwierig – lustig
2 das Wort – der Satz – die Aussprache
3 auswendig lernen – Angst haben – Mut haben

1 Wichtige Wörter

Tonaufnahmen machen

Lernen mit Bewegung

viel sprechen

vor dem Spiegel sprechen

Wortschatz mit Zetteln lernen

1.05

4 **Hören Sie zu. Zu welchen Tipps passen die Sätze? Ordnen Sie zu.**

5 **Lerntipps. Was passt zusammen. Ordnen Sie zu.**

1	Ich schreibe neue Wörter immer auf Zettel	A	deshalb besuche ich auch andere Kurse.
2	Ich nehme Wörter oder Sätze auf	B	schreibe mir immer die Regeln auf.
3	Ich lerne am besten mit Bewegung.	C	und klebe sie zum Beispiel auf Möbel.
4	Ich lerne schwierige Wörter immer zusammen, zum Beispiel:	D	und höre die Aufnahme dann an.
5	Ich mag Grammatik und	E	Ich laufe durch den Park und spreche die Wörter.
6	Kontakt mit Österreichern ist wichtig,	F	einen Antrag stellen.

Grammatik mit Merksätzen lernen

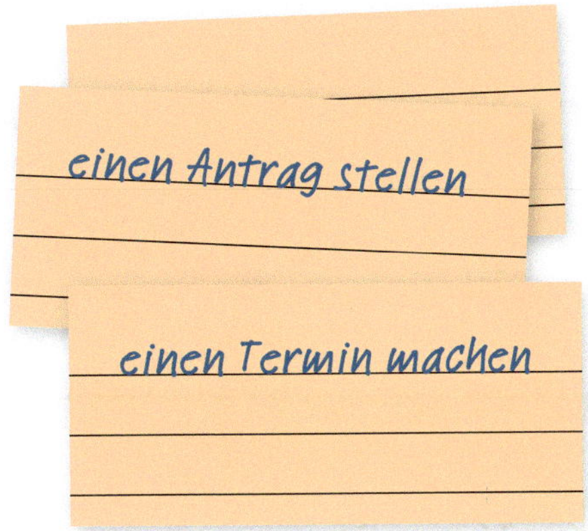

Wortverbindungen lernen

neue Wörter auf Karteikarten schreiben

auch in Pausen Wortschatz wiederholen

ein Wörternetz machen

6 Wie lernen Sie am besten? Schreiben Sie Sätze.

....

....

....

....

2 Medien

1a Gülay und die Medien. Was fehlt hier? Schreiben Sie die Wörter mit Artikel.

1 ....

2 ....

3 ....

4 ....

5 ....

6 ....

1b Was macht Gülay wann? Ergänzen Sie die Verben.

spielen • fernsehen • telefonieren • hören • hören • chatten • arbeiten • lesen • kaufen

In der Früh beim Frühstück .... Gülay gern Radio oder .... die Zeitung. Sie fährt mit der S-Bahn in die Arbeit. In der S-Bahn .... sie Musik. Gestern .... sie ein neues Smartphone ....
Sie ist jetzt wieder erreichbar und kann unterwegs mit ihren Freundinnen .... und .... Im Büro .... Gülay viel am Computer. Am Abend .... sie gern Spiele am Tablet oder sie .... Das findet sie entspannend.

2 Wann machen Sie was? Schreiben Sie Sätze mit *in der Früh, am Vormittag, zu Mittag, am Nachmittag, am Abend* und *in der Nacht*. Markieren Sie das Verb wie im Beispiel.

1 aufstehen
2 arbeiten
3 einkaufen
4 Kaffee trinken
5 schlafen
6 fernsehen

In der Früh steht ich auf.

3 Welche Medien benutzen Sie täglich oder oft? Schreiben Sie.

....

....

....

A Rund ums Internet

1.06 **4a** Lesen und ergänzen Sie. Kontrollieren Sie dann mit der CD.

Smartphone • Kontakt • Online-Spiele • Internet • Nachrichten

Ich habe mobiles Internet auf dem Smartphone und kann unterwegs immer Kontakt ~~Online-Spiele~~ mit meinen Freunden haben. Ich kann ihnen Nachrichten schicken oder mit ihnen chatten. Auf dem Weg in die Arbeit spiele ich oft Online-Spiele.

1.07 **4b** Hören Sie das Interview mit Frau Kostas und kreuzen Sie an: Richtig oder falsch?

		R	F
1	Frau Kostas braucht das Internet bei der Arbeit.	☑	☐
2	Sie benutzt das Internet viel in der Freizeit.	☐	☑
3	Sie möchte immer erreichbar sein.	☐	☑
4	Frau Kostas kauft gerne im Internet ein.	☐	☑
5	Sie liest die Zeitung gerne auf Papier.	☑	☐

5 Warum benutzen die Personen das Internet? Ergänzen Sie die Nebensätze mit *weil* und markieren Sie das konjugierte Verb.

1 Schüler brauchen oft Internet, weil sie ....
(Sie recherchieren Informationen für die Schule.)

2 Kinder gehen gern ins Internet, ...
(Es gibt viele Online-Spiele für Kinder.)

3 Viele Leute nutzen das Internet, ...
(Sie vergleichen Preise.)

4 Bei der Arbeit braucht man Internet, ...
(Man muss E-Mails schicken.)

5 Viele Leute haben mobiles Internet, ...
(Es ist sehr praktisch.)

6a Wiederholung: trennbare Verben. Schreiben Sie die Sätze.

1 die Arbeit von Tim – um 7 Uhr – anfangen

Die Arbeit von Tim fängt um 7 Uhr an.

2 abholen – er – die Kinder – von der Schule

Er ~~hört~~ ~~hort~~ holt die Kinder von der Schule ab.

abholen
~~hort~~ holt /ab

3 zurückkommen – er – spät – nach Hause

Er kommt nach Hause spät zurück!

4 vorlesen – er – den Kindern

Er ~~lest~~ liest den Kindern vor.

5 er – nicht – kann – einschlafen

~~Er kaunst schlafen nicht ein.~~ Er kann nicht einschlafen.

6b Schreiben Sie Sätze mit *weil* zu den Sätzen aus 6a.

1 Tim muss sehr früh aufstehen, *weil seine Arbeit* .
2 Er fährt nicht sofort nach Hause, weil er die Kinder von der Schule abholt.
3 Er ruft seine Frau an, weil er ~~kommt~~ spät nach Hause zurückkommt.
4 Er kann nicht fernsehen, weil er den Kindern ~~vorli~~ vorliest.
5 Er liest noch ein Buch, weil er ~~kann eins~~ nicht einschlafen kann.

7 Warum spricht niemand mit mir? Schreiben Sie Sätze mit *weil*.

Sie telefoniert mit dem Handy. • Er liest Zeitung. • Sie surft im Internet. • Sie sieht fern. • Er hört Musik.

1 Mein Mann spricht nicht mit mir, ...
2 Unsere Tochter spricht nicht mit mir, ...
3 Unser Sohn spricht nicht mit mir, ...
4 Meine Mutter spricht nicht mit mir, ...
5 Unsere Katze spricht nicht mit mir, ...

8a Medien und Urlaub. Was passt? Ordnen Sie zu.

1 Anja will Urlaub machen. — C
2 Sie surft im Internet.
3 Sie nimmt ihr Smartphone mit.
4 Sie packt ihr Tablet ein.
5 Sie nimmt ihr E-Book mit.
6 Sie nimmt ihre Kopfhörer mit.

A Sie muss immer erreichbar sein.
B Sie will im Urlaub Nachrichten schauen.
C Sie hat viel gearbeitet.
D Sie möchte im Urlaub viel lesen.
E Sie sucht Urlaubsangebote.
F Sie will im Flugzeug Musik hören.

8b Schreiben Sie Fragen und Antworten mit den Sätzen aus 8a.

1 • *Warum will Anja Urlaub machen?* • *Weil sie viel gearbeitet hat.*
2 ……
3 ……
4 ……
5 ……
6 ……

9 Warum? Sehen Sie die Bilder an und schreiben Sie Sätze mit *weil*.

1 Warum spielen die Kinder nicht im Garten?

……

……

2 Warum fährt Herr Hamidi zum Flughafen?

……

……

3 Warum trinkt Herr Weber heute kein Bier?

……

……

4 Warum geht Frau Santana heute früh ins Bett?

……

……

B Mit dem Computer arbeiten

10 Wie heißen die Computersymbole? Ergänzen Sie.

1  ....
2  ....
3  ....
4  ....
5  ....
6  ....
7  ....
8  ....

11 Eine Nachricht mit dem Smartphone schreiben. Wie macht man das? Ordnen Sie die Punkte und schreiben Sie die Sätze in Ihr Heft.

den Text schreiben • das Programm schließen • das Smartphone einschalten • das Programm öffnen • den Empfänger auswählen • die Nachricht abschicken

C Fernsehen und Radio

12a Welche Sendungen sind das? Ergänzen Sie die Wörter.

1 der Sp _ _ lf _ lm
2 der _ n _ m _ t _ _ nsf _ lm
3 der Qu _ z
4 die N_ chr _ cht _ n
5 der Kr_ m _
6 der D_ k _ m _ nt _ rf _ lm
7 die Sp _ rts _ nd _ ng
8 die S _ r _ _
9 die T_ lksh _ w

1.08 **12b** Das Fernsehprogramm. Welche Sendungen gibt es heute? Hören Sie und notieren Sie.

1.09 **13** Textkaraoke. Hören, lesen und sprechen Sie die 👄-Rolle im Dialog.

👂 …
👄 Ja, ich möchte heute unbedingt die Nachrichten schauen.
👂 …
👄 Tierfilme finde ich langweilig.
👂 …
👄 Ja, Krimis schaue ich gerne. Wann fängt der Krimi an?
👂 …
👄 Gut, dann schauen wir erst die Nachrichten und dann den Krimi.

14 Einen Fernsehabend planen. Ergänzen Sie den Dialog.

Ja, das finde ich gut. Wann beginnt der Film? • Dann kannst du zuerst das Fußballspiel schauen und wir schauen danach den Film. Okay? • Was gibt es heute im Fernsehen? • Nein, ich mag keine Sportsendungen. Ich möchte lieber einen Film sehen.

- ……………………………………………
- Heute Abend gibt es um 20.15 Uhr ein Fußballspiel. Das möchte ich gern sehen. Du auch?
- ……………………………………………
- Es gibt auch einen Film mit Emma Watson.
- ……………………………………………
- Um 22 Uhr.
- ……………………………………………
- Ja, das ist eine gute Idee.

15a Lesen Sie den Artikel. Über welche Medien spricht Herr Aigner? Unterstreichen Sie im Text.

Medien: Eine Meinung

Viele Leute hören schon beim Frühstück und dann im Auto auf dem Weg in die Arbeit Radio. Das kann ich nicht verstehen. Ich lese in der Früh die Zeitung, dann bin ich gut informiert. Ich möchte nicht den ganzen Tag Radio hören und im Internet surfen. Ich lese lieber ein Buch. Ich verstehe auch nicht, dass viele Leute nicht ohne Handy leben können. Ich möchte nicht überall telefonieren. Warum auch? Ich treffe meine Freunde und dann sprechen wir gemütlich zusammen. Warum soll ich ihnen mehrmals am Tag eine Nachricht schicken oder sie anrufen? Ich finde auch, dass Kinder und Jugendliche lernen müssen, dass man auch ohne Handy und Smartphone leben kann.

Hans Aigner, 63

- 12 -

15b Was findet Herr Aigner gut, was findet er nicht gut? Ergänzen Sie die Medien aus 15a.

 ……………………………………………

 ……………………………………………

15c Lesen Sie noch einmal und kreuzen Sie an: Richtig oder falsch?

		R	F
1	Herr Aigner findet es gut, dass die Leute den ganzen Tag im Internet surfen.	☐	☐
2	Er denkt, dass viele Leute nicht ohne ihr Handy leben können.	☐	☐
3	Er findet, dass man nicht immer telefonieren muss.	☐	☐

16 Mediennutzung. Schreiben Sie Sätze.

1 Ich finde es schlecht, dass (die Internetverbindung – ist – in Kleinstädten – oft nicht gut)

....

2 Ich finde, dass (immer erreichbar – man – muss – sein)

....

3 Ich finde es gut, dass (Vokabeln – lernen – man – kann – auch mit einer App)

....

17 Das Leben in Österreich. Schreiben Sie Sätze.

Alle Menschen haben ein Auto. • Zugfahrkarten sind in Österreich sehr teuer. • Man findet nur schwer eine Wohnung. • Der Winter ist sehr kalt. • Man kann am Wochenende viel machen.

1 Ich finde, dass ....

2 Ich denke, dass ....

3 Ich finde es gut, dass ....

4 Ich finde es schlecht, dass ....

5 Ich denke nicht, dass ....

18 Schreibtraining. Texte eleganter schreiben. Schreiben Sie das E-Mail neu und stellen Sie die markierten Wörter auf Position 1 im Satz.

Hi Anne,
ich bin jetzt schon eine Woche hier im Sprachkurs. Ich finde den Kurs interessant und ich lerne auch viel. Ich habe leider noch nicht viel Kontakt mit den anderen Kursteilnehmern.
Ich mag die Lehrerin gerne, weil sie uns immer hilft. Sie hat mir gestern eine Vokabel-App gezeigt. Ich lerne gerne mit der App. Das macht Spaß.
Liebe Grüße
Nadja

Hi Anne,
jetzt bin ich schon ....

....

19a Was steht wo in der Zeitung? Lesen Sie die Überschriften und die Rubriken. Ordnen Sie zu.

1 ☐ Bundesliga: Austria Wien gegen Rapid 1:0

2 ☐ Parlamentswahlen in Frankreich

3 ☐ STARKER DOLLAR und SCHWACHER EURO

4 ☐ SCHNEECHAOS in Wien

5 ☐ Tag der offenen Tür im Sprachenzentrum Krems

A POLITIK

B WIRTSCHAFT

C Kultur und Bildung

D Sport

E Aus Land und Region

19b Lesen Sie die Artikel. Welche Überschriften aus 19a passen? Ergänzen Sie.

1 ....

Hülya Yildirim, ehemalige Kursteilnehmerin

Das Sprachenzentrum Krems hat am Wochenende sein 20jähriges Jubiläum mit einem Tag der offenen Tür gefeiert. Alle ehemaligen Kursteilnehmer aus den ersten Kursen vor 20 Jahren und viele andere Besucher waren zu Kaffee und Kuchen eingeladen. Hülya Yildirim hat hier vor 15 Jahren einen Deutschkurs besucht. Sie sagt: „Der Deutschkurs hat mir sehr geholfen. Nach dem B1-Kurs habe ich schnell Arbeit gefunden. Dann habe ich in Abendkursen auch noch die B2-Prüfung gemacht und bin jetzt Pflegedienstleiterin. Ohne gute Deutschkenntnisse geht das nicht."

2 ....

Räumfahrzeug in Wien

Heftige Schneefälle und Glatteis haben am Montagmorgen den Verkehr in und um Wien behindert. Die Straßen waren durch eine Schneedecke von 50 cm blockiert. Die Räumfahrzeuge waren seit 5 Uhr in der Früh auf der Straße, aber die S-Bahn, Tram und Busse sind erst ab 9 Uhr wieder gefahren. Zahlreiche Berufstätige sind nicht oder zu spät in die Arbeit gekommen. Der Schulunterricht ist im gesamten Stadtbereich ausgefallen. Für die nächsten Tage sagt der Österreichische Wetterdienst weitere Schneefälle voraus.

19c Lesen Sie die Texte noch einmal und beantworten Sie die Fragen.

1 Warum hat das Sprachenzentrum Krems einen Tag der offenen Tür gemacht?
2 Warum sind die Kinder in Wien am Montag nicht in die Schule gegangen?

Wichtige Wörter

das Medium, Medien	メディア
der Kopfhörer, -	ヘッドフォン
das E-Book, -s	e-Book
chatten	チャット
spannend	エキサイティング
entspannend	リラックス
erreichbar sein	連絡が取れる

A Rund ums Internet

das Online-Spiel, -e	オンラインゲーム
die Nachrichten, Pl.	ニュース
das E-Mail, -s	メール
die E-Mails checken	メールを確認する
denken	考える
häufig	頻繁に
die Information, -en	情報
im Internet recherchieren	グーグル
mobiles Internet	モバイルネット
möglich	可能
unkompliziert	単純
warum	なぜ
weil	なぜなら

B Mit dem Computer arbeiten

der Internetzugang, ¨-e	インターネットアクセス
die Software, Sg.	ソフト
die App, -s	アプリ
soziale Netzwerke	SNS
die Datei, -en	ファイル
das E-Mail-Programm, -e	メールソフト
speichern	保存
löschen	消去
öffnen	開ける
schließen	近い
beenden	仕上げる
drucken	プレス
senden	送信
ab|schicken	送り出す
der Anhang, ¨-e	付録
an|hängen	添付する
die Hilfe, -n	ヘルプ
die Option, -en	オプション
das Adressbuch, ¨-er	アドレス帳
der Posteingang, ¨-e	受信トレイ
aus|wählen	選ぶ
nützlich	役立つ

C Fernsehen und Radio

das Fernsehen, Sg.	テレビ
die Sendung, -en	ショー
laufen: das Radio läuft	
der Spielfilm, -e	長編映画
das Quiz, Sg.	クイズ
der Dokumentarfilm, -e	ドキュメンタリー
die Serie, -n	ドラマ
die Talkshow, -s	トークショー
international	国際的
der Krimi, -s	犯罪小説
die Werbung, -en	広告
die Internetseite, -n	ウェブサイト
die Verkehrsmeldung, -en	交通レポート
der Wetterbericht, -e	天気予報

der Durchschnitt, Sg.	平均		
dafür	そのために		
dagegen	〜に反対する		
dass	それ.		
leise	静かな		

1 Kreuzworträtsel. Schreiben Sie die Wörter und ergänzen Sie das Lösungswort.

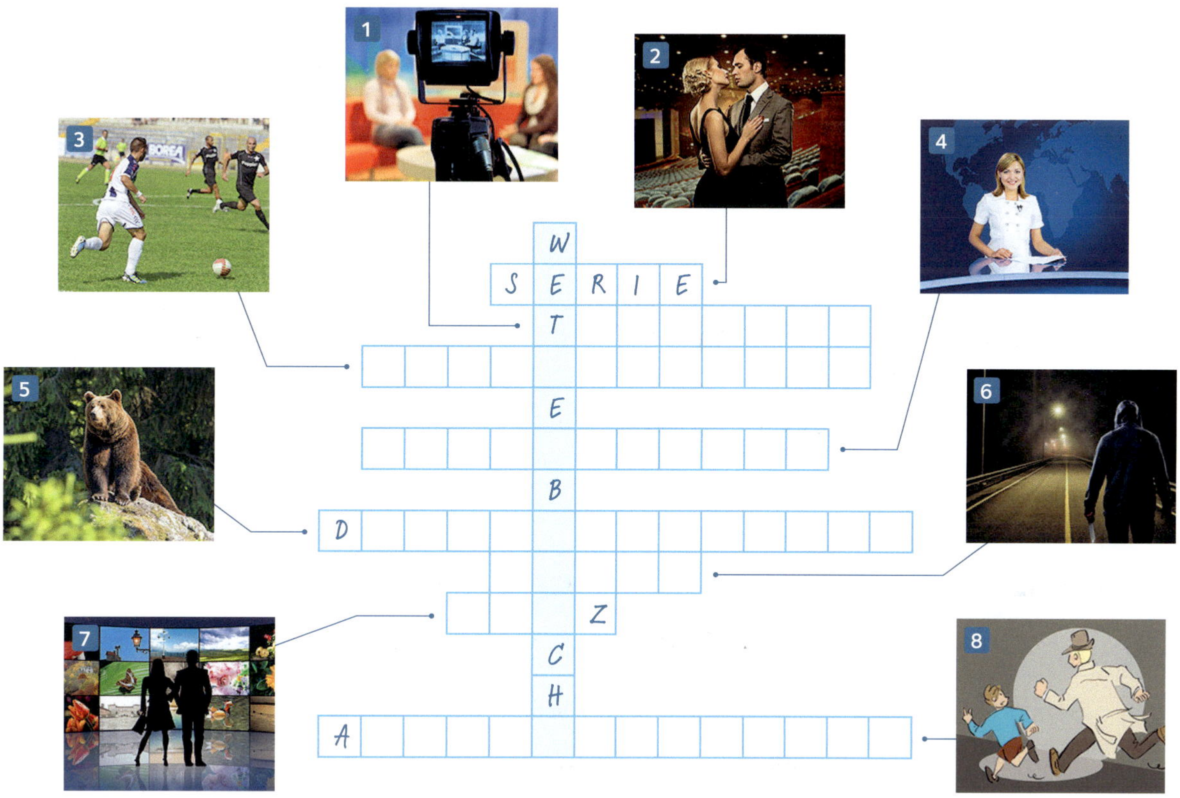

Lösungswort:
Regnet es morgen oder schneit es?
Ich muss unbedingt den ___ ___ ___ ___ ___ ___ ___ ___ ___ ___ ___ ___ ___ schauen.

2 Welches Wort passt nicht? Streichen Sie.

1 eine Datei — öffnen – anhängen – anmelden – abschicken
2 eine App — kaufen – benutzen – chatten – schließen
3 ein E-Mail — drucken – surfen – abschicken – auswählen

1.10

3 Wörter hören und nachsprechen. Hören Sie zu und sprechen Sie nach.

1 das Handy – das Smartphone – die App – die Software – das Online-Spiel
2 die E-Mails checken – im Internet surfen – mit Freunden chatten – Informationen recherchieren
3 die Serie – der Quiz – die Talkshow – der Krimi
4 erreichbar – entspannend – nützlich – möglich

2 Wichtige Wörter

4a Sehen Sie das Foto an und ordnen Sie die Wörter zu.

7 der USB-Anschluss	☐ die DVD	☐ der Rechner
☐ der Bildschirm	☐ das Laufwerk	☐ der Drucker
☐ die Tastatur	☐ die Maus	☐ der Scanner
☐ das Ladekabel	6	8 ....
10	14	

4b Ergänzen Sie in 4a die fehlenden Wörter mit Artikel.

1.11 **5** Hören Sie die neuen Wörter und sprechen Sie nach.

1.12

6 **Was machen Sie? Hören Sie die Infinitive und sprechen Sie Sätze wie im Beispiel.**

- im Internet recherchieren
- Ich recherchiere im Internet.

7 **Was machen die Leute auf den Fotos? Was machen Sie häufig, manchmal, selten, nie? Schreiben Sie Sätze wie im Beispiel.**

Eine Person repariert den Computer. Ich repariere nie den Computer.

3 Wochenende

1a 1.13 **Was macht Herr Pazzi am Wochenende? Hören Sie und kreuzen Sie an.**

1b 1.13 **Was macht Herr Pazzi wann? Hören Sie noch einmal und ergänzen Sie.**

1 Am Samstagvormittag: putzen

2 Am Samstagnachmittag: sports

3 Am Samstagabend: essen mit geht

4 Am Sonntagvormittag: garten

5 Am Sonntagnachmittag: reparieren Er

6 Am Sonntagabend: lernent

2 **Was machen Sie am Wochenende? Schreiben Sie vier Sätze.**

....

....

....

3a **Was passt zusammen? Ergänzen Sie die Verben.**

trinken • gehen • essen • besuchen • gehen • machen

1 Eis ....

2 Verwandte ....

3 Kaffee ....

4 in einen Club ....

5 einen Ausflug ....

6 schwimmen ....

3b Schreiben Sie mit den Wörtern aus 3a Sätze.

Am Samstag besuche ich …

A In der Einkaufsstraße

4 Auf dem Markt. Wo ist/sind …? Ergänzen Sie die Sätze.

vor dem • zwischen dem • auf dem • am • hinter dem • unter dem • neben dem

1 Die Kinder sitzen .... Tisch.
2 Das Buch liegt .... Tisch.
3 Die Katze liegt .... Sessel.
4 Die Tasche steht .... Obststand.
5 Der Verkäufer steht .... Obststand.
6 Die Äpfel liegen .... Salat.
7 Der Sonnenschirm steht .... Obststand und dem Tisch.

5a Was ist passiert? Wohin…? Ergänzen Sie die Sätze.

~~in die~~ • zwischen den • ins • unter den • auf den • auf den • auf den

1 Die Kinder rennen *in die* Apotheke.
2 Das Buch fliegt .... Sessel.
3 Die Katze rennt .... Tisch.
4 Der Salat fällt .... Boden.
5 Der Verkäufer läuft .... Café.
6 Die Äpfel fallen .... Obststand und den Tisch.
7 Der Sonnenschirm fällt .... Tisch.

5b Schreiben Sie die Sätze aus 5a im Perfekt.

1. Die Kinder sind in die Apotheke …

6 Wo oder wohin? Schreiben Sie Sätze wie im Beispiel.

1

Die Katze springt zwischen die Sessel.

Die Katze steht …

2

Die Katze läuft …

Die Katze liegt …

3

……………………………………

……………………………………

7 Ein langer Tag. Ergänzen Sie den Artikel im Dativ oder Akkusativ.

der • der • den • den • eine • einem • die

Gestern ist Melissa um neun Uhr in ………… Deutschkurs gegangen. Am Nachmittag ist sie mit einer Freundin an ………… See gefahren. In ………… Café haben sie auf ………… Terrasse einen Cappuccino getrunken. Später sind sie zurück in ………… Stadt gefahren und am Abend sind sie in ………… Disco gegangen. In ………… Disco haben sie viel getanzt.

8 Präpositionen und Zeit. Ergänzen Sie *am, im, in, um* und *von … bis*.

1 ………… Montag muss ich viel machen. Meine Arbeit beginnt ………… neun Uhr. ………… 12 ………… 13 Uhr habe ich Mittagspause. ………… Nachmittag nach der Arbeit gehe ich oft einkaufen.

2 Frau Müller hat gerne ………… Winter Urlaub. Sie macht oft ………… Jänner oder Februar Urlaub, denn sie fährt gerne Schi.

3 Simon muss immer ………… sechs Uhr aufstehen, denn die Schule beginnt ………… halb acht. ………… Wochenende kann er lange schlafen. ………… Donnerstag macht er ………… Abend Sport, er geht ………… sieben ………… neun Uhr zum Fußball.

9 Wo waren Sie gestern? Wohin gehen Sie morgen? Schreiben Sie Sätze.

....

....

....

B Was machen wir am Sonntag?

10 Im Kurs. Ergänzen Sie in den Dialogen *Ja*, *Nein* oder *Doch*.

1 • Kannst du mir dein Wörterbuch geben?
- ...., ich habe es zu Hause vergessen.
- ...., hier ist es.

2 • Hast du keinen Kugelschreiber? Ich kann dir einen geben.
- ...., gerne, danke. Ich habe keinen.
- ...., danke, ich habe einen.

3 • Verstehst du den Text nicht?
- ...., ich kenne nur zwei oder drei Wörter nicht.
- ...., ich finde ihn wirklich sehr schwer.

4 • Ist Paulina heute krank?
- ...., sie hat Fieber.
- ...., heute hat sie einen Termin beim Bezirksamt.

11 Lesen Sie die Kurznachrichten und schreiben Sie eine Antwort.

1 Sie haben keine Zeit, denn Sie müssen am Nachmittag arbeiten.

2 Sie haben Zeit und Sie wollen gerne in die Disco mitkommen.

12a Das Wochenende von Björn Nowitzki. Lesen Sie den Blog und beantworten Sie die Fragen.

Mein Blog

BLOG TIPPS FOTOS RESTAURANTS

FREIZEIT UND BERUF

Ich arbeite oft am Wochenende, denn ich bin Kellner von Beruf. Besonders am Wochenende haben wir in unserem Restaurant viel Arbeit. Ich habe Schichtarbeit, das heißt, ich arbeite am Samstag und Sonntag von 9.00 bis 17.00 Uhr oder von 17.00 bis 1.00 Uhr im Restaurant. Am Montag ist das Restaurant geschlossen und ich habe immer frei. Natürlich arbeite ich nicht jedes Wochenende. Mir gefallen die freien Wochenenden. Dann gehe ich mit meiner Freundin gerne essen oder wir machen einen Ausflug.

BJÖRN NOWITZKI, 33 JAHRE

1 Von wann bis wann arbeitet Björn Nowitzki am Wochenende?
2 Muss er an jedem Wochenende arbeiten?
3 Wann hat er frei?
4 Was macht er an freien Tagen?

12b Berichten Sie über Björn Nowitzki. Schreiben Sie den Text aus 12a in der 3. Person neu.

Björn Nowitzki arbeitet oft am Wochenende, denn er ...

12c Drei Jahre später. Björn erzählt, wie es früher war. Schreiben Sie den Text aus 12a im Perfekt und im Präteritum neu.

Früher habe ich ...

C Im Restaurant

1.14

13 Hören Sie zu und kreuzen Sie an. Welche Antwort passt?

1 ☐ A Vier Personen.
  ☐ B Wir brauchen einen Tisch.
2 ☐ A Zusammen, bitte.
  ☐ B Ich zahle mit Bankomatkarte.
3 ☐ A Auf der Terrasse, bitte.
  ☐ B Wir haben keine Terrasse.
4 ☐ A Das ist sehr teuer.
  ☐ B Gut, dann nehme ich das.
5 ☐ A Ja, sehr gern.
  ☐ B Ich hätte gern das Rindsschnitzel.
6 ☐ A Stimmt so.
  ☐ B Geben Sie mir bitte das Geld zurück.

1.15

14a Ordnen Sie den Dialog und kontrollieren Sie dann mit der CD.

- 1 Restaurant zur Post. Was kann ich für Sie tun?
- 8 Auf Wiederhören.
- 5 Möchten Sie einen Tisch auf der Terrasse?
- 2 Grüß Gott, hier spricht Fernando Lopez. Ich möchte gerne einen Tisch für Samstagabend reservieren. Geht das?
- 7 Das habe ich notiert. Vielen Dank für Ihre Reservierung. Auf Wiederhören.
- 4 Wir sind drei Personen und möchten um 20.00 Uhr kommen.
- 3 Ja, das geht. Wie viele Personen sind Sie und wann möchten Sie kommen?
- 6 Ja, gerne.

14b Lesen Sie noch einmal und beantworten Sie die Fragen: Wer? Was? Wo? Wann?

15 Im Restaurant. Ergänzen Sie den Dialog.

Schade, dann nehme ich die Gemüselasagne. • Ich hätte gerne das Brathendl mit Reis und Gemüse. • Ich nehme einen Apfelsaft. • Ich möchte gerne bestellen.

- ....
- Ja, gerne, was möchten Sie essen?
- ....
....
- Das Gericht haben wir nicht mehr, tut mir leid.
- ....
....
- Sehr gerne. Und was möchten Sie trinken?
- ....

1.16

16 Textkaraoke. Hören, lesen und sprechen Sie die 👄-Rolle im Dialog.

👄 Wir möchten gerne bezahlen.

👂 …

👄 Zusammen, bitte

👂 …

👄 Ja, und zwei Gläser Mineralwasser.

👂 …

👄 Hier bitte, 17 Euro. Stimmt so.

👂 …

1.17

17a Lesen Sie die Speisekarte und hören Sie den Dialog. Was möchten Filipp und Selvi bestellen? Markieren Sie.

Vorspeisen

Hühnersuppe	4,20 €
Gemüsesuppe	4,40 €

Hauptspeisen

Rindergeschnetzeltes mit Champignons und Reis	14,00 €
Hühnerfilet mit Nudeln und Gemüse	11,00 €
Spaghetti mit Basilikum-Pesto und Paradeisern	8,50 €
Schnitzel mit Erdäpfelsalat	9,50 €

Nachspeisen

Vanilleeis mit Schlagobers	3,80 €
Obstsalat	4,80 €

Getränke

Mineralwasser 0,2l	2,20 €
Apfelsaft 0,2l	2,90 €
Orangensaft 0,2l	2,90 €
Fanta/Cola/Sprite 0,2l	2,40 €
Bier 0,3l	3,10 €
Wein 0,2l	3,00 €
Tee/Melange	2,80 €

1.17

17b Hören Sie noch einmal und kreuzen Sie an: Richtig oder falsch? Korrigieren Sie die falschen Sätze.

		R	F
1	Selvi mag keine Gemüsesuppe.	☐	☐
2	Filipp hat schon gestern ein Hühnerfilet gegessen.	☐	☐
3	Selvi denkt, dass der Wein nicht gut ist.	☐	☐
4	Filipp nimmt keine Vorspeise.	☐	☐
5	Filipp will keine Nachspeise essen.	☐	☐

18 Schreibtraining. Welche Wörter schreibt man groß? Schreiben Sie den Brief richtig.

Fehler +++ Fehler +++ Fehler

liebe jessica,
noch einmal vielen dank für das schöne wochenende bei dir in graz. das essen am samstagabend war sehr gemütlich und die radtour am sonntagmittag war wirklich toll. ich hoffe, dass du mich dann anfang mai in salzburg besuchst.
viele grüße
iane

Liebe ...

Großschreibung:
- Satzanfang
- Nomen
- Namen
- Städtenamen

19a Lesen Sie das E-Mail und bringen Sie die Bilder in die richtige Reihenfolge.

Hallo Marco,

ich bin umgezogen. Ich wohne jetzt mit Freunden in einem großen Haus mit Garten. Das ist toll, aber wir müssen auch viel gemeinsam machen. Am Wochenende haben wir aufgeräumt. Zusammen mit meiner Mitbewohnerin Neyla habe ich am Samstag im Gemüsegarten gearbeitet. Das hat Spaß gemacht und wir haben alles gut geschafft. Danach habe ich meinen Mitbewohnern Andi und Gregor geholfen. Wir haben das Wohnzimmer gestrichen. Das war sehr anstrengend, aber es sieht jetzt sehr gut aus. 🙂

Leider hat nicht alles so gut funktioniert. Wir hatten alte Elektrogeräte für den Mistplatz, aber der hatte am Samstag geschlossen. Jetzt können wir die Sachen erst am Mittwoch wegbringen. Meine Mitbewohnerinnen Eli und Claudia haben den Keller aufgeräumt, doch sie haben nicht viel geschafft. Sie haben mehr geredet als gearbeitet. ☹

Am Sonntag haben wir dann im Haus verschiedene Sachen repariert, zum Beispiel war das Licht im Wohnzimmer kaputt. Außerdem haben wir den Flur und alle Gemeinschaftsräume geputzt. Am Sonntagabend haben wir dann gekocht und schön zusammen gegessen.

Wie geht es dir? Kommst du mich bald besuchen? 🙂

Liebe Grüße Sebastian

19b Lesen Sie das E-Mail noch einmal und beantworten Sie die Fragen.

1 Wie viele Personen wohnen in dem Haus?
2 Welche Arbeiten haben sie am Wochenende gemacht?
3 Was hat gut funktioniert?
4 Was hat nicht gut funktioniert und warum?
5 Was haben sie am Sonntagabend gemacht?

3 Wichtige Wörter

putzen	掃除
lange frühstücken	長い朝食

A In der Einkaufsstraße

die Einkaufsstraße, -n	ショッピングセンター
plötzlich	突然
der Sturm, ″-e	~~[illegible]~~ 嵐
das Gewitter, -	雷雨
durcheinander	混った
der Sonnenschirm, -e	日傘
fallen	落ちる
rennen	走る
laufen	走る、ジョグ
das Chaos, Sg.	カオス
der Boden, ″-	床
das Messer, -	ナイフ
die Gabel, -n	フォーク
der Löffel, -	スプーン
die Serviette, -n	ナプキン
die Katze, -n	猫
das Stadtzentrum, Sg.	市の中心

B Was machen wir am Sonntag?

der Job, -s	仕事
doch	しかし
Doch, wir haben Zeit.	はい、時間はあります
Herzlichen Glückwunsch!	おめでとう
schade	恥
sicher	安全な
ganz sicher	確かに
verbringen	過ごす
das Wochenende gemeinsam verbringen	週末一緒にすごす
los sein	取り除く
Hier ist viel los.	賑やかだ
die Schwiegereltern, Pl.	義理の両親
der Pflegedienst, -e	看護サービス
den Haushalt machen	家事
bügeln	アイロンがけ
die Reparatur, -en	修理
erzählen	教える、伝える、tell
berichten	報告する

C Im Restaurant

das Gericht, -e	裁判所
typisch	典型的な
reservieren	予約する
bestellen	注文する
bezahlen	支払う
Zusammen oder getrennt?	一緒に？別々に？
die Speisekarte, -n	メニュー
die Vorspeise, -n	前菜
die Hauptspeise, -n	メインコース(主菜)
die Nachspeise, -n	デザート
die Melange	メランジェ(コーヒー)
die Rechnung, -en	~~請求~~ invoice
Das macht 20 €.	合計 20€
stimmen	声
Stimmt so.	おつりは不要
das Trinkgeld, -er	チップ

1 Im Restaurant. Was sehen Sie? Schreiben Sie die Wörter mit Artikel.

der Kellner, ...

2 Komposita. Ergänzen Sie die Wörter und den Plural.

speise • zentrum • geld • schirm • straße • dienst

1 das Trink ...
2 der Sonnen ...
3 die Nach ...
4 das Stadt ...
5 der Pflege ...
6 die Einkaufs ...

3a Welches Wort passt nicht? Streichen Sie.

1 einen Tisch im Restaurant — bezahlen – reservieren – suchen – finden
2 Essen — bestellen – bezahlen – reservieren – machen
3 eine Reparatur — machen – bezahlen – kaufen – vorbereiten
4 Trinkgeld — machen – vergessen – geben – annehmen

3b Lesen die Kombinationen laut.

in die Disco gehen
ein Picknick machen
an den See fahren
auf dem Markt einkaufen
die Zeitung lesen
das Auto putzen
im Garten arbeiten
einen Freund / eine Freundin treffen
mit dem Hund spazieren gehen

3c Was machen Sie wann? Schreiben Sie Sätze mit den Wörtern aus 3b.

Am Mittwochabend treffe ich einen Freund.

4 Wörter hören und nachsprechen. Hören Sie zu und sprechen Sie nach.

1.18

1 fallen – rennen – laufen
2 reservieren – bestellen – bezahlen
3 das Gericht – die Vorspeise – die Hauptspeise

3 Wichtige Wörter

1

2

3

4

5

die Tischdecke, -n

6

7

8

die Salatschüssel, -n

9

das Salatbesteck, -e

10

der Essig, -e

11

12

die Pfeffermühle, -n

13

der Zuckerstreuer, -

14

die Stäbchen, Pl.

15

der Eierbecher, -

16

der Flaschenöffner, -

5 Ergänzen Sie die Wörter mit Artikel und Plural.

1.19 **6** Hören Sie die neuen Wörter und sprechen Sie nach.

7 Was brauchen Sie wofür? Schreiben Sie Sätze wie im Beispiel.

Ich möchte einen Salat machen. Ich brauche ...

8 **Gerichte. Ordnen Sie zu.**

1 ☐ Matjesfilet mit Salat
2 ☐ Schnitzel mit Erdäpfelsalat
3 ☐ Hühnerfilet mit Reis und Gemüse
4 ☐ Spaghetti mit Basilikum-Pesto und Paradeisern
5 ☐ Rindsschnitzel mit grünen Fisolen und Knödel
6 ☐ Rindergeschnetzeltes mit Gemüsereis

9 **Mögen Sie …? Sprechen Sie über die Gerichte.**

Die Spaghetti sehen lecker aus. Fleisch esse ich nicht, weil ich Vegetarier bin.

Ich esse sehr gern …

4 Schule

1a Wie heißen die Wörter? Schreiben Sie die Wörter mit Artikel.

terUnricht	fachlingsLieb	plandenStun	arpenGrupbeit
Unterricht			
schichGete	thetikmaMa	hofSchul	rinreLeh
G			

1b Schreiben Sie mit den Wörtern aus 1a Sätze.

1 ....

2 ....

3 ....

4 ....

5 ....

6 ....

7 ....

8 ....

2a Welche Fächer sind das? Ordnen Sie zu.

Physik • Mathematik • Biologie • Englisch • Bildnerische Erziehung • Geografie

1

2

3

4

5
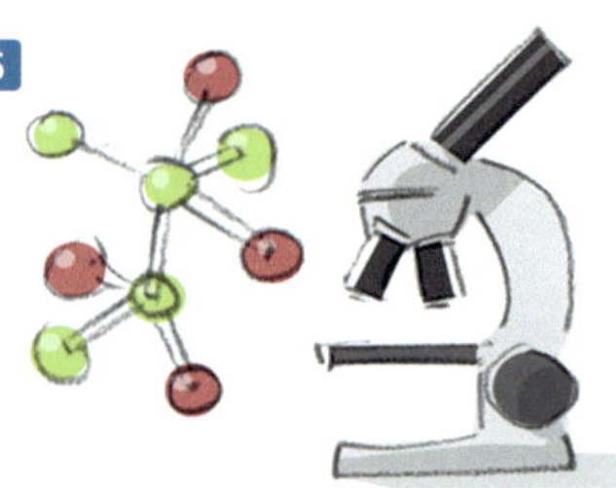

6

1.20 **2b** Hören Sie das Interview. Welche Fächer nennt Herr Vogel? Notieren Sie.

....

1.20 **2c** Hören Sie noch einmal und kreuzen Sie an: Richtig oder falsch?

		R	F
1	Die Lehrerin Frau Peters war streng.	☐	☐
2	Die Schüler haben die Lehrer nicht gemocht.	☐	☐
3	Der Unterricht hat in der Früh um 8 Uhr angefangen.	☐	☐
4	Der Unterricht hat am Nachmittag aufgehört.	☐	☐
5	Herr Vogel hat immer gerne Fußball gespielt.	☐	☐
6	Er hat nicht gerne Physik gemacht.	☐	☐

A Schulen in Österreich

3 Die Schulzeit von Paula. Lesen Sie den Text im Kursbuch auf Seite 41 noch einmal und schreiben Sie 4 Sätze mit den Begriffen im Schüttelkasten.

Poly • Volksschule • Neue Mittelschule • Kindergarten

Paula ist zuerst in den Kindergarten gegangen.

Dann ...

....

....

1.21 **4a** Die Mutter von Filip erzählt. Hören Sie das Interview und ordnen Sie zu.

1 Wenn Filip einen Zweier in Mathe hat,
2 Wenn er mit der Schule fertig ist,
3 Wenn er Arzt werden möchte,
4 Wenn er Arzt ist,

A dann muss er an der Universität studieren.
B kann er viel Geld verdienen.
C möchte er Arzt werden.
D dann kann er ins Gymnasium gehen.

4b Schreiben Sie die Sätze aus 4a wie im Beispiel und unterstreichen Sie die Verben in den Sätzen.

1 *Wenn Filip einen Zweier in Mathe hat, dann kann er...*
2 ....
3 ....
4 ....

5 Ordnen Sie die *wenn*-Sätze und schreiben Sie sie in Ihr Heft.

1 macht – ein Schüler – wenn – eine Lehre – , geht er in die Berufsschule.
2 Erol – wenn – schafft – die Matura – , dann kann er in die Universität gehen.
3 die Matura – wenn – will – Corinna – machen – , dann muss sie ins Gymnasium gehen.
4 will – machen – wenn – eine Lehre – Nico – , kann er in die Neue Mittelschule gehen.
5 Kaja – im vierten Schuljahr – wenn – hat – gute Noten – , kann sie ins Gymnasium gehen.

1. Wenn ein Schüler eine Lehre macht, geht er in die Berufsschule.

6 Noten in Österreich. Ordnen Sie zu.

☐ gut • ☐ befriedigend • ☐ nicht genügend • ☐ sehr gut • ☐ genügend

Neue Mittelschule

Zeugnis

Naima Mebes

geboren am 17. Mai 2005 Schuljahr: 2017/2018 Klasse: 5a

Deutsch	3	Englisch	2	Musikerziehung	2	Physik	3	Sport	3
Mathematik	4	Geschichte	2	Biologie	5	Chemie	4	Bildnerische Erziehung	1

7a Was passt zusammen? Ordnen Sie zu.

1 Meine Tochter räumt nicht auf.
2 Du rufst nicht an.
3 Das Wetter ist gut.
4 Ich muss viel arbeiten.
5 Sina macht Sport.

A Ich trinke viel Kaffee.
B Sie darf nicht fernsehen.
C Ich bin traurig.
D Sie trinkt viel Wasser.
E Ich gehe spazieren.

7b Schreiben Sie die Sätze aus 7a mit *wenn … dann* in die Tabelle.

1 Wenn .... , dann ....
2 Wenn .... , dann ....
3 Wenn .... , dann ....
4 Wenn .... , dann ....
5 Wenn .... , dann ....

8 Schreiben Sie die Sätze wie im Beispiel.

1 Wenn André krank ist, kann er den Test nachschreiben.

André kann den Test nachschreiben, wenn er krank ist.

2 Wenn dein Kind krank ist, musst du eine Entschuldigung schreiben.

....

3 Wenn du die Stelle haben willst, kannst du bei der Firma anrufen.

....

4 Wenn man etwas nicht versteht, kann man den Lehrer fragen.

....

5 Wenn Kinder Probleme in der Schule haben, können sie Nachhilfe bekommen.

....

9a Was machen Sie, wenn … ? Schreiben Sie Fragen wie im Beispiel.

1 müde sein *Was machen Sie, wenn Sie müde sind?*

2 Fieber haben ....

3 die Hose zu klein sein ....

4 nicht schlafen können ....

5 nicht fit sein ....

6 das Wetter schön sein ....

7 zwei Wochen Urlaub haben ....

9b Beantworten Sie die Fragen aus 9a mit *wenn*-Sätzen.

einen Kaffee trinken • zum Arzt gehen • weniger essen • spazieren gehen • Sport machen • einen Film schauen • eine neue Hose kaufen • im Bett bleiben • Freunde treffen • Musik machen • Kanu fahren

1 *Wenn ich müde bin, trinke ich einen Kaffee.*

2 ....

3 ....

4 ....

5 ....

6 ....

7 ....

1.22

9c Hören Sie die Fragen und antworten Sie mit Ihren Sätzen aus 9b.

B Elternabend

10a **Fragen auf einem Elternabend. Schreiben Sie die Fragen in Ihr Heft.**

1 in der Pause – die Kinder – verlassen – Dürfen – den Schulhof – ?
2 muss – in die Klassenkassa – ich – einzahlen – Wie viel Euro – ?
3 im letzten Monat – der Chemieunterricht – Warum – ist – ausgefallen – ?
4 für den Sportunterricht – brauchen – Was – die Kinder – ?

10b **Schreiben Sie vier Fragen zu den Fotos.**

1. Dürfen die Kinder Handys ...

11 **Welches Wort passt? Ergänzen Sie die Sätze.**

Ausflug • Taschengeld • Projektwoche • Schularbeiten

1 Wenn eine Klasse für ein paar Tage zusammen wegfährt, dann macht sie eine

……………………………………………….

2 Viele Kinder bekommen von ihren Eltern regelmäßig ein bisschen Geld. Das Geld heißt

……………………………………………….

3 Wenn eine Schulklasse einen Tag nicht in der Schule ist und z.B. zusammen in den Zoo geht oder etwas besichtigt, dann ist das ein ……………………………………………….

4 In der Schule müssen die Schüler regelmäßig Tests schreiben. Diese Tests sind wichtig für die Note. Sie heißen ……………………………………………….

C Schule früher und heute

12 **Wiederholung: Modalverben. Kreuzen Sie an: Was passt?**

1 ☐ **A** Sie können gut zusammen lernen.
☐ **B** Sie müssen zusammen lernen.

2 ☐ **A** Sie muss in die Disco gehen.
☐ **B** Sie darf in die Disco gehen.

3 ☐ **A** Er will lernen.
☐ **B** Er muss lernen.

4 ☐ **A** Er will neben Nina sitzen.
☐ **B** Er muss neben Nina sitzen.

13 Welches Verb passt? Ergänzen Sie den Text.

durften • wollte • musste • konnte • musste • konnte • wollten

Nach der Volksschule ....[1] ich in unserem Dorf in die Neue Mittelschule gehen. Aber ich ....[2] sehr gut Mathematik. Deshalb ....[3] meine Lehrerin und meine Eltern, dass ich in ein Gymnasium in Eisenstadt gehe. Ich ....[4] jeden Morgen um halb sieben mit dem Bus nach Eisenstadt fahren. Ich war erst am Nachmittag wieder zu Hause und dann ....[5] ich noch Hausaufgaben machen. Denn wir ....[6] die Hausaufgaben nicht in der Schule machen, das war anstrengend. Jetzt bin ich aber froh, dass ich in das Gymnasium gegangen bin, weil ich mit der Matura studieren ....[7]. Ich bin jetzt Informatikerin.

Elif Nal, 29 Jahre

14 Modalverben im Präteritum. Ergänzen Sie die Tabelle.

	wollen	können	müssen	dürfen
ich				
du	wolltest			
er/es/sie/man				
wir		konnten		
ihr			musstet	
sie/Sie				durften

15 *Dürfen*, *können* oder *wollen*? Ergänzen Sie die Modalverben im Präteritum.

1 dürfen - können – wollen

- Ich .... schon mit fünf Jahren schwimmen. Wann hast du schwimmen gelernt?
- Ich .... auch schon mit fünf Jahren einen Schwimmkurs machen. Aber ich .... den Kurs nicht machen. Ich habe Angst gehabt.

2 dürfen – dürfen – müssen

- Wir .... früher nicht im Klassenzimmer spielen. Das war verboten.
- Ja, bei uns auch. Wir .... in den Pausen immer hinausgehen. Wir .... nicht im Klassenzimmer bleiben.

3 können – wollen – wollen

- Was .... Sie Frau Peters fragen?
- Ich .... etwas mit ihr besprechen, aber sie .... nicht, sie hat keine Zeit gehabt.

16a Die Schulzeit von Frau Sánchez. Hören Sie das Interview und streichen Sie die falschen Wörter.

1.23

1 Frau Sánchez war gerne / ~~nicht so gerne~~ in der Schule.
2 Die Lehrer waren streng / nicht streng.
3 Die Prüfungen waren schwieriger/einfacher als heute.
4 Sie durften nicht/durften an den Strand gehen.

Catalina Sánchez

16b Hören Sie noch einmal und schreiben Sie Sätze mit *können*, *müssen*, *dürfen* und *wollen* im Präteritum.

1.23

viel lernen • verschiedene Kurse wählen • Hausaufgaben in der Schule machen • Hausaufgaben zu Hause machen • ein bisserl was für die Kurse bezahlen • an den Strand gehen • schwimmen

Frau Sánchez musste viel ...

17 Was mussten, durften, wollten oder konnten Sie früher machen? Schreiben Sie Sätze.

....

....

....

18a Schreibtraining. Schreiben Sie die Sätze richtig und ergänzen Sie die Satzzeichen.

Fehler +++ Fehler +++ Fehler

ichmussjetztdeutschlernenweilichinderschuleinmeinerheimatkeindeutschgelernthabe

wennichnochdreimonatelernekannichdieprüfungmachen

wennichdiePrüfungbestehekannichleichtereineArbeitfinden

ichfindeesgutdassmeinkurssonettist

18b Lesen Sie den Lerntipp und kontrollieren Sie die Satzzeichen in 18a.

. , . , . , . ,

Lerntipp
Zwischen Haupt- und Nebensatz steht ein Komma.
Am Ende von einem Satz steht ein Punkt.

19a Briefe von der Schule. Lesen Sie die Briefe und tragen Sie die Termine in den Terminkalender ein. Beantworten Sie die Fragen: Was? Wann? Wo?

Liebe Eltern der 7c,

unser Elternabend ist am 25.05. um 19 Uhr in Raum 210.
Wir sprechen über die Projektwoche:

1. Wohin fahren wir? Nach Wien, Salzburg oder ins Alpbachtal?
2. Welche Hilfe gibt es bei den Kosten für die Fahrt?
3. Wie viel Taschengeld dürfen die Kinder mitnehmen?

Wenn Sie noch mehr Fragen haben, dann können wir sie gerne am Dienstag besprechen.

Herzliche Grüße
Michael Hertel

Liebe Eltern der 7c,

am Montag, den 23.05. gehen wir in den Film „Krabat". Geben Sie bitte Ihrem Kind für den Film 5 € mit. Die Schüler und Schülerinnen sollen um 9.30 Uhr am Hauptbahnhof sein. Der Film ist um 11.45 Uhr zu Ende. Bitte holen Sie Ihr Kind um 12.30 Uhr vom Hauptbahnhof ab.

Unterschreiben Sie bitte den unteren Abschnitt, wenn Ihr Kind allein nach Hause fahren darf. Ihr Kind muss den Abschnitt in die Schule zurückbringen.

Mit freundlichen Grüßen
Irene Beilig (Deutschlehrerin)

- ✂

Mein Kind .... darf nach dem Film am 23.05. allein nach Hause gehen.

....
Unterschrift

MAI

23 Montag

24 Dienstag

25 Mittwoch

26 Donnerstag

19b Lesen Sie die Briefe noch einmal und beantworten Sie die Fragen.

1. Wie heißen die Lehrer von der Klasse 7c?
2. Was ist das Thema auf dem Elternabend?
3. Welchen Film will die Klasse 7c sehen?
4. Was sollen die Kinder mitbringen?
5. Um wie viel Uhr sollen die Eltern ihre Kinder abholen?
6. Wer soll unterschreiben?

Wichtige Wörter

das Fach, ¨-er	academic subject
das Lieblingsfach, ¨-er	好きな科目
die Mathematik (Mathe), Sg.	数学
die Biologie, Sg.	生物学
die Bildnerische Erziehung (Kunst), Sg.	美術
die Physik, Sg.	物理
die Chemie, Sg.	化学
die Geschichte, Sg.	文学
die Geografie, Sg	地理
die Musikerziehung, Sg	音楽
der Schulhof, ¨-e	校庭
der Stundenplan, ¨-e	科目時間割
streng	厳密に
freundlich	友好的に

A Schulen in Österreich

die Volksschule, -n	小学校
die Neue Mittelschule, -n	新中学校
das Gymnasium, Gymnasien (AHS unter/über)	ギムナジウム
die Berufsschule, -n	専門学校
die Matura, Sg.	マトゥラ
die Schulpflicht, Sg.	義務
das Schuljahr, -e	学年
dauern	最後
der Abschluss, ¨-e	ディプロマ
der Schulabschluss, ¨-e	卒業証明書
das Zeugnis, -se	証明書
die Klasse, -n	クラス
zu Ende sein	終わる
fleißig	勤勉な
die Lehre, -en	教え
die Autowerkstatt, ¨-n	自動車修理工場
der/die Kfz-Mechatroniker/in, -/-nen	自動車整備士
der Studienplatz, ¨-e	学習場所
die Abschlussprüfung, -en	卒業試験
bestehen	構成
die Note, -n	注記, 評課
die Prüfung, -en	検査, テスト
die Nachhilfe, Sg.	家庭教師
mit drei Jahren	3歳の時
wenn	もし
hoffen	希望
klappen	成功する
es klappt	うまくいく
die Ferien, Pl.	休日
Dinge tun	do thing
die Langeweile, Sg.	退屈

B Elternabend

der Elternabend, -e	保護者会の夕べ
der Raum, ¨-e	部屋
gemeinsam	一緒に
besprechen	話し合う
die Klassenkassa, -en	クラス基金
die Projektwoche, -n	プロジェクトウィーク
die Schularbeit, -en	学習課題
der Schwimmunterricht, Sg.	水泳指導
das Taschengeld, Sg.	ポケットマネー

C Schule früher und heute

pünktlich	時間通りに	die Schulzeit, Sg.	授業時間
nachsitzen	放課後居残り	der Schulweg, -e	通学路
eine Frage stellen	質問する		
leicht , (nicht schwer)	軽い, 軽快な		
der/die Jugendliche, -n/-n	思春期の女性		

Jungendlicher は男, もしくは女.

1 Ergänzen Sie die Sätze.

1 Am Ende vom Schuljahr bekommen (授領する) alle Schüler ein Zeugnis

2 Im Zeugnis steht für jedes Fach eine Note

3 Der Abschluss vom Gymnasium heißt ……………

4 Ich möchte nicht studieren, ich mache eine ……………

5 Musikerziehung, Mathematik und Deutsch sind ……………

6 Wenn ein Schüler Probleme in der Schule hat, macht er oft extra Unterricht.

Dieser Unterricht heißt ……………

2 Komposita. Was passt zusammen? Schreiben Sie die Wörter mit Artikel.

Schul- • Projekt- • Sport- • Deutsch- • Physik-

-unterricht • -ausflug • -woche • -abschluss • -tasche • -bus • -hof • -lehrer

der Schulausflug

die Projekt...

3 Welches Verb passt nicht? Streichen Sie.

1 eine Prüfung — besuchen – bestehen – machen
2 Nachhilfe — geben – nachsitzen – bekommen
3 eine Lehre — machen – gehen – schaffen
4 Taschengeld — geben – bekommen – bestehen

4 Wörter hören und nachsprechen. Hören Sie zu und sprechen Sie nach.

1.24

1 Mathematik – Physik – Chemie – Biologie
2 der Schulabschluss – der Jugendliche – die Lehre – die Abschlussprüfung
3 eine Prüfung bestehen – Fächer wählen – Fragen gemeinsam besprechen

4 Wichtige Wörter

1

2

3

4

5

6

7 der Schuldirektor

8 die Schülerlotsen

9 die Schultasche

10

11 der Turnbeutel

12

13 das Federpennal

14

15

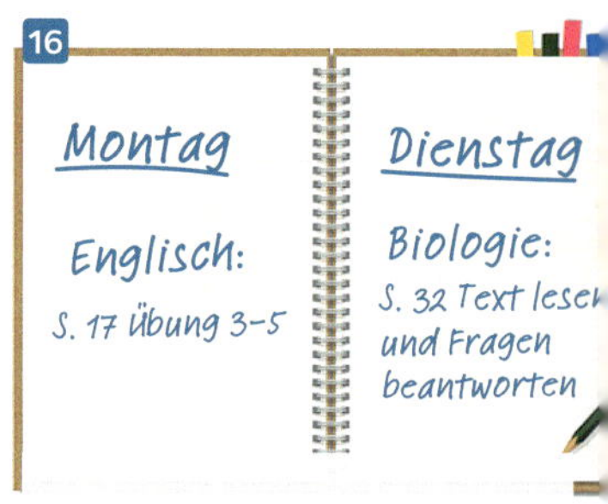

16

5 Ergänzen Sie die Wörter.

das Lehrerzimmer • der Schulhof • das Hausaufgabenheft • der Schulbus • der Hausmeister • der Chemieraum • der Schulchor • der Sportplatz • die Brotdose • der Computerraum • die Schularbeit • der Schreibblock • die Schere • das Sekretariat • der Klassenraum • die Schulkantine • der Kunstunterricht • die Schultüte • die Projektwoche

6 Hören Sie die Wörter und sprechen Sie nach.

1.25

7 **Sehen Sie die Fotos noch einmal an und beantworten Sie die Fragen.**

1 Wo kann man anrufen oder vorbeigehen und Informationen bekommen?
2 Wo machen die Schüler Sport?
3 Was bringen die Schüler in die Schule mit?
4 Wo sind die Lehrer in der Pause?
5 Wo sind die Schüler in der Pause?
6 Was bekommen die Schüler an ihrem ersten Schultag?
7 Was ist in der Schultasche?
8 Was können die Schüler nach dem Unterricht machen?
9 Welche Feste gibt es in der Schule?

1 Lesen Sie und ergänzen Sie in A–G.

✓ ✗

Ich kann auf Deutsch

☐ ☐ **A** **über mein Leben in Österreich berichten.**

Heimat und Ankunft in Österreich: Ich komme aus ……………………

Wohnort/Wohnorte in Österreich: ……………………

Arbeit in Österreich: ……………………

Freunde und Verwandte in Österreich: ……………………

☐ ☐ **B** **meine Meinung über das Fernsehen oder das Internet sagen.**

Viele Kindersendungen sind gut. • Kinder sehen nicht viel fern. • Das Internet bietet mehr Informationen als das Fernsehen. • Es gibt zu viel Werbung. • …

Ich finde, dass ……………………

Ich finde es wichtig, dass ……………………

Ich denke, dass ……………………

Für mich ist das Internet

☐ wichtig, weil ……………………

☐ nicht wichtig, weil ……………………

Ich sehe gern / nicht gern fern,

weil ……………………

☐ ☐ **C** **beschreiben, wie man ein E-Mail schreibt.**

auswählen • schließen • öffnen • abschicken • schreiben

Zuerst …………… man das E-Mail-Programm. Dann …………… man den Empfänger …………… und …………… den Betreff und danach den Text. Dann …………… man das E-Mail …………… und …………… das Programm.

✓ ✗

D über das Wochenende erzählen. ☐ ☐

Am Samstag gehe ich ....

....

Am Sonntag ....

....

E von der letzten Woche erzählen. ☐ ☐

> am Vormittag Deutsch lernen • von Montag bis Donnerstag arbeiten • am Freitag ins Schwimmbad gehen • am Freitagabend mit Freunden im Restaurant essen

Am Vormittag habe ich Deutsch gelernt ... .

....

....

....

F im Restaurant Essen und Getränke bestellen. ☐ ☐

- Möchten Sie bestellen?
- Ja, ich .... gern ....

  ....
- Und was möchten Sie trinken?
- Ich ....

Hauptspeisen	
Hühnerfilet mit Reis und Gemüse	**11,00 €**
Gulasch mit Erdäpfeln	**9,90 €**
Getränke	
Fanta/Cola/Sprite	**2,40 €**
Bier	**2,10 €**
Weißwein	**4,50 €**

G von meiner Schulzeit erzählen. ☐ ☐

In der Schule musste ich ....

Ich durfte ....

Ich wollte ....

2 Kontrollieren Sie mit den Lösungen und markieren Sie ✓ für kann ich und ✗ für kann ich nicht so gut.

Prüfungsvorbereitung ÖIF-Test Neu

Hörverstehen

1.26 **Teil 1** **Sie hören vier Ansagen. Zu jeder Ansage gibt es eine Aufgabe. Kreuzen Sie die richtige Antwort (A, B oder C) auf dem Antwortbogen (s. Einleger S. 17) an. Sie hören den Text zweimal.**

Beispiel:
Warum ruft die Firma an?
- A Der Kunde kann den Fernseher kaufen.
- B Der Kunde kann den Fernseher zur Reparatur bringen.
- C Der Kunde kann den Fernseher abholen.

A ☐ B ☐ C ☒

1 Was soll Elwa machen?
- A Die Kinokarten reservieren.
- B Die Kinokarten abholen.
- C Um acht Uhr ins Kino kommen.

2 Sie brauchen schnell einen Termin beim Arzt. Was können Sie machen?
- A Am Nachmittag noch einmal anrufen.
- B Morgen noch einmal anrufen.
- C Bei einer anderen Praxis anrufen.

3 Wann können Sie nach Wien fahren?
- A Um 8.06 Uhr.
- B Um 8.11 Uhr.
- C Um 8.33 Uhr.

4 Sie wollen in die Innenstadt. Wo können Sie umsteigen?
- A In der Parkstraße.
- B In der Linzer Straße/Johnstraße.
- C Am Westbahnhof.

1.27 **Teil 2** **Sie hören fünf Ansagen aus dem Radio. Zu jeder Ansage gibt es eine Aufgabe. Kreuzen Sie die richtige Antwort (A, B oder C) auf dem Antwortbogen an.**

5 Was hören Sie?
- A Einen Wetterbericht.
- B Eine Verkehrsmeldung.
- C Eine Werbung.

6 Wie wird das Wetter in im Süden von Österreich?
- A Die Sonne scheint.
- B Es ist windig.
- C Es regnet.

7 Wo ist der Stau?
- A Auf der A1.
- B Auf der A4.
- C Auf der A14.

8 Was gibt es heute Abend im Fernsehen?
- A Eine Sportsendung.
- B Eine Talkshow.
- C Einen Krimi.

9 Wann kann man auf dem Markt einkaufen?
- A Am Samstag.
- B Am Freitag.
- C Am Mittwoch.

1.28 **Teil 3** **Sie hören vier Gespräche. Zu jedem Gespräch gibt es zwei Aufgaben. Entscheiden Sie bei den Gesprächen, ob die Aussage dazu richtig oder falsch ist und welche Aussage (A, B oder C) am besten passt. Kreuzen Sie die richtige Antwort auf dem Antwortbogen an.**

Beispiel:
Die Frau möchte einen Mantel kaufen.
- A Der Mantel kostet 44 Euro.
- B Die Frau hat die Größe 44.
- C Der Frau gefällt der braune Mantel nicht.

richtig [X] falsch [ ]

A [ ] B [X] C [ ]

10 Eine Verkäuferin spricht mit einem Kunden.

11 Was ist das Thema in dem Gespräch?
- A Der Mann ist mit dem Radio nicht zufrieden.
- B Der Mann möchte ein Radio kaufen.
- C Die Frau erklärt das Radio.

12 Herr Wagner und Herr Varese sind Nachbarn.

13 Die Mülltonnen sind
- A kaputt.
- B sehr teuer.
- C immer voll.

14 Frau Yildirim lernt bei Frau Busch Deutsch.

15 Was soll Frau Yildirim machen?
- A Sie soll mehr Deutsch lernen.
- B Sie soll mit ihrem Sohn in die Schule kommen.
- C Sie soll Frau Busch zu Hause besuchen.

16 Herr Asal besichtigt eine Wohnung.

17 Die Wohnung
- A ist im Erdgeschoss.
- B ist in der Hauptstraße.
- C kostet inklusive Betriebskosten 450 Euro.

5 Am Arbeitsplatz

1a Welche Berufe sind das? Schreiben Sie.

In • gin • sio • Pi • ge • Phy • peutin • lot • go • nieur • thera • Päda

1 .... 2 .... 3 .... 4 ....

1b Was wollten die Leute früher werden, was sind sie heute? Hören und ergänzen Sie.

1.29

	früher	heute
1	Arzt im Krankenhaus	Bus far
2		Phy Hotel
3		Mechatroniker

2 Was wollten Sie früher werden? Welchen Beruf haben Sie heute oder welchen Beruf wollen Sie lernen? Warum? Schreiben Sie die Antworten.

....

A Im Büro

3a Fragen am Arbeitsplatz. Schreiben Sie Fragen. Achten Sie auf die Verbformen.

1 heute – Sie – im Büro – wie lange – sein – ?

• .... • Heute nicht so lange, nur bis drei Uhr.

2 wo – ich – bekommen – einen Büroschlüssel – ?

• .... • Fragen Sie doch den Hausmeister.

3 Herr Weber – kommen – heute – wann – ?

• .... • Herr Weber? Ich denke, erst um zehn Uhr.

4 kommen – warum – Sie – so spät – ?

• .... • Entschuldigen Sie, der Bus hat Verspätung gehabt.

3b Schreiben Sie die Fragen aus 3a als indirekte Fragen.

1 Darf ich fragen, *wie lange* ... *Sie heute im Büro* ... *sind?* ...

2 Können Sie mir erklären, ...

3 Wissen Sie, ...

4 Können Sie mir sagen, ...

4 Das Verb *wissen*. Ergänzen Sie die Dialoge.

1 im Kindergarten

- ... ihr, wer ein Flugzeug steuert?
- Ich ... es! Das ist der Pilot!
- Richtig, Dominic. ... du auch, wer Flugzeuge baut?
- Hmm. Nein, das ... ich nicht.

2 im Büro

- ... Sie, wann der Kollege kommt?
- Nein, das ... ich leider nicht. Aber Frau Fink ... es bestimmt.
- Vielleicht ... es auch Herr Garb und Frau Marek.

5 Schreiben Sie die Wörter richtig und ergänzen Sie den Artikel und den Plural.

nerOrd • wortPass • nungRech • sungweiÜber • erDruck • selSchlüs

1 ... 2 ... 3 ...

4 ... 5 ... 6 ...

6a Schreiben Sie formelle Fragen und Antworten.

Können Sie mir sagen, … • Wissen Sie, … • Darf ich fragen, …

1 wo – sein – Herr Müller – ? Kantine

- ...
- *Ja, Herr Müller ist in der Kantine.*

2 wie viel – kosten – das Auto – ? 25.000 Euro

- ...
- ...

3 wer – gerade – angerufen – haben – ? nicht wissen

- ...
- ...

6b Schreiben Sie informelle Fragen und Antworten.

Kannst du mir sagen, … • Weißt du, … • Darf ich fragen, …

1 wohin – auf Urlaub – fahren – du – ? nach Spanien

• ……………………………… • ………………………………

2 wann – anfangen – der Quiz – ? um 20.15 Uhr

• ……………………………… • ………………………………

3 wie lange – du – in Österreich – sein – ? zwei Jahre

• ……………………………… • ………………………………

7 Sehen Sie die Bilder an. Schreiben Sie passende Fragen und Antworten.

• ………………………………

………………………………

• ………………………………

………………………………

• ………………………………

………………………………

• ………………………………

………………………………

• ………………………………

………………………………

• ………………………………

………………………………

B Mitteilungen

8 Lesen Sie die Mitteilung und beantworten Sie die Fragen: Warum hat Herr Neumann morgen keine Zeit? Wann ruft er wieder an?

Liebe Frau García,

Herr Neumann hat angerufen. Er möchte Ihnen den neuen Prospekt zeigen. Aber er kann morgen nicht kommen, weil er einen Termin in Innsbruck hat. Er ruft Sie am Donnerstag noch einmal an.
Viele Grüße
Ute Merkelmann

9a Personalpronomen im Dativ. Ergänzen Sie die Tabelle.

ich	du	er/es	sie	wir	ihr	sie/Sie
mir	dir	ihm	ihr	uns	euch	ihnen/Ihnen

9b Ergänzen Sie die Personalpronomen.

mir • dir • ihm • ihr • uns • euch • ihnen • ihnen • Ihnen

1 • Was suchen Sie? Kann ich Ihnen helfen?

• Ja, gerne. Ich suche meinen USB-Stick.

2 • Ich verstehe das nicht. Kannst du mir helfen?

• Natürlich, ich helfe dir gerne.

3 Frau Körner hat heute sehr viel Arbeit. Können Sie ihr helfen?

4 Herr Tandori hat Probleme mit dem Drucker. Können Sie ~~Ihnen~~ ihm helfen?

5 • Die neuen Kolleginnen, Frau Li und Frau Andres, kommen heute um 13 Uhr. Können Sie ihnen bitte helfen?

• Ja, ich habe ab 13 Uhr Zeit und helfe ihnen gerne.

6 • Wir müssen bis 12 Uhr fertig sein. Könnt ihr uns helfen?

• Tut uns leid. Wir haben auch viel zu tun und können euch nicht helfen.

10 Personalpronomen im Dativ. Ergänzen Sie die Dialoge.

1 • Anna und Marco waren heute im Kino.

• Und hat euch der Film gefallen?

2 • Kannst du mir das Buch geben?

• Ich habe dir doch das Buch schon gegeben.

3 • Gehst du zum Bäcker? Bringst du uns Brot mit? Für Katrin, Nezhad und mich?

• Ja, ich bringe ………… gerne etwas mit, wenn ihr ………… Geld gebt.

4 • Herr Hoffmann hat hier seinen USB-Stick vergessen.

• Nein, der gehört ………… nicht, der gehört Paul.

5 • Haben Sie das E-Mail an Frau Natusch geschrieben?

• Ja, ich habe ………… das E-Mail schon gestern geschickt.

6 • So, jetzt habe ich die Tür repariert.

• Das ist nett. Ich danke …………, Herr Mazanke.

11 Personalpronomen im Nominativ, Dativ oder Akkusativ? Ergänzen Sie.

sie • sie • sie • ihn • ihr • ihm • er

Felicia Santos-Schmidt kommt aus Spanien. .... lebt jetzt in Hallein, weil ihr Mann Philipp Österreicher ist. Felicia hat .... in Spanien kennengelernt. Philipp war dort auf Urlaub. Im Mai haben .... geheiratet. Felicia ist gerne in Österreich. Das Land gefällt ...., auch Hallein mag .... Aber Philipp möchte lieber in Salzburg wohnen, weil .... die Stadt besser als Hallein gefällt. .... sucht jetzt eine Arbeit in Salzburg.

12 Mitteilungen schreiben. Ordnen Sie zu und ergänzen Sie die Textteile.

Liebe Grüße • einen Tisch im Restaurant reservieren • Liebe Frau Luttich, • in die Disco. • Kommst du mit? • Könnten Sie das bitte machen?

1

....

wir müssen noch ....

....

....

Vielen Dank
Daniel Adila

2

Hallo Lena, wir gehen heute

....

....

....

.... Anton

13 Schreiben Sie zwei Mitteilungen in Ihr Heft.

1 Der Briefträger hat bei Ihnen ein Paket für Ihre Nachbarin (Frau Peneva) abgegeben. Ihre Nachbarin kann das Paket morgen abholen.

2 Sie arbeiten am Computer und verstehen das Computerprogramm nicht. Sie bitten einen Kollegen (Robert Melk), dass er Ihnen hilft.

C Wie funktioniert das?

14 Welcher? Dieser! Welche Antwort passt? Ordnen Sie zu.

1 Welcher Kopierer ist kaputt?
2 Welche Taste ist die Start-Taste?
3 Welche Fächer sind für das A4-Papier?
4 Welches Papier gehört in das große Fach?

A Diese hier.
B Dieses hier.
C Dieser hier.
D Diese hier.

15 *Welch-* und *dies-* im Nominativ und Akkusativ. Ergänzen Sie die Dialoge.

welchen • welches • diese • dieses • diesen • dieser • diesen • ~~welche~~ • ~~diese~~

1 • Also, welche Hose nimmst du jetzt?
• Vielleicht diese hier.
• Einverstanden. Und .... Hemd gefällt dir?
• .... hier.

2 • Was ziehst du heute Abend an?
• Ich ziehe .... Anzug und .... Schuhe an.
• Ach, ... Anzug gefällt mir nicht. Ich finde .... Anzug hier schöner!
• ....?
• Den blauen natürlich!

16 Eine Bedienungsanleitung. Was macht man wo? Verbinden Sie.

1 Hier wählt man die Kontakte.
2 Hier drückt man, wenn man das Gespräch beenden will.
3 Hier wählt man die Nummern.
4 Hier drückt man, wenn man telefonieren will.

D Situationen am Arbeitsplatz

17 Ordnen Sie die Dialoge und schreiben Sie sie in Ihr Heft.

Dialog 1

☐ Okay. Gehen Sie zum Arzt? • 1 Autohaus König, Reinhard Neuner. • ☐ Ja, ich schicke dann eine Krankschreibung. • ☐ Guten Morgen, Herr Neuner, hier ist Luisa Wagner. Ich bin krank und bleibe heute zu Hause. • ☐ Vielen Dank! • ☐ Gut, dann gute Besserung!

Dialog 2

1 Herr Ehlich, sind die Zeitschriften schon im Regal? • ☐ Ja, bitte. • ☐ Dann machen Sie es jetzt, bitte. • ☐ Nein, ich habe noch keine Zeit gehabt. Ich war an der Kassa. • ☐ Soll ich danach wieder an die Kassa gehen?

1.30

18 In der Cafeteria. Ergänzen Sie den Dialog. Hören Sie danach den Dialog und sprechen Sie die 👄-Rolle.

In Bregenz war es nicht schlecht, aber hier ist es interessanter. • Entschuldigung, ist der Platz noch frei? • Nein, früher habe ich in der Abteilung in Bregenz gearbeitet. • Ich heiße Doreen Abt.

• ....
👄 Ja. Ich habe Sie hier noch nicht gesehen. Sind Sie neu in der Firma?

• ....
👄 Und wo gefällt es Ihnen besser? Hier in Innsbruck oder in Bregenz?

• ....
👄 Übrigens, mein Name ist …

• ....
👄 Wenn Sie Fragen haben, helfe ich Ihnen gerne.

19a Schreibtraining. Diese Mitteilung ist informell. Lesen Sie die Mitteilung und ergänzen Sie die Satzzeichen.

Fehler +++ Fehler +++ Fehler

Hallo Angela
leider kann ich morgen Nachmittag nicht zu unserem Termin kommen
Könnten wir den Termin verschieben
Bitte sag mir Bescheid
LG Tobias

. , ? .

19b Schreiben Sie die Mitteilung in formeller Form (Sie-Form) und unterschreiben Sie mit Ihrem Namen. Die Kollegin heißt Angela Huber.

....

....

....

....

....

20 Ein Betriebsausflug. Lesen Sie das E-Mail und beantworten Sie die Fragen.

Liebe Kolleginnen und Kollegen,

es ist wieder Sommer und wie jedes Jahr findet unser Betriebsausflug statt. Am 17.7. bleibt die Firma geschlossen. Treffpunkt ist am Bahnhof, Bahnsteig 4, um 9.00 Uhr. Wir fahren nach Krems und besuchen das Karikaturmuseum. Um 13.00 Uhr gibt es Mittagessen im Museumswirtshaus. Nach dem Mittagessen machen wir noch einen Spaziergang durch die Stadt und fahren um 17.00 Uhr zurück. Den Eintritt für das Museum (10 Euro) müsst ihr selbst bezahlen. Das Essen im Restaurant zahlt die Firma. In der Küche ist eine Liste. Tragt dort bis Freitag eure Namen ein, wenn ihr mitkommen wollt.

Viele Grüße
Steffi Wagner

1 Wann findet der Betriebsausflug statt?

....

2 Wohin fahren die Kollegen?

....

3 Was machen sie am Vormittag?

....

4 Wer bezahlt was?

....

5 Was machen sie am Nachmittag?

....

1.31

21 Meinungen über Betriebsausflüge. Welche Aussagen passen zu den Sätzen A-D? Hören Sie und ordnen Sie zu.

A ☐ Der letzte Betriebsausflug war interessant.
B ☐ Bei einem Betriebsausflug kann man die Kollegen besser kennenlernen.
C ☐ Betriebsausflüge sind langweilig.
D ☐ Betriebsausflüge sind nur gut, wenn die Chefs auch mitkommen.

Wichtige Wörter

der Arbeitsplatz, ¨-e	職場
der/die Polizist/in, -en/-nen	警察官
der/die Pilot/in, -en/-nen	パイロット
der/die Pädagoge/in, -n/-nen	教育者
der/die Physiotherapeut/in, -en/-nen	理学療法士
als: Er arbeitet als Polizist.	彼は警察官として働いています
planen	予定
die meisten	ほとんど

A Im Büro

wissen	知識
der Ordner, -	フォルダ
das Passwort, ¨-er	パスワード
der Drucker, -	プリンタ
Keine Ahnung!	
Hier drüben.	
höflich	

B Mitteilungen

die Mitteilung, -en	
die Nachricht, -en	
der Bericht, -e	
der Arbeitskollege, -n	
der/die Mitarbeiter/in, -/-nen	
das Computerprogramm, -e	
installieren	
einen Termin verschieben	
der Anruf, -e	
zurück|rufen	
Bescheid sagen	
der/das Prospekt, -e	
zeigen	
vor|stellen	
der Kaffeeautomat, -en	
die Betriebsversammlung, -en	
der Betriebsrat, ¨-e	
die Pausenregel, -n	
der Arzttermin, -e	

C Wie funktioniert das?

das Gerät, -e	
der Getränkeautomat, -en	
der Kopierer, -	
die Taste, -n	
drücken	
dieser, -s, -e	
das Fach, ¨-er	
das A4-Papier, Sg.	
aus|schalten	
ein|schalten	
ein|werfen	

D Situationen am Arbeitsplatz

der/die Marktleiter/in, -/-nen	
die Buchhaltung, -en	
die Technik, Sg.	
der/das technische Service	
Platz nehmen	
die Spedition, -en	
ein|räumen	

1a Berufe. Finden Sie sechs Berufe. Schreiben Sie wie im Beispiel. Schwierig? Dann lesen Sie die Beschreibungen in 1b.

Q	I	T	H	I	L	O	P	O	L	I	Z	I	S	T	T
F	N	A	O	M	G	A	I	M	B	N	F	G	I	V	N
T	G	E	P	G	T	E	A	G	L	W	A	M	E	L	G
R	E	T	P	Ä	D	A	G	O	G	E	H	E	R	T	O
U	N	H	A	V	A	R	Z	O	Z	O	R	L	E	L	A
B	I	E	K	P	U	Z	T	A	I	O	E	W	G	B	E
L	E	N	I	T	G	T	O	E	S	U	R	T	I	P	N
A	U	W	L	H	U	L	B	A	T	V	I	A	O	H	O
S	R	G	I	B	E	I	H	K	S	M	G	A	K	G	S
P	H	Y	S	I	O	T	H	E	R	A	P	E	U	T	P

1 der Fahrer / die Fahrerin
2 .... / ....
3 .... / ....
4 .... / ....
5 .... / ....
6 .... / ....

1b Wer macht was? Ordnen Sie die Berufe aus 1a zu.

1 Kinder betreuen: ....
2 Verkehrskontrollen machen: ....
3 Pakete bringen: ....
4 Übungen mit Patienten machen: ....
5 die Arbeit auf der Baustelle planen: ....
6 Medikamente verschreiben: ....

2 Welches Wort passt nicht? Streichen Sie.

1 ein Computerprogramm — installieren – schreiben – benutzen – drücken
2 einen Termin — machen – zurückrufen – verschieben – bekommen
3 ein Gerät — einschalten – ausschalten – zeigen – einwerfen

3 Wörter hören und nachsprechen. Hören Sie zu und sprechen Sie nach.

1.32

1 der Ingenieur – der Polizist – die Pädagogin – die Physiotherapeutin
2 der Prospekt – die Kopie – das Gerät – der Bericht
3 Bescheid sagen – Platz nehmen – einen Termin verschieben

5 Wichtige Wörter

4 Auf einer Baustelle. Ergänzen Sie auf Seite 66 die Berufe.

der Dachdecker • der/die Bauingenieur/in • der Tischler • der Elektriker • der Lkw-Fahrer • der Maler

1.33 **5** Hören Sie die Berufe und sprechen Sie nach.

6 Gibt es auf einer Baustelle viele Berufe für Frauen? Wie sind Ihre Erfahrungen? Erzählen Sie.

7 **Auf dem Flughafen. Ergänzen Sie auf Seite 67 die Berufe.**

> der/die Polizist/in • der Gepäckfahrer • der Busfahrer • die Kellnerin • der Taxifahrer • der Pilot • die Reinigungskraft

1.34

8 **Hören Sie die Berufe und sprechen Sie nach.**

9 **In welchen Berufen verdient man viel Geld, in welchen weniger? Wie sind Ihre Erfahrungen? Erzählen Sie.**

6 Wohnen nach Wunsch

1a **Wie wohnen die Leute? Lesen Sie den Text zu Foto 1 und ergänzen Sie die Sätze.**

in der Nähe • Balkon • keine Autos • Garten • in einem Dorf • ~~außerhalb~~ • ruhig • viel Platz

Die Leute wohnen *außerhalb*, vielleicht ....

Das Haus ist groß und hat einen .... und einen .... Die Straße ist sehr .... Auf der Straße sind .... Kinder haben hier .... Aber vielleicht gibt es .... keinen Supermarkt und keine Geschäfte.

1b **Wie wohnen die Leute hier? Beschreiben Sie Foto 2 und 3. Schreiben Sie Sätze wie in 1a.**

angenehm • verkehrsgünstig • praktisch • zentral • außerhalb • ruhig • laut • der Balkon • der Spielplatz • die Einkaufsstraße • in einer Großstadt • in einem Vorort • viele Geschäfte • mit öffentlichen Verkehrsmitteln fahren

Auf Foto 2 sind viele Wohnungen. Es gibt ...

1.35 **1c** **Wo wohnen die Familien? Hören Sie und ordnen Sie die Fotos aus 1-3 zu.**

☐ Familie Bach ☐ Familie Gruber ☐ Familie Müller

1.35 **1d** **Hören Sie noch einmal. Warum gefällt den Familien ihre Wohnung / ihr Haus? Schreiben Sie für jede Familie drei Sätze mit *weil* in Ihr Heft.**

1. Familie Bach findet ihre Wohnung gut, weil ...

2 Wo wohnen Frau Rasche und Herr Schnur? Lesen Sie den Dialog und ergänzen Sie die Artikel.

- Frau Rasche, wohnen Sie in ein........ Großstadt?
- Nein, wir wohnen in ein........ Dorf. Wohnen Sie auch auf d........ Land?
- Nein, wir wohnen in d........ Stadt, wir wohnen in Wien.
- Ach, wie schön. Wohnen Sie da in ein........ Reihenhaus?
- Nein, wir wohnen in ein........ Wohnung in ein........ Hochhaus.
- Und liegt d........ Wohnung zentral?
- Ja, sie liegt in d........ Innenstadt. Das ist praktisch. Und wohnen Sie gern auf d........ Land?
- Ja, sehr gern. Wir haben früher in ein........ Vorort von Innsbruck gewohnt. Jetzt haben wir ein........ Bauernhaus gekauft, das ist schön und sehr ruhig.

3 Wiederholung: Komparativ. Wie ist das Leben in der Stadt und auf dem Land? Vergleichen Sie und schreiben Sie Sätze wie im Beispiel in Ihr Heft.

die Wohnungen sind günstig • es gibt viele Geschäfte • man findet leicht Arbeit • man kann gut ausgehen • die Wohnungen sind modern • die Wohnungen sind teuer • es ist ruhig • die Straßen sind sauber • man kann gut einkaufen • die Kinder haben viel Platz

Stadt 👍	Stadt & Land 😐	Land 👍
	In der Stadt sind die Wohnungen genauso modern wie auf dem Land.	Auf dem Land sind die Wohnungen günstiger als in der Stadt.

4 Wo wohnen Sie? Wo möchten Sie gern wohnen? Schreiben Sie drei Sätze.

....

....

....

A Eine Wohnung suchen

5a Abkürzungen verstehen. Lesen Sie die Anzeigen und ordnen Sie zu.

Betriebskosten • Monatsmieten • Erdgeschoss • Balkon • 1. Stock (Obergeschoss) • ~~Zimmer~~ • Einbauküche • Quadratmeter • Zentralheizung • inklusive Betriebskosten • Küche • Telefonnummer

Zi.: Zimmer

3-Zi.-Wohnung in Haus mit 6 Parteien, 72 m², 1. OG, BLK und EBK, Miete 650 €, 150 € BK, Tel. 02682 210 234

4 Zimmer, Kü., Bad, im EG, Terrasse und Garten, 120 m², ZH, Miete inkl. BK 940 €, 3 MM Kaution. Tel. 02682 125436

5b Anzeigen verstehen. Lesen Sie die Anzeigen in 5a und ergänzen Sie die Tabelle.

	Anzeige 1	Anzeige 2
Wie viele Quadratmeter?		
Wie viele Zimmer?		
Miete?/Kaution?		
Was gibt es Besonderes?		*Terrasse und Garten*

6 Eine Wohnung besichtigen. Was passt zusammen? Orden Sie zu.

1 Ist die Wohnung noch frei?
2 Wie hoch ist die Kaution?
3 Wann kann ich die Wohnung besichtigen?
4 Geht es am Samstag?

A Das sind zwei Monatsmieten.
B Nein, da kann ich leider nicht, aber es geht am Freitag.
C Tut mir leid, sie ist schon vermietet.
D Am Freitag ab 14 Uhr bin ich in der Wohnung.

1.36

7 Textkaraoke. Hören, lesen und sprechen Sie die -Rolle im Dialog.

…

Grüß Gott, mein Name ist … Ich habe Ihre Anzeige in der Zeitung gelesen.

…

Ja, genau. Ist die Wohnung noch frei?

…

Könnte ich die Wohnung vielleicht besichtigen?

…

Oh, das ist schwierig. Ich arbeite bis 19 Uhr. Könnte ich auch ein bisschen später kommen?

…

Danke schön und auf Wiederschauen.

8 Ergänzen Sie das Verb *lassen*.

1 Frau Marx .... ihre Wohnung putzen.

2 Ich .... mein Wohnzimmer streichen.

3 .... du deine Möbel abbauen?

4 Wann .... ihr eure Wohnung renovieren?

5 Wir .... die Küche einbauen.

6 Herr und Frau Meyer .... ihre Möbel transportieren.

9 Das schöne Leben von Frau Meyer. Ergänzen Sie die Sätze wie im Beispiel.

1 Frau Meyer holt die Kinder nicht selbst vom Kindergarten ab, sie *lässt sie abholen.*

2 Sie bügelt ihre Hemden nicht selbst, sie ....

3 Sie kocht ihr Essen nicht selbst, sie ....

4 Sie räumt die Wohnung nicht selbst auf, sie ....

5 Sie bringt das Paket nicht selbst zur Post, sie ....

B Der Umzug

10a In der Küche. Schreiben Sie die Wörter mit Artikel und Plural.

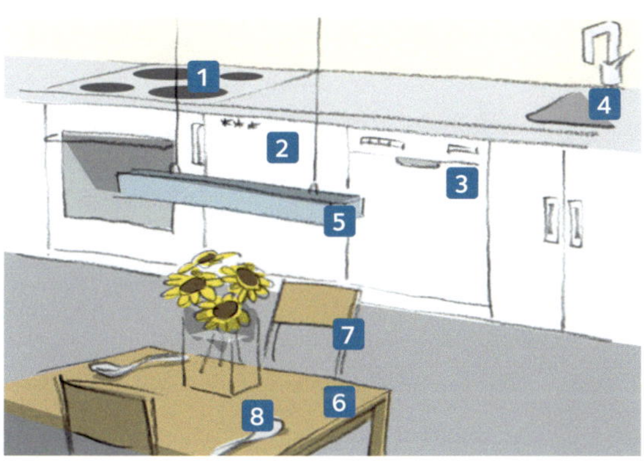

1. der Herd, die Herde; 2. ...

....

....

....

....

....

10b Wiederholung: Präpositionen mit Dativ. Wo ist was? Ergänzen Sie die Sätze.

1 Die Sessel stehen .... Tisch.

2 Der Kühlschrank ist .... Geschirrspüler und .... Herd.

3 Die Löffel liegen .... Tisch.

4 Die Lampe hängt .... Tisch.

5 Die Abwasch ist .... Geschirrspüler.

6 Die Blumen stehen .... Tisch.

11a Zwei Wohnzimmer. Schreiben Sie die Wörter mit Artikel und Plural in Ihr Heft.

1. der Kasten, die Kästen, ...

11b Präpositionen mit Akkusativ. Wohin kommen die Sachen? Ergänzen Sie die Sätze.

1 Sie stellen den Kasten .... Wand.
2 Er stellt das Regal .... Kasten.
3 Er legt den Teppich .... Boden.
4 Er hängt das Bild .... Sofa.
5 Sie stellen den Tisch .... Sofa.
6 Sie hängt die Lampe .... Decke.

12 Welches Verb passt? Ergänzen Sie die Sätze.

1 liegen – stehen

Die Bücher .... im Regal.

Die Bücher .... auf dem Boden.

2 stellen – legen

Sie .... die Blumen auf den Tisch.

Sie .... die Blumen auf den Tisch.

3 stehen – stellen

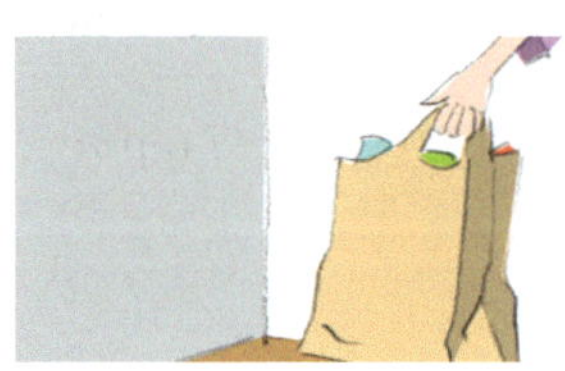

Sie .... die Tasche in die Ecke.

Die Tasche .... in der Ecke.

4 legen – liegen

Er .... die Brille auf den Tisch.

Die Brille .... auf dem Tisch.

13a ***Stehen* oder *stellen*? Ergänzen Sie das passende Verb.**

1 • Wohin soll ich die Gläser ....?

• .... sie bitte auf den Tisch.

• Auf dem Tisch .... doch schon Gläser.

2 • Wo bist du?

• Siehst du mich nicht? Ich .... die ganze Zeit hinter dir!

3 • Wo .... das Fahrrad?

• Ich habe es hinter das Haus ....

13b ***Liegen* oder *legen*? Ergänzen Sie das passende Verb.**

1 • Wo .... Linz?

• Linz .... im Norden von Österreich.

2 • Wie kann ich Kopien machen?

• .... Sie das Papier auf den Kopierer und drücken Sie diese Taste.

C Die neuen Nachbarn

14 ***Sich freuen – sich vorstellen – sich wohlfühlen*. Ergänzen Sie das passende Verb.**

1 Wir sind neu in Wien. Morgen .... wir uns den Nachbarn ....

2 Das Kind hat viele Geschenke bekommen. Es .... sich.

3 Endlich kann Carmen chillen. Sie .... sich ....

15 **Ergänzen Sie die Reflexivpronomen.**

1 Familie Bergmann freut ...., weil sie endlich eine Wohnung gefunden hat.

2 Grüß Gott, ich möchte .... vorstellen, ich bin Ihre Lehrerin. Mein Name ist Frau Wagner. Stellen Sie .... bitte auch vor. Möchten Sie anfangen?

3 • Fühlst du .... gut?

• Nein, ich glaube, ich werde krank. Ich fühle .... ganz matt.

4 • Morgen kommt Tante Nora. Freut ihr ....?

• Natürlich freuen wir .... Sie bringt immer viele Geschenke mit.

5 • Wie geht es Ihrem Mann?

• Danke, er fühlt .... schon wieder ganz gut. Und wie geht es Ihrer Mutter?

• Danke, sie fühlt .... noch ein bisschen erschöpft.

16 Dana und Erdem: eine romantische Geschichte. Ergänzen Sie die Verben im Perfekt und die Reflexivpronomen.

sich treffen • sich verlieben • ~~sich kennenlernen~~ •
sich entschuldigen • sich streiten • sich verlieben • sich entschuldigen

Wir haben *uns* vor einem Jahr in der Sprachschule in Salzburg *kennengelernt*. Ich habe .... sofort in Erdem .... und er hat .... auch in mich .... 🙂. Wir haben .... dann sehr oft im Stadtpark .... Dann war ich vier Wochen nicht in Salzburg und wir haben uns vier Wochen NICHT gesehen, das war ein Problem. Wir haben .... dann sehr .... 😒. Aber Erdem hat .... schnell bei mir .... und ich habe .... bei ihm .... Jetzt ist alles gut 🙂.

17 Giorgia und Nicolo Gallo stellen sich vor. Schreiben Sie einen kurzen Text.

Familienname:	Gallo
Heimatland:	Italien
Wohnort:	Hollabrunn, Wohnung im Zentrum
Umzug:	vor einem Monat von Graz nach Hollabrunn
🙂:	sich in Hollabrunn wohlfühlen

Wir möchten uns vorstellen. Wir ...

18 Schreibtraining: Welche Worte schreibt man groß? Schreiben Sie den Text richtig in Ihr Heft.

Fehler +++ Fehler +++ Fehler

unsere wohnung ist nicht groß, sie hat nur 67 quadratmeter. wir haben drei zimmer: ein wohnzimmer, ein schlafzimmer und ein kinderzimmer. unsere einbauküche ist ganz neu. manchmal ist es etwas laut, denn in der nähe ist ein spital und wir hören oft den alarm von den krankenwagen.

Unsere Wohnung ist nicht groß, ...

19a Die Betriebskostenabrechnung. Lesen Sie den Brief und kreuzen Sie an. Was ist richtig?

A ☐ Herr Piontek muss noch etwas bezahlen.
B ☐ Herr Piontek bekommt Geld zurück.

Sehr geehrter Herr Piontek,
anbei die Abrechnung der Betriebskosten für Ihre Wohnung in der Bachstraße 3 (3. Stock). Die Rückzahlung überweisen wir bis zum 31.9. auf Ihr Konto.
Mit freundlichen Grüßen
Monika Grundeis

19b Lesen Sie die Betriebskostenabrechnung und ordnen Sie die markierten Wörter A, B, C den Sätzen 1–3 zu.

1 ☐ Das hat der Mieter schon an den Vermieter bezahlt.
2 ☐ Das sind die Betriebskosten von Herrn Piontek für das ganze Jahr.
3 ☐ Das hat Herr Piontek zu viel bezahlt. Er bekommt dieses Geld zurück.

	Kosten 2017	Ihr Anteil
Grundsteuer	312,85 €	74,51 €
Wasser/Abwasser	787,26 €	187,51 €
Müllabfuhr	377,24 €	89,85 €
Strom für Stiegenhaus	6,91 €	1,65 €
Schädlingsbekämpfung	14,95 €	3,56 €
Rauchfangkehrer	109,63 €	26,11 €
Versicherung	1.537,66 €	366,24 €
Verwaltungshonorar	1.126,85 €	268,39 €
Reinigung/Schneeräumung	675,22 €	160,82 €
A	Gesamt	1.178,64 €
B	Abschlag	1.261,13 €
C	Rückzahlung	82,49 €

19c Die Betriebskostenabrechnung genauer lesen. Ergänzen Sie.

1 Wie viel kostet der Strom für das Stiegenhaus? Wie viel muss Herr Piontek bezahlen?

Haus: .... Herr Piontek: ....

2 Wie viel kostet die Müllabfuhr für das ganze Haus? Wie viel muss Herr Piontek bezahlen?

Haus: .... Herr Piontek: ....

3 Wie viel kostet das Wasser für das ganze Haus? Wie viel muss Herr Piontek bezahlen?

Haus: .... Herr Piontek: ....

4 Wie viel muss Herr Piontek für die Schädlingsbekämpfung bezahlen?

....

Wichtige Wörter

die Innenstadt, ¨-e	市内中心部
der Vorort, -e	郊外
zentral	中央
außerhalb	外側
verkehrsgünstig	便利な場所にあ
öffentliche Verkehrsmittel	公共交通機関
Ruhe haben	平穏な

A Eine Wohnung suchen

MM = die Monatsmiete, -n	月額
BK = die Betriebskosten, Pl.	運営コスト
der/die Nachmieter/in, -/-nen	新しいテナント
das Haustier, -e	ペット
die Kaution, -en	デポジット
die Lage, -n	場所
vermieten	賃貸
die Einbauküche, -n	ビルトインキッチン
das WC, -s	トイレ
renovieren	改修する
die Renovierung, -en	改修
lassen	let
ich lasse renovieren	改修させる
ich renoviere selbst	自分で改修する
der Auftrag, ¨-e	注文
transportieren	輸送
auf|hängen	ぶら下がる

B Der Umzug

legen	
liegen	
stellen	
hängen	
stehen	
der Hammer, ¨-	
der Nagel, ¨-	
die Tapete, -n	
die Leiter, -n	
streichen	
tapezieren	
einverstanden	
die Meinung, -en	

C Die neuen Nachbarn

sympathisch	
unsympathisch	
unfreundlich	
sich kennen|lernen	
sich freuen	
sich fühlen	
sich wohlfühlen	
sich verlieben	
sich küssen	
sich trennen	
sich streiten	
sich entschuldigen	
stark	
schwach	
einsam	
fremd	
erschöpft	
hoffentlich	

1 Wie fühlen sich die Personen? Ordnen Sie zu und schreiben Sie Sätze.

stark • schwach • einsam • erschöpft • krank • matt • fit • wunderbar • schlecht

1 

2 

3 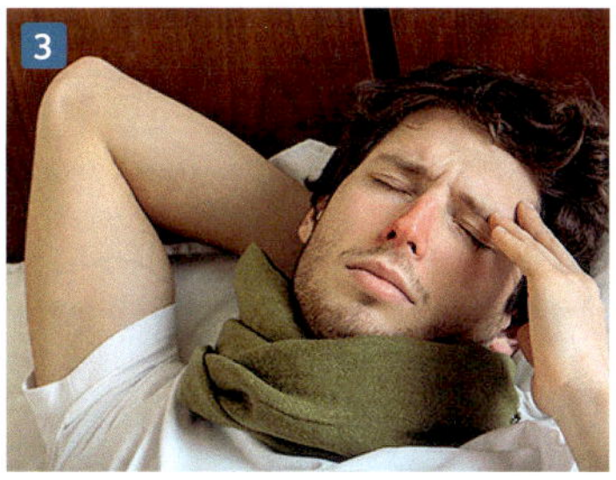

2 Was bedeuten die Wörter? Ordnen Sie zu.

öffentliche Verkehrsmittel • der Vermieter • die Monatsmiete • zentrale Lage

1 Das bezahlt man jeden Monat für die Wohnung: ....

2 Züge, Busse und Bahnen sind: ....

3 Wenn eine Wohnung nicht weit von der Innenstadt liegt, hat sie eine ....

4 Die Wohnung / Das Haus gehört dieser Person, sie bekommt die Miete: ....

3 Was passt? Orden Sie die Verben zu.

sich verlieben • sich trennen • sich kennenlernen • sich entschuldigen • sich streiten

1 nicht zusammen bleiben – ....

2 sich zum ersten Mal treffen – ....

3 eine Person sehr mögen – ....

4 „Verzeihung“ sagen – ....

5 eine andere Meinung haben – ....

4 Wörter hören und nachsprechen. Hören Sie zu und sprechen Sie nach.

1.37

1 der Vorort – die Innenstadt – außerhalb – zentral
2 die Verkehrsmittel – öffentlich – öffentliche Verkehrsmittel
3 die Kaution – die Monatsmiete – die Betriebskosten – der Nachmieter
4 sympathisch – unsympathisch – freundlich – unfreundlich

6 Wichtige Wörter

5a Ergänzen Sie die Wörter mit Artikel auf Seite 78.

Hochhaus • Einfamilienhaus • Neubau • Großstadt • Kleinstadt • Dorf

1.38 **5b** Hören Sie die Wörter und sprechen Sie nach.

6a Sehen Sie die Fotos an. Wie finden Sie die Fotos? Sprechen Sie Sätze wie im Beispiel.

Der Altbau ist sehr schön.

Ich mag den Neubau.

6b Wo haben Sie früher gewohnt? Wo wohnen Sie heute? Schreiben Sie Sätze wie im Beispiel.

Ich wohne heute in einer Großstadt, ich wohne dort in einem Hochhaus. Das Hochhaus ist ein Neubau. Ich habe früher …

7 **Aktivitäten beim Umzug. Ordnen Sie zu.**

den Herd anschließen • eine Lampe aufhängen •
die Wohnung streichen • die neue Wohnung anmelden

1.39 **8a** **Hören Sie das Interview. Welche Aktivitäten hören Sie? Notieren Sie.**

1.39 **8b** **Hören Sie das Interview noch einmal. Was macht Ranjit bei einem Umzug selbst, was lässt er machen? Notieren Sie.**

Was macht Ranjit bei einem Umzug selbst?	Was lässt Ranjit machen?
-> Ranjit packt die Umzugskartons ein.	-> Ranjit lässt die Möbel ...

9 **Was machen Sie bei einem Umzug selbst, was lassen Sie machen? Schreiben Sie vier Sätze in Ihr Heft.**

Ich lasse die Küche einbauen. Ich ...

7 Feste feiern

1 **Was machen die Leute auf den Bildern? Schreiben Sie Sätze.**

Spaß haben • sich verkleiden • ein Feuerwerk machen • Weihnachten feiern • zusammen tanzen • …

1 

2 

3 

4 

2 **Wann ist das? Schreiben Sie das Datum wie im Beispiel und lesen Sie dann laut.**

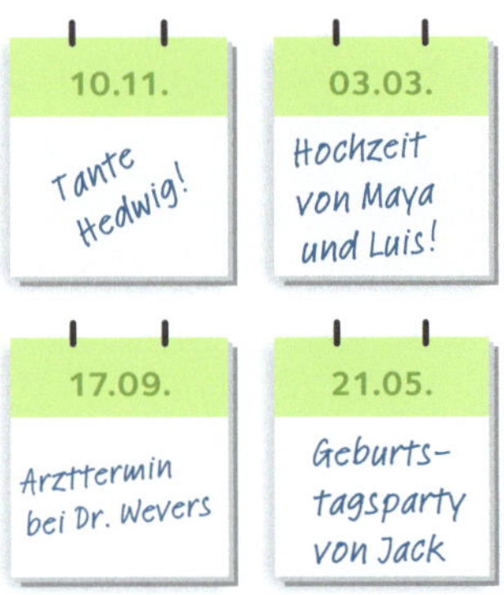

1 *Tante Hedwig kommt am zehnten November.*

2 *Die Hochzeit von Maya und Luis ist am …*

3

4

5

6

3 **Von wann bis wann? *Vom … bis zum*. Schreiben Sie das Datum in Zahlen.**

1 Von wann bis wann geht der Kurs? *Vom 18.3. bis zum …*
(achtzehnten Dritten – fünfzehnten Vierten)

2 Wie lange hat das Geschäft geschlossen?
(zweiten Achten – vierzehnten Achten)

3 Von wann bis wann sind dieses Jahr Sommerferien?
(dreißigsten Sechsten – achten Neunten)

A Einladungen

1.40

4a Hören Sie die Dialoge und ergänzen Sie.

1 Das Firmenjubiläum ist am .... Es beginnt um ....

2 Der Termin bei Herrn Özbek ist am .... um ....

3 Das Schulfest beginnt am .... um ....

1.40

4b Hören Sie noch einmal und kreuzen Sie an: Richtig oder falsch?

	R	F
1 Das Jubiläum findet in der Firma statt.	☐	☐
2 Zu dem Termin bei Herrn Özbek gehen drei Mitarbeiterinnen.	☐	☐
3 Die Eltern von Markus kommen auch zu dem Schulfest.	☐	☐

5a Prüfung geschafft! Ergänzen Sie den Dialog.

Sehr gut! Ich habe meine Prüfung geschafft! • Alia und ich treffen uns heute um 20 Uhr im Café Frieda. Kommst du mit? • Hallo Anna, hier ist Lili. • Bis später. Servus! • Danke. Die Prüfung liegt hinter mir und jetzt will ich feiern.

- Anna Barczynski.
- ....
- Hallo Lili, wie geht's?
- ....
- Oh toll! Das freut mich für dich! Glückwunsch!
- ....
- Wohin willst du gehen?
- ....
- Ja, ich komme gern. Ich bin dann um acht Uhr im Café. Bis dann!
- ....

5b Lesen Sie den Dialog in 5a und beantworten Sie die Fragen.

1 Wer trifft sich?
2 Was ist passiert?
3 Wann treffen sie sich?
4 Wo treffen sie sich?

6a Welcher Tag ist das? Ordnen Sie zu.

der zwanzigste Siebte • der dreiundzwanzigste Fünfte • ~~der erste Vierte~~ • der achte Dritte • der neunundzwanzigste Zweite • der neunte Elfte • der neunzehnte Zehnte • der achtundzwanzigste Achte

1 *der erste Vierte* ....

2 ....

3 ....

4 ....

5 ....

6 ....

7 ....

8 ....

6b Welcher Tag ist heute? Hören Sie und kreuzen Sie die Tage im Kalender an.

1.41

MAI							JUNI							JULI						
Mo	Di	Mi	Do	Fr	Sa	So	Mo	Di	Mi	Do	Fr	Sa	So	Mo	Di	Mi	Do	Fr	Sa	So
				1	2	3	1	2	3	4	5	6	7			1	2	3	4	5
4	5	6	7	8	9	10	8	9	10	11	12	13	14	6	7	8	9	10	11	12
11	12	13	14	15	16	17	15	16	17	18	19	20	21	13	14	15	16	17	18	19
18	19	20	21	22	23	24	22	23	24	25	26	27	28	20	21	22	23	24	25	26
25	26	27	28	29	30	31	29	30						27	28	29	30	31		

7 Lesen Sie den Dialog und ergänzen Sie das Datum mit der richtigen Endung.

- Welcher Tag ist heute?
- Ich glaube, heute ist der .... (21.) Mai.
- Nein, das kann nicht sein. Am .... (21.) Mai beginnt mein Deutschkurs. Das ist nächste Woche.
- Nächste Woche ist der .... (28.) Mai. Ich bin ganz sicher, weil am .... (28.) Mai meine Frau Geburtstag hat.
- Oh nein, dann muss ich sofort gehen. Mein Deutschkurs beginnt um 18 Uhr!
- Viel Spaß. Wie lange dauert denn dein Kurs?
- Vier Wochen, vom .... (21.) Mai bis zum .... (17.) Juni. Und am .... (18.) Juni ist die Prüfung.

8 Wiederholung: Pronomen im Dativ. Ergänzen Sie die Sätze.

mir • mir • mir • dir • dir • ihm • ihr • ihr • euch • ihnen • Ihnen

1 Frau Weninger wird heute 60 Jahre alt. Ihre Nachbarn schenken .... Blumen.

2 • Mein Neffe wird morgen zehn. Was kann ich .... zum Geburtstag schenken? Und seine Schwester wird übermorgen zwölf. Was soll ich .... schenken?

• Du kannst beiden zusammen etwas schenken. Kauf .... doch eine DVD.

3 • Gib .... doch bitte deine Adresse. Ich möchte .... eine Karte zum Geburtstag schreiben.

• Warte einen Moment, ich gebe sie .... gleich.

4 • Können Sie .... das schriftlich geben?

• Ja, gern. Ich schreibe .... ein E-Mail. Geben Sie .... bitte Ihre E-Mail-Adresse.

5 • Peter und Ulrike, ich wünsche .... viel Spaß auf eurer Hochzeitsreise.

• Danke.

9 Lukas und Lisa haben Geburtstag. Was kann man ihnen schenken? Schreiben Sie Sätze wie im Beispiel.

1 Lisa mag gern Blumen.

Man kann ihr einen Blumenstrauß schenken.

2 Lukas isst gern Schokolade.

....

3 Lisa liebt Schmuck.

....

4 Lukas muss im Büro einen Anzug tragen.

....

5 Lisa und Lukas haben eine neue Wohnung.

....

10 Ordnen Sie die Sätze und schreiben Sie sie in Ihr Heft.

1 Ich – meinem Sohn – viele Bücher – schenke – .
2 eine DVD – Ich – zum Geburtstag – schenke – meinem Großvater – .
3 ein Parfum – meiner Schwester – schenke – Zum Geburtstag – ich – .
4 schenken – In meinem Land – darf – man – keine Messer – .
5 ihr – Was – euren Eltern – schenkt – zu Weihnachten – ?
6 du – Schenkst – deinen Eltern – zu Weihnachten – diesen Fernseher – ?

1 Ich schenke meinem Sohn ...

B Hochzeit

11a Welche Farbe hat die Kleidung? Schreiben Sie Sätze wie im Beispiel.

Das Hemd ist grün. ....

....

....

....

11b Was tragen die Personen? Schreiben Sie Sätze wie im Beispiel.

Der Mann trägt ein grünes Hemd. ....

....

Die Frau trägt … ....

....

12 Das ist *kein*… Ergänzen Sie Sätze wie im Beispiel.

1 blau/schwarz

Das ist keine blaue Krawatte.

Das ist eine …

2 groß/klein

Das ist keine große Torte.

....

3 kurz/lang

....

....

4 elegant/billig

....

....

13 Was für …? Ergänzen Sie den Artikel im Akkusativ und die Adjektivendung.

1 • Was für *eine* Hose trägst du auf der Party?
• Eine grau...... Hose.

2 • Was für .... Schuhe trägst du auf der Hochzeit?
• Schwarz...... Lederschuhe.

3 • Was für Ohrringe hast du gekauft?
• Groß...... elegant...... Ohrringe.

4 • Was für .... Wohnung möchtest du haben?
• Eine groß...... und hell.......

5 • Was für .... Fernseher hast du gekauft?
• Einen sehr günstig...... Fernseher.

6 • Was für .... Sofa habt ihr gekauft?
• Ein rot...... Sofa.

14 **Ergänzen Sie die Endungen. Achtung: Manchmal gibt es keine Endung.**

1 • Ich suche einen warm........ Wintermantel.

• Wie gefällt Ihnen der braun........ Mantel hier? Er ist warm........ und günstig........ .

2 • Entschuldigung, aber dieser Kaffee ist kalt........ .

• Oh, das tut mir leid. Sie bekommen gleich einen neu........ Kaffee.

3 • Guten Tag, Sie wünschen?

• Ich möchte ein groß........ Bier, eine klar........ Suppe und einen frisch........ Salat. Mein Sohn nimmt eine klein........ Bratwurst und ein kalt........ Cola.

4 • Was braucht ihr für die Schule, Mariem?

• Wir brauchen zwei groß........ Mappen, drei klein........ und ein groß........ Schreibheft. Und ein klein........ Hausaufgabenheft auch noch.

• Für die Hausaufgaben musst du kein neu........ Heft kaufen. Nimm das blau........ Heft.

1.42 **15** **Textkaraoke. Hören, lesen und sprechen Sie die 👄-Rolle in den Minidialogen.**

👂 …

👄 Danke schön, Sie auch.

👂 …

👄 Wirklich? Vielen Dank für das Kompliment.

👂 …

👄 Meinen Sie?

👂 …

👄 Danke, du auch.

👂 …

👄 Ich freue mich auch.

C Feiern interkulturell

16 **Ein Fest. Schreiben Sie die Sätze im Perfekt.**

1 Angelina und Jean machen eine Party.

....

2 Die Gäste kommen pünktlich.

....

3 Sie bringen etwas zu essen und zu trinken mit.

....

4 Das Fest gefällt allen gut.

....

5 Die Leute unterhalten sich viel, aber sie tanzen nicht viel.

....

17 Wiederholung: Reflexivpronomen. Ergänzen Sie die Sätze.

1 • Schau einmal, mit wem unterhält *sich* denn Sabine?
• Das ist André. Ich habe .... auch schon mit ihm unterhalten. Er ist sehr nett.

2 Wenn Benoît zu einer Party geht, zieht er .... immer schick an. Er findet, dass die Österreicher .... auf einer Party oft nicht schick anziehen.

3 Wenn die Musik auf einer Party gut ist, dann fühle ich .... sofort wohl.

4 • Wo habt ihr .... kennengelernt?
• Wir haben .... bei Karo auf der Party kennengelernt.

18 Schreibtraining. Glückwunschkarten. Lesen Sie die zwei Karten und ergänzen Sie die Wörter.

wünschen • Herzlichen • Glück • Gute • Lebensjahr • zum • alles

1
Liebe Eva, lieber Marco,
zu eurer Hochzeit .... wir euch .... Liebe und viel ....
Eure Jasmin und Tarek

2
.... Glückwunsch .... Geburtstag! Alles .... für das neue .... wünscht Ihnen
Ihr Pavel Vesniak

19a Schreibtraining. Schreiben Sie die Einladung richtig.

ichhabemeinenführerscheingemacht

getränkeundmusikhabeichhier

liebefreunde

dasmöchteichmiteuchfeiern

werkannnocheinensalatoderkuchenmitbringen

kommtamsamstagabachtzuunsindengarten

Liebe Freunde,
....

, ... ?

19b Wählen Sie eine Situation aus und schreiben Sie eine Einladung in Ihr Heft.

1 Sie haben die Deutschprüfung bestanden.
2 Sie haben Geburtstag.

20 Lesen Sie den Artikel und kreuzen Sie an: Was passt?

1 Der Maibaum hat keine lange Tradition.

R ☐ F ☐

2 Die Dorfbewohner bleiben nachts beim Maibaum, …

- A ☐ damit er nicht umfällt.
- B ☐ damit er nicht gestohlen wird.
- C ☐ um ihn mit bunten Bändern zu schmücken.

3 Der Maibaum steht …

- A ☐ bis zum ersten Mai.
- B ☐ bis zum Frühling.
- C ☐ den ganzen Sommer.

Der Maibaum

In vielen österreichischen Gemeinden steht auf zentralen Plätzen ein Maibaum. Diese Tradition ist schon sehr alt. Den Baum stellen junge Männer schon am 30. April auf. Sie haben keine Maschinen. Sie machen das mit langen Stangen und brauchen viel Kraft. Der Maibaum ist 20 bis 35 Meter hoch. In der Nacht müssen sie auf den Baum aufpassen, damit ihn Burschen aus dem Nachbarort nicht stehlen.

Auf dem Baum gibt es Schmuck und bunte Bänder. Der Baum ist das Symbol für den Frühling, das Licht und die Wärme. Oft gibt es am ersten Mai große Dorffeste mit Musik, Tanz, Essen, Trinken und einem Kinderprogramm. Der Baum bleibt bis zum Ende des Sommers stehen.

24

21 Wie heißt ein großes Volksfest in Ihrer Region oder ein Volksfest in einem anderen Land? Stellen Sie das Fest vor.

1 Wie heißt das Fest? ……………………………………

2 Wann findet das Fest statt? ……………………………………

3 Wo ist das Fest? ……………………………………

4 Wie viele Menschen kommen zu dem Fest? ……………………………………

5 Was macht man auf dem Fest? ……………………………………

der Feiertag, -e	祝日
Weihnachten	クリスマス
das Feuerwerk, -e	花火
schenken	与える
sich verkleiden	着飾る

A Einladungen

der Geburtstag, -e	誕生日
der Hochzeitstag,-e	結婚記念日
die Hochzeitsfeier, -n	結婚祝い
das Jubiläum, Jubiläen	周年
ge+schenken das Geschenk, -e	贈り物
der Gutschein,-e	クーポン
die Kerze, -n	蠟燭
die Kette, -n	チェーン
das Geschirr, Sg.	食器
die Schachtel Pralinen	箱入チョコレート
das Parfum, -s	香水
der Schmuck, Sg.	ジュエリー
der Blumenstrauß, "-e	花束
die Rose, -n	薔薇
Tuch das Handtuch,"-er	ハンドタオル
der Koffer, -	スーツケース
die Decke -n	
der Ehemann, "-er	
die Ehefrau, -en	
normalerweise	

B Hochzeit

die Braut, "-e	
der Bräutigam,-e	
das Brautpaar, -e	
das Brautkleid,-er	
tragen	
der Schleier, -	
der Ohrring, -e	
eng	
wunderschön	
romantisch	
die Hochzeitstorte, -n	
Was für ein/eine/einen ... ?	
Reis werfen	
Ringe tauschen	

C Feiern interkulturell

pünktlich	
der/die Gastgeber/in, -/-nen	
sich unterhalten	
auf⌇fallen	
dabei sein	
höflich	
vorgestern	
die Stimmung, Sg.	
normal	
an⌇ziehen	
Herzlichen Glückwunsch!	
Alles Gute!	
Frohe Ostern!	
Prosit Neujahr!	

1 Weihnachtsgeschenke. Ergänzen Sie die Sätze wie im Beispiel.

Bald ist Weihnachten und ich habe noch keine Geschenke.
Was soll ich aber schenken?

Unserem Sohn schenke ich einen *Teddybären*, das ist einfach.

Aber meinem Mann? Ein .... und eine ....

oder lieber eine ....?

Und meinen Eltern? Vielleicht schönes .... oder

eine .... für das Sofa im Wohnzimmer.

Meiner Schwester schenke ich vielleicht ....

Nein, die habe ich ihr schon letztes Jahr geschenkt! Ich

weiß schon! Sie bekommt von mir ein ....

2 Eine Hochzeit feiern. Was passt zusammen? Ordnen Sie zu.

1 zur Hochzeit	A tragen
2 ein weißes Brautkleid	B machen
3 aufs Standesamt	C gehen
4 die Ringe	D einladen
5 Hochzeitsfotos	E tauschen
6 einen Gutschein	F werfen
7 Reis	G schenken

3 Was passt nicht? Streichen Sie.

1 Die Hochzeit ist alt – romantisch – wunderschön.
2 Sein Anzug ist teuer – höflich – elegant.
3 Der Ring ist fröhlich – teuer – eng.

1.43

4 Wörter hören und nachsprechen. Hören Sie zu und sprechen Sie nach.

1 die Hochzeitsfeier – das Firmenjubiläum – die Geburtstagsparty
2 die Praline – das Parfum – die Krawatte – das Geschirr
3 Frohe Weihnachten! – Frohe Ostern! – Prosit Neujahr!

7 Wichtige Wörter

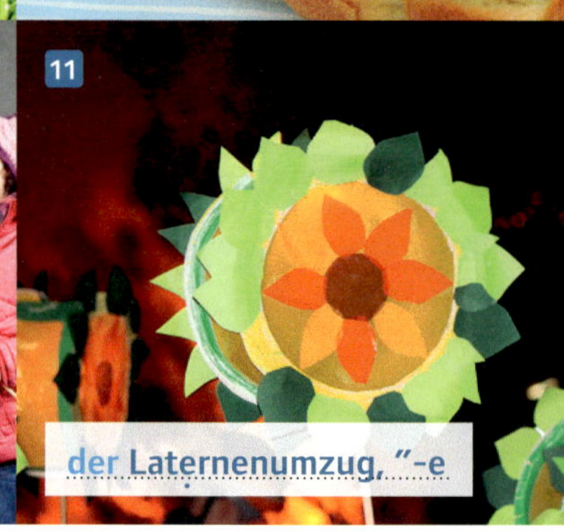

5a **Sehen Sie die Fotos an und ordnen Sie die Wörter zu.**

die Kerze, -n • das Feuerwerk, -e • das Geschenk, -e • das Pferd, -e

1.44 **5b** **Hören Sie die Wörter und sprechen Sie nach.**

6 **Was denken Sie? Welche Feste sind das? Ordnen Sie zu und schreiben Sie Sätze wie im Beispiel.**

Weihnachten • Sankt Martin • Ostern • Fasching • Silvester • Nikolaus

Ich glaube, Foto 1 ist Fasching. Die Leute tragen im Fasching Kostüme. Foto vier ist auch ...

Foto 5 und 6 sind ...

7 Welche Wörter passen? Ergänzen Sie die Sätze.

1. Im Fasching tragen viele Leute .... und in vielen Städten gibt es einen .... auf der Straße.
2. Zu Ostern suchen die Kinder .... Der .... ist ein Symbol für Ostern.
3. Sankt Martin reitet auf einem .... Beim Sankt Martinsumzug tragen die Kinder .... Sie machen am Abend einen ....
4. Am 6. Dezember ist Nikolaus. Am 5. Dezember stellen die Kinder am Abend ihre .... vor die Tür, weil sie vom .... Süßigkeiten bekommen wollen.
5. Viele Leute essen zu Weihnachten eine .... Nicht nur Kinder bekommen ....
6. In der Silvesternacht ist das .... eine alte Tradition. Nach zwölf Uhr gibt es auch oft ein .... mit .... und ....

Station 2

1 Lesen Sie und ergänzen Sie in A–F.

✓ ✗

Ich kann auf Deutsch

☐ ☐ **A** nach Informationen fragen.

Wissen Sie, ... ?

Können Sie mir sagen, ... ?

☐ ☐ **B** eine Mitteilung schreiben.

Grüße • Termin • Geht • Büro • Hallo

.... Marie,
leider muss ich unseren .... heute um 14.00 Uhr verschieben, denn ich muss Herrn Weimass vom Bahnhof abholen. .... es morgen um 14.00 Uhr? Ich komme dann in dein ....
Viele ....
Anna

☐ ☐ **C** Gespräche am Arbeitsplatz führen.

- Werkstatt Meyer und Söhne, Speckowius am Apparat.
- ....
  (Name – heute nicht kommen – krank sein)
- Gut und danke, dass Sie anrufen. Gehen Sie zum Arzt?
- ....
  (ja, um 10 Uhr – Krankmeldung schicken)
- Dann wünsche ich Ihnen gute Besserung!
- ....
  (vielen Dank – auf Wiederhören)

✓ ✗

D **ein Gespräch mit dem Vermieter führen.** ☐ ☐

Monatsmieten • Anzeige • Kaution • besichtigen • Wohnung • vermietet • frei

- Guten Tag, meine Name ist Eisler. Ich habe Ihre .... gelesen. Ist die .... noch ....?
- Ja, ich habe sie noch nicht ....
- Sie haben in der Anzeige geschrieben: .... 2 MM. Was heißt das?
- Sie müssen zwei .... Kaution zahlen, wenn Sie einziehen, also 1500 Euro.
- Ah ja. Könnte ich die Wohnung ....?
- Ja, natürlich. Sie können am Freitagabend um 18.00 Uhr kommen.

E **neue Nachbarn begrüßen oder mich bei den Nachbarn vorstellen.** ☐ ☐

sich fühlen • sich vorstellen • sich freuen

- Grüß Gott, wir möchten .... Wir sind die neuen Nachbarn. Wir heißen Böger. Das sind unsere Kinder Florian und Ulrike.
- Grüß Gott. Das .... Ich heiße Danna Ovalle. Hoffentlich .... Sie .... hier wohl.

F **eine Glückwunschkarte schreiben.** ☐ ☐

zum Geburtstag wünschen • alles Gute • viel Glück

....

....

....

....

....

....

....

2 **Kontrollieren Sie mit den Lösungen und markieren Sie ✓ für *kann ich* und ✗ für *kann ich nicht so gut*.**

Leseverstehen

Teil 1

Lesen Sie die Situationen 1–5 und die Anzeigen A bis H. Finden Sie für jede Situation die passende Anzeige. Kreuzen Sie die richtige Lösung (A bis H) auf dem Antwortbogen (s. Einleger, Seite 17) an. Für eine Situation gibt es keine Lösung. Markieren Sie in diesem Fall ein X.

1 Ihre Tochter möchte in Wien studieren und braucht ein Zimmer.
2 Sie ziehen aus Ihrer alten Wohnung aus und müssen sie renovieren lassen. Sie brauchen einen Handwerker.
3 Sie suchen Möbel für Ihr Wohnzimmer.
4 Ein Kollege von Ihnen möchte ein Haus kaufen.
5 Sie suchen eine neue Wohnung mit drei oder vier Zimmern in Graz.

A

3-Zi-Whg., 67 m², EBK, Balkon, 3. OG, Aufzug, zentrale Lage, Miete 630.- €, BK 140.- € in Graz-Geidorf. Tel. 0316 87 61 293

B

Küchenland

Wir planen mit Ihnen Ihre Einbauküche.

Große Auswahl an Küchenmöbeln und Elektrogeräten!
Parkstraße 76 – 8010 Graz
www.küchenland-graz.at
Öffnungszeiten: Mo-Sa, 10.00-20.00 Uhr

Viele Sonderangebote

C

Handwerker-Service

für Umbau- und Renovierungsarbeiten: Malerarbeiten, Elektroarbeiten und vieles mehr.

Telefon: 0663 291 750
E-Mail: Handwerker-Service@email.at

Ihr einfacher Weg zu einem tollen Zuhause.

D

Wir, 33 und 39, suchen ab April eine 3-4 Zi.-Whg. in Graz. Miete bis 750.- €. Tel. 0663 54 624300 (ab 18.00 Uhr).

E

Immobilienangebote

Einfamilienhäuser in Hollabrunn - Baujahr 2015:

5 Zimmer - 139 m² Wohnfläche - Grundstück ca. 155 m²
Preis: 229.000 € plus Maklerprovision 3,57 %

6 Zimmer - 153 m² Wohnfläche - Grundstück ca. 275 m²
Preis: 269.000 € plus Maklerprovision 3,57 %

Maklerbüro Gutmann - Tel. 02951 37 51 002 - www.maklerbüro_gutmann.at

F

Umzüge, Möbeltransporte ab 44.- € pro Stunde inkl. LKW.
Tel. 0664 490 761

G

VERMIETUNGEN – HÄUSER

Hollabrunn, Stadtmitte. EFH, 150 m² Wohnfläche, EBK, Garage Miete 1445.- € plus Betriebskosten Sutters Immobilien. Tel. 02951 714 102

H

Nachmieter gesucht

für Studentenzimmer in Wien-Alsergrund. Erdgeschoss, 15 m², 390.- € Miete mit Küchen- und Badbenutzung. Frei ab 1.9. Tel. 0664 23 66 19 555

Teil 2 **Lesen Sie die zwei Texte. Zu jedem Text gibt es zwei Aufgaben. Entscheiden Sie bei jedem Text, ob die Aussage richtig oder falsch ist und welche Antwort (A, B oder C) passt. Kreuzen Sie die richtige Lösung auf dem Antwortbogen an.**

10 JAHRE STADTTEILFEST

Seit 10 Jahren organisieren wir schon das Stadtteilfest. Das wollen wir feiern! In diesem Jahr findet es am 14. Juni im Bürgerhaus statt. Alle Bewohner sind herzlich eingeladen.

Das Programm:

Ab 9.00 Uhr:	Flohmarkt vor dem Bürgerhaus.
12.00-15.00 Uhr:	Kinderprogramm (Kinder von 3 bis 14 Jahren) auf dem Spielplatz neben dem Bürgerhaus: Puppentheater, Kinderschminken und viele Spiele.
14.00 Uhr:	Schüler von der St. Leonhard-Volksschule spielen „Peter und der Wolf" im großen Saal.
16.00 Uhr:	Die Tanzgruppe von der Neuen Mittelschule zeigt griechische Tänze im großen Saal.
ab 20.00 Uhr:	Flotte Musik im großen Saal mit der Band *The Jokers*.

6 Das Stadtteilfest hat auch schon früher stattgefunden.

7 Das Kinderprogramm
- A ist nur für Kinder aus der Volksschule.
- B endet um 12.00 Uhr.
- C ist auf einem Spielplatz.

Liebe Eltern der Klasse 4c,

am Montag, dem 19. Oktober, wollen wir den Film *Die unendliche Geschichte* im Metropol Kino sehen.
Die Kinder kommen wie jeden Tag um 8.00 Uhr in die Schule. Nach der zweiten Stunde fahren wir dann mit dem Bus von der Schule zum Kino. Der Film ist etwa um 12.00 Uhr zu Ende. Wir fahren dann mit dem Bus zur Schule zurück. Sie können Ihre Kinder aber auch direkt vom Kino abholen.
Bitte geben Sie Ihren Kindern bis Freitag, dem 16. Oktober, 2 Euro für die Busfahrkarte und 5 Euro für die Kinokarte mit.

Mit freundlichen Grüßen

Monika Warmbrunn

8 Am 19. Oktober haben die Kinder keinen Unterricht.

9 Die Eltern sollen
- A den Kindern Busfahrkarten mitgeben.
- B den Kindern Geld mitgeben.
- C die Kinder vom Kino abholen.

8 Neue Chancen

1 Das BerufsInfoZentrum (BIZ). Ergänzen Sie.

bekommen • fragen • am Computer recherchieren • beraten • suchen

1 Im BIZ kann man Informationen über Berufe

....

2 Man kann sich .... lassen.

3 Man kann ....,

welche freien Stellen es gibt.

4 Im BIZ kann man Stellen und Ausbildungsangebote

....

5 Man kann nach Weiterbildungsmöglichkeiten

....

A Ich interessiere mich für ...

2 Im Büro. Ergänzen Sie das Reflexivpronomen.

1 • Können wir .... morgen treffen? Wir müssen noch den Termin mit der Firma Müller vorbereiten.

• Morgen kann ich leider nicht. Ich treffe .... mit den Kollegen aus Eisenstadt.

2 • Ich habe gehört, dass du .... für die *MS Office* Weiterbildung interessierst.

• Nein, ich kenne das Programm schon. Aber mein Mann interessiert .... für die Weiterbildung.

3 • Du freust .... bestimmt sehr, dass du eine neue Arbeit gefunden hast, oder?

• Ja, ich fühle .... jetzt sehr gut. Viele Leute haben .... um die Stelle beworben, aber ich habe sie bekommen!

2.02 **3a** Hören Sie und kreuzen Sie an: Was ist richtig?

Wo findet das Gespräch statt?

1 ☐ Das Gespräch findet in einer Firma statt.

2 ☐ Das Gespräch findet beim Arbeitsmarktservice statt.

2.02

3b Hören Sie noch einmal. Was passt? Ordnen Sie zu.

1 Sie bewirbt sich um — B
2 Sie informiert sich über
3 Sie nimmt jetzt an
4 Sie interessiert sich für
5 Sie wartet noch auf

A ihre Berufschancen.
B die Stelle bei Siemens.
C die Antwort von der Firma.
D eine Teilzeitstelle.
E einem Computerkurs teil.

4 Verben mit Präpositionen. Ergänzen Sie die Präpositionen.

1 • Unser Kurs endet bald. Hast du dich schon .... eine Stelle beworben?

• Nein, ich muss mich zuerst noch .... Kindergartenplätze für die Kinder informieren.

• Ja, das ist ein Problem. Deshalb interessiere ich mich auch nur .... eine Teilzeitarbeit.

2 In meinem Job muss ich oft .... Kunden telefonieren.

3 Nächste Woche gehe ich nicht in die Firma, ich nehme .... einem Kurs über neue Computerprogramme teil.

4 Es ist gut, dass ich mit meinen Kollegen .... Probleme sprechen kann.

5 Am Wochenende will ich nicht .... die Arbeit denken. Ich träume lieber .... meinem nächsten Urlaub.

5 Was machen die Personen? Schreiben Sie Sätze wie im Beispiel.

~~sich freuen~~ • warten • sich ärgern • träumen	vom Urlaub • über das Geschenk • auf seine Freundin • über das Fußballspiel

1

2

Das Kind freut sich über ...

....

3

4

....

....

6 *Sich freuen über* und *sich freuen auf*. Welche Präposition passt? Ergänzen Sie die Dialoge.

1 Danke, ich habe mich .... die Einladung gefreut. Und ich freue mich schon sehr .... das Fest.

2 • Nächste Woche ziehen wir um. Freust du dich auch .... die neue Wohnung?
• Ja, aber ich freue mich nicht .... den Umzug. Das ist immer viel Arbeit.

3 • Morgen gibt es Zeugnisse. Freust du dich .... dein Zeugnis?
• Ja, im letzten Jahr habe ich mich auch .... mein Zeugnis gefreut.

B Etwas Neues lernen

7 Wiederholung: Nebensätze mit *weil*. Ergänzen Sie die Sätze wie im Beispiel.

~~Sie bietet viele Kurse an~~. • Ich möchte mehr über Computerprogramme lernen. • Ich möchte ein eigenes Geschäft eröffnen. • Er hat mich gut beraten. • Ich schreibe jeden Tag viele E-Mails. • Ich möchte meine Wohnung renovieren.

1 Ich finde diese Schule interessant, *weil sie viele Kurse anbietet*.

2 Ich finde den Kurs *Existenz gründen* interessant, weil ....

3 Ich finde den Kurs *MS Office für Anfänger* interessant, weil ....

4 Ich finde den Kurs *Schreiben lernen* interessant, weil ....

5 Das Gespräch mit dem AMS-Berater war gut, weil ....

6 Ich finde den Grundkurs *Heimwerken* gut, weil ....

8a Lesen Sie die Texte und notieren Sie. Welchen Beruf haben die Personen heute?

1 Herr Mazur arbeitet als ...

Herr Mazur

Ich habe in Polen als Ingenieur gearbeitet. Aber in Österreich habe ich keine Stelle bekommen, weil ich zu wenig Deutsch kann und zu wenige Computerkenntnisse habe. Ich fahre jetzt Taxi und verdiene genug Geld, aber ich möchte gern einen Computerkurs machen. Dann kann ich wieder in meinem alten Beruf arbeiten.

Frau Shobana

Ich kann jetzt keine Stelle suchen. Meine Kinder sind noch klein, sie sind noch im Kindergarten und ich bin Hausfrau. Aber ich möchte gern einen Kurs machen. Dann lerne ich Leute kennen und übe Deutsch. Vielleicht mache ich einen Tanzkurs, das macht mir Spaß und tut mir gut. Und wenn ich besser Deutsch kann, dann kann ich auch den Kindern besser in der Schule helfen.

Herr Dovic

Wir sind in eine neue Wohnung umgezogen. In der Wohnung muss ich noch viel renovieren und Handwerker sind sehr teuer. Deshalb möchte ich einen Heimwerkerkurs machen, dann kann ich vieles selbst machen. Ich bin Kellner, ich arbeite immer am Wochenende, aber am Montag und Dienstag habe ich frei. Dann kann ich zu Hause in der Wohnung arbeiten.

Frau Miller

Ich arbeite als Aushilfe in einem Autohaus. Ich mache nur einfache Arbeiten, ich bringe den Mitarbeitern im Haus ihre Post oder den Kunden Kaffee. Wenn ich besser Deutsch kann, dann kann ich auch eine bessere Stelle in der Firma bekommen. Ich möchte gern Sekretärin werden. Deshalb möchte ich jetzt einen Abendkurs machen.

8b Lesen Sie die Texte aus 8a noch einmal. Was passt zusammen? Ordnen Sie zu.

1 Herr Mazur fährt Taxi,
2 Herr Mazur möchte eine Weiterbildung machen,
3 Frau Shobana möchte einen Kurs machen,
4 Herr Dovic möchte einen Heimwerkerkurs machen,
5 Herr Dovic möchte selbst renovieren,
6 Frau Miller möchte einen Kurs machen,

A damit er seine Wohnung selbst renovieren kann.
B damit er Geld verdient.
C damit sie Leute kennenlernt.
D damit er nicht so viel Geld ausgeben muss.
E damit sie in der Firma eine bessere Stelle bekommt.
F damit er wieder als Ingenieur arbeiten kann.

9 Familie Su. Ergänzen Sie die Sätze.

1 damit – sie – kann – kochen – für ihren Besuch

Frau Su arbeitet am Montag nicht, ...

2 damit – er – mitbringt – noch Salz

Sie ruft ihren Mann an, ...

3 er – bringen – zum Schwimmkurs – kann – damit – seine Tochter

Herr Su arbeitet am Dienstag nur bis 15 Uhr, ...

4 sie – kennenlernt – die Lehrer – damit

Frau Su geht zum Elternabend, ...

5 nicht allein – die Kinder – damit – sind

Herr Su bleibt zu Hause, ...

6 Freunde – damit – besuchen – sie – kann

Familie Su fährt nach St. Pölten, ...

10 Wozu machen die Personen das? Schreiben Sie Sätze mit *damit* in Ihr Heft.

1 Sie macht einen Sportkurs. Sie bleibt fit.
2 Er sieht österreichisches Fernsehen. Er lernt schneller Deutsch.
3 Ich kaufe meinem Sohn einen Computer. Er lernt programmieren.
4 Sie machen eine Weiterbildung. Sie haben bessere Berufschancen.
5 Er macht den Führerschein. Er kann mit dem Auto in die Arbeit fahren.
6 Wir schreiben alle Wörter ins Heft. Wir vergessen sie nicht.

Sie macht einen Sportkurs, damit ...

11a *Weil* oder *damit*? Ergänzen Sie die Sätze.

1 Er arbeitet, ... er Geld verdient.
Er arbeitet, ... er Geld braucht.
2 Sie kocht, ... sie Gäste zum Abendessen eingeladen hat.
Sie kocht, ... die Gäste ein schönes Abendessen bekommen.
3 Der Verein bietet Deutschkurse an, ... viele Leute Deutsch lernen wollen.
Der Verein bietet Deutschkurse an, ... viele Leute Deutsch lernen können.

11b *Warum* oder *Wozu*? Schreiben Sie Fragen und Antworten zu den Sätzen aus 11a wie im Beispiel in Ihr Heft.

1 Wozu arbeitet er? – Damit er Geld verdient.
Warum arbeitet er? – Weil er Geld braucht.

12 Ergänzen Sie die Sätze.

1 sein - sie - pünktlich bei der Arbeit / am Wochenende - sie - viel einkaufen.
Frau Marx braucht ein Auto, damit *sie pünktlich bei der Arbeit ist.*
Frau Marx braucht ein Auto, weil *sie ...*
2 geben – es – keine Unfälle / am Wochenende – viele Leute – fahren – mit dem Auto
Die Polizisten kontrollieren den Verkehr, damit ....
Die Polizisten kontrollieren den Verkehr, weil ....
3 kommen – in die Stadt – schnell – er / haben – keinen Führerschein – er
Er hat eine Monatskarte für den Zug, damit ....
Er hat eine Monatskarte für den Zug, weil ....
4 können – studieren – Medizin – sie / wollen – Medizin – studieren – sie
Paulina will die Matura machen, damit ....
Paulina will die Matura machen, weil ....

C Sich für einen Kurs anmelden

13 Kreuzen Sie an. Was bedeuten die markierten Wörter?

1 Frau Moreno will heute bei der VHS vorbeischauen.
☐ in die VHS gehen ☐ nicht in die VHS gehen

2 Sie möchte sich für den Kochkurs anmelden.
☐ sich informieren ☐ sagen, dass sie an dem Kochkurs teilnehmen will

3 Der Kochkurs findet immer am Freitagabend statt.
☐ fängt … an ☐ ist

4 Der Kochkurs fängt um 18 Uhr an.
☐ beginnt ☐ endet

5 Sie nimmt am Kochkurs teil.
☐ den Kurs machen ☐ über den Kurs sprechen

14 Textkaraoke. Hören, lesen und sprechen Sie die 👄-Rolle im Dialog.

2.03

👂 …

👄 Grüß Gott, mein Name ist… Ich interessiere mich für den Computerkurs am Donnerstag.

👂 …

👄 Ist am Dienstag nicht der Kurs für Anfänger? Ich möchte einen Kurs für Fortgeschrittene machen.

👂 …

👄 Dann möchte ich mich gern für diesen Kurs anmelden. Kann ich das telefonisch machen?

👂 …

👄 Gut, dann komme ich gleich vorbei. Danke schön.

👂 …

15 Schreiben Sie einen Dialog in Ihr Heft. Die Dialoggrafik hilft.

- Kurs *Deutsch für den Beruf*. → • Montag oder Donnerstag?
- Montag anmelden / wo? → • im Internet oder im Büro
- Adresse vom Büro? → • Hainburger Straße 29
- Entschuldigung / buchstabieren → • gern…
- Danke / Auf Wiederhören

• Grüß Gott, mein Name ist …

16a Wann beginnen die Kurse? Hören Sie und notieren Sie den Kurs und die Uhrzeit.

2.04

MAI	
3 Montag	10 Montag ....
4 Dienstag	11 Dienstag ....
5 Mittwoch	12 Mittwoch ....
6 Donnerstag	13 Donnerstag ....
7 Freitag	14 Freitag ....

16b Hören Sie den Dialog und kreuzen Sie an: Was passt?

2.05

1 Herr Bielski hat einen Sprachkurs gemacht. R ☐ F ☐

2 Was muss Herr Bielski machen?
A ☐ In der Sprachschule vorbeischauen.
B ☐ Sich online anmelden.
C ☐ Am Donnerstag zum Kurs kommen.

17a Schreibtraining. Umlaute. Korrigieren Sie die Sätze und ergänzen Sie die Punkte für die Umlaute (ä, ö, ü).

Fehler +++ Fehler +++ Fehler

1 Er mochte ein Geschaft eroffnen und macht einen Existenzgrunderkurs.
2 Ich mache jetzt einen Nahkurs fur Anfanger.
3 Im BIZ kann man Broschuren lesen und sich uber Weiterbildungsmoglichkeiten informieren.
4 Das Buro hat am Vormittag immer von 9.00 bis 11.00 Uhr geoffnet.
5 Er arbeitet als Taxifahrer. Er hat einen Fuhrerschein und einen Personenbeforderungsschein.

17b Groß- und Kleinschreibung. Schreiben Sie das E-Mail richtig in Ihr Heft.

Fehler +++ Fehler +++ Fehler

sehrgeehrtedamenundherren,
ichinteressieremichfürihrenexistenzgründerkurs. ichmöchtemeineigenesgeschäfteröffnen.
könnensiemirmitteilen, wanndieterminesindundwievielderkurskostet?
vielendankfürihreantwort.
mitfreundlichengrüßen

Sehr geehrte Damen ...

18 Sehen Sie die Fotos an. Wie heißen die Hobbys? Schreiben Sie.

1

2

3

....

4

5

6

....

19a Menschen und ihre Hobbys. Lesen Sie den Text und ergänzen Sie die Tabelle.

Mein Hobby

Alfred Stein: Mein Hobby sind Apfelbäume. Ich brauche für mein Hobby einen Garten und Werkzeug, ein wichtiges Werkzeug ist z. B. die Baumschere. Aber das Wichtigste ist die Pflege der Bäume. Man muss die Apfelsorten gut kennen und richtig pflegen. Dann kann man im Herbst viele gute Äpfel ernten.

Mario Fiore: Mein Hobby ist das Trommeln. Ich baue selber Drums. Man braucht dafür kein besonderes Material, man kann z. B. eine Mülltonne, einen Karton oder eine Dose nehmen. Wichtig ist, dass der Klang gut und interessant ist. Aber ich baue nicht nur die Drums, ich trommle auch gern. Wenn man richtig gut sein will, muss man natürlich auch sehr viel üben und verschiedene Sachen ausprobieren.

Maja Anan: Mein Hobby ist das Kartenspielen. Am Wochenende machen meine Freunde und ich oft einen gemütlichen Spieleabend. Wir brauchen nicht viel: mindestens drei Personen, Karten und etwas zu trinken. Am wichtigsten ist, dass man Spaß hat. Wenn einer nicht verlieren kann, sollte er lieber nicht mitspielen.

	Was ist sein/ihr Hobby?	Was braucht er/sie?	Was ist besonders wichtig?
Alfred Stein			
Mario Fiore			
Maja Anan			

19b Was ist Ihr Hobby? Was brauchen Sie für Ihr Hobby? Arbeiten Sie mit dem Wörterbuch und machen Sie Notizen.

19c Schreiben Sie dann einen Text über Ihr Hobby wie in 19a.

Wichtige Wörter

sich informieren (über) ....
Erfahrungen machen ....

A Ich interessiere mich für ...

der/die AMS-Berater/in, -/-nen ....
die Weiterbildung, -en ....
die Förderung, -en ....
die Möglichkeit, -en ....
der Berufsabschluss, ″-e ....
an⌇erkennen ....
die Computerkenntnisse, Pl. ....
finanzieren ....
aktuell ....
teil⌇nehmen (an) ....
sich bewerben (um) ....
sich interessieren (für) ....
sich ärgern (über) ....
denken (an) ....
sich freuen (auf/über) ....
warten (auf) ....
träumen (von) ....
sprechen (über) ....
telefonieren (mit) ....
damit ....

B Etwas Neues lernen

die Weiterbildungsmaßnahme, -en ....
der/die Anfänger/in,-/-nen ....
der/die Fortgeschrittene, -n/-n ....
die Dauer, Sg. ....
die Gebühr, -en ....
die Materialkosten, Pl. ....
beruflich ....
handwerklich ....
bohren ....
nähen ....
die Grundkenntnisse, Pl. ....
der Schwerpunkt, -e ....
die Besprechung, -en ....
die Selbstständigkeit, Sg. ....
der Existenzgründerkurs,-e ....
unsicher ....
der Arbeitsmarkt, Sg. ....

C Sich für einen Kurs anmelden

sich anmelden (für) ....
das Kursangebot, -e ....
jederzeit ....
die Doppelstunde, -en ....
die Voraussetzung, -en ....
die Online-Anmeldung, -en ....
Gern geschehen! ....
vorbei⌇schauen ....
an⌇bieten ....
die Privatschule, -n ....
das Schwarze Brett ....
die Kenntnisse, Pl. ....
die Fähigkeit, -en ....
das Plakat, -e ....
....
....

1a Suchen Sie die Wörter in der Wortliste, ergänzen Sie die Präpositionen und schreiben Sie Lernkarten.

telefonieren • träumen • warten • sich freuen • sprechen • denken • sich interessieren • sich bewerben • teilnehmen • sich informieren • sich ärgern

telefonieren mit

1b Schreiben Sie Sätze mit den Wörtern aus 1a.

sich ärgern über

Ich ärgere mich über das schlechte Essen in der Kantine.

teilnehmen an

Sie nimmt an einem Kurs teil.

2 Was bedeuten die Wörter? Ergänzen Sie die Wörter.

Existenzgründerkurs • Fortgeschrittene • Anfänger • Online-Anmeldung • Kursangebot • Arbeitsmarkt • Voraussetzung • Förderung • Weiterbildung

1 Bei einer .... kann man etwas für den Beruf lernen.

2 Wenn man etwas neu lernt, ist man ....

3 Manchmal kann man für eine Weiterbildung eine finanzielle .... bekommen.

4 Für den Kurs ist auch eine .... möglich. Man muss nicht vorbeischauen.

5 .... für den Führerschein ist ein Erste-Hilfe-Kurs.

6 Wenn man einen Computerkurs für .... machen will, braucht man Grundkenntnisse.

7 Volkshochschulen haben ein großes ....

8 Mit einer Weiterbildung sind die Chancen auf dem .... oft besser.

9 Wenn man ein Geschäft eröffnen will, kann man einen .... machen.

3 Wörter hören und nachsprechen. Hören Sie zu und sprechen Sie nach.

2.06

1 die Chance – die Weiterbildung – die Computerkenntnisse
2 die AMS-Beraterin – die Voraussetzung – die Förderung
3 sich interessieren für – sich bewerben um – sich freuen auf – sich ärgern über
4 vorbeikommen – sich anmelden – teilnehmen – anbieten

Wichtige Wörter

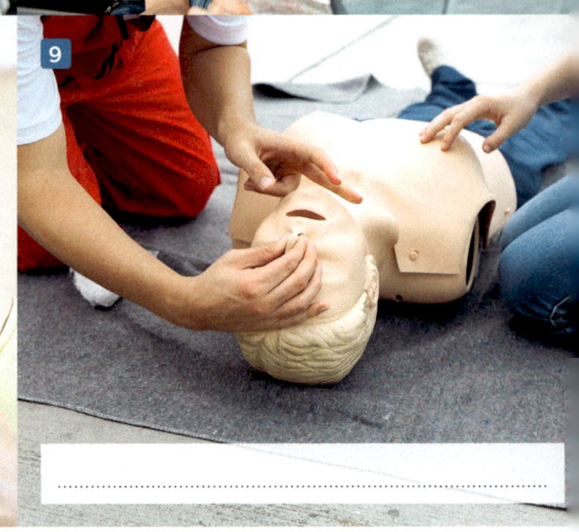

4 Ergänzen Sie die Wörter mit Artikel.

2.07 **5** Hören Sie die Wörter und sprechen Sie sie nach.

2.08 **6a** Hören Sie die Dialoge. Welche Kurse machen die Personen? Warum? Machen Sie Notizen.

	Mario:	Carla:	Jack:	Michaela:
Kurse?				
Warum?				

10

der Schauspielkurs

11

....

12

....

13

die Fahrschule

14

der Fotografie-Kurs

15

der Yoga-Kurs

16

....

17

der Schwimmkurs

18

der Kosmetikkurs

2.08

6b **Hören Sie noch einmal. Wozu machen die Personen die Kurse? Vergleichen Sie im Kurs.**

sich entspannen • gut fühlen • zusammen mit dem Sohn Gitarre spielen können • neue Ideen bekommen • nachdenken

Mario macht den Kurs, damit…

Carla will sich in dem Kurs entspannen.

7 **Welche Kurse wollen Sie machen? Wozu? Schreiben Sie in Ihr Heft.**

9 Gesund leben

1 **Zu welchem Thema passen die Wörter? Ordnen Sie zu. Einige Wörter passen zu zwei Themen.**

sich entspannen • zu Mittag essen • sich bewegen • im Garten arbeiten • zunehmen • Stress haben • gemütlich zusammensitzen • sich gesund ernähren • Kollegen im Café treffen • abnehmen • fit sein • die Muskeln trainieren • Sorgen haben • im Stau stehen • Gymnastik machen • frühstücken • joggen gehen • in der Kantine essen • Fußball spielen • sich mit Freunden unterhalten

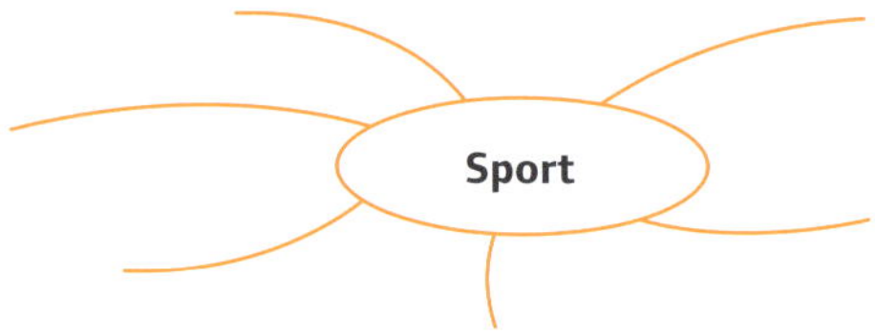

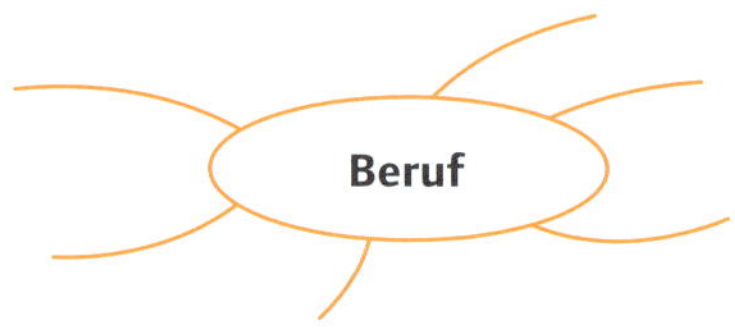

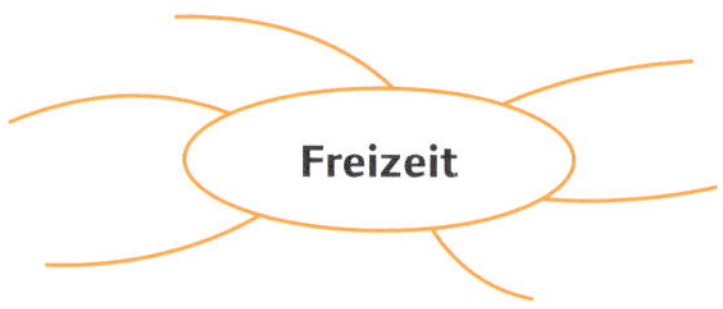

2a **Lesen Sie die Sätze und ordnen Sie sie den Fotos zu.**

1 Ich entspanne mich sehr gut, wenn ich im Garten arbeite.
2 Ich kaufe viel frisches Obst und Gemüse, damit sich unsere Kinder gesund ernähren.
3 Ich bewege mich zu wenig. Ich muss wieder mehr Sport machen.
4 Ich habe einen Monat Diät gemacht und ich habe vier Kilo abgenommen.

2b **Was passt? Ordnen Sie die Sätze zu.**

1 Für mich ist wichtig,
2 Wenn ich mich bewegen möchte,
3 Ich möchte gerne mehr Sport machen,
4 Ich esse viel Salat,
5 Zur Entspannung

A weil ich mich gesund ernähren möchte.
B dass ich mich gesund ernähre.
C mache ich gern Yoga und trinke Tee.
D aber ich habe einfach keine Zeit.
E dann gehe ich joggen.

2c **Schreiben Sie Sätze mit den markierten Verben aus 2a in Ihr Heft.**

1 Ich entspanne mich gut, wenn ich …

A In der Arztpraxis

3 Zu welchem Arzt gehen Sie wann? Ordnen Sie zu und schreiben Sie Sätze mit *wenn*.

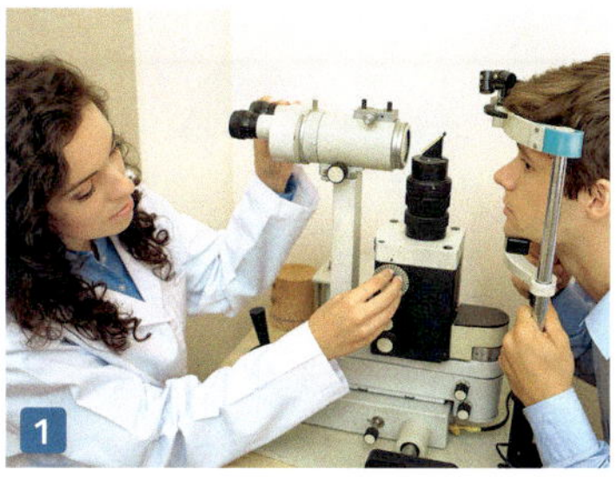

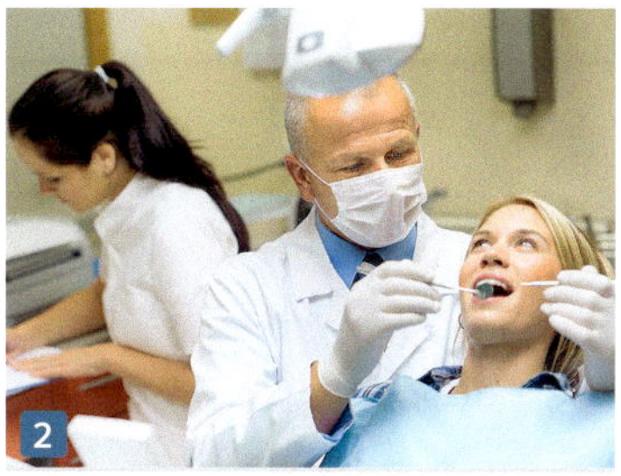

3 eine Impfung brauchen • ☐ eine neue Brille brauchen • ☐ Blut abnehmen lassen • ☐ Zahnschmerzen haben • ☐ eine Verletzung am Auge haben • ☐ meine Zähne kontrollieren lassen • ☐ meine Augen kontrollieren lassen

Wenn ich eine Impfung brauche, dann gehe ich zum …

2.09

4 Beim Arzt. Hören Sie die zwei Gespräche und kreuzen Sie an: Was ist richtig?

1 Die Arzthelferin soll …
- A ☐ ein Rezept für ein Medikament geben.
- B ☐ einen neuen Termin geben.
- C ☐ den Blutdruck messen.
- D ☐ Blut abnehmen.
- E ☐ gegen Tetanus impfen.

2 Die Arzthelferin hat schon …
- A ☐ Blut abgenommen.
- B ☐ den Blutdruck gemessen.
- C ☐ die Brille kontrolliert.
- D ☐ die Augen kontrolliert.
- E ☐ ein Rezept gegeben.

5 Ein Arztbesuch. Ergänzen Sie die Wörter.

wei Ü sung ber • schrei Krank bung • ken se Kran kas • card-e • bühr Re ge zept

1 Wenn man zum Arzt geht, braucht man die ....

2 Wenn man krank ist, bekommt man vom Arzt eine .... für den Arbeitgeber.

3 Man ist bei einer .... versichert.

4 Für ein Medikament muss man die .... bezahlen.

5 Wenn der Hausarzt einen Patienten zu einem Facharzt schickt, schreibt er eine

....

2.10

6 Beim Gesundheits-Check. Ergänzen Sie den Dialog. Kontrollieren Sie dann mit der CD.

Ich habe die Impfung doch schon beim letzten Mal bekommen. • Es geht, ich fahre manchmal Fahrrad, aber ich habe nicht so viel Zeit. • Ach ja. Dann lasse ich mir einen Termin geben. Vielen Dank. • Nein, ich habe keine Probleme, ich möchte nur einmal alles kontrollieren lassen. • Ja, hier bitte. • Grüß Gott. Danke.

- Grüß Gott, bitte nehmen Sie Platz.
- ....
- Sie kommen für den Gesundheits-Check. Haben Sie gesundheitliche Beschwerden?
- ....
- Gut, das ist vernünftig. Bewegen Sie sich regelmäßig?
- ....
- Die Ergebnisse von der Laboruntersuchung sind in Ordnung: Die Blutwerte und Cholesterinwerte sind normal. Haben Sie Ihren Impfpass dabei?
- ....
- Gut, die Impfungen sind fast komplett. Wir müssen nur noch einmal gegen Tetanus impfen. Bitte lassen Sie sich einen Termin geben.
- ....
- Nein, das war die Impfung gegen Tuberkulose, jetzt müssen wir Sie noch gegen Tetanus impfen.
- ....

7a Komposita. Ergänzen Sie die Artikel.

1 der Arzt + die Helferin → .... Arzthelferin
2 das Blut + der Druck → .... Blutdruck
3 die Gesundheit + der Check → .... Gesundheits-Check
4 das Labor + die Untersuchung → .... Laboruntersuchung
5 die Vorsorge + die Untersuchung → .... Vorsorgeuntersuchung
6 das Blut + die Werte (Pl.) → .... Blutwerte (Pl.)
7 das Cholesterin + die Werte (Pl.) → .... Cholesterinwerte (Pl.)
8 die Gesundheit + die Untersuchung → .... Gesundheitsuntersuchung

2.11

7b Hören und markieren Sie den Wortakzent bei den Komposita in 7a. Hören Sie dann noch einmal und sprechen Sie nach.

8 **Mit Kindern beim Arzt. Lesen Sie die Texte und kreuzen Sie an: Richtig oder falsch?**

www.umfrage-kinderarzt.at

Sind Sie zufrieden mit Ihrem Kinderarzt?

Sara Matuzek
Heute, 21.34

Ich habe jetzt einen sehr guten Kinderarzt. Er ist ganz in der Nähe, das finde ich wichtig. Denn wenn ein Kind krank ist, ist es nicht gut, wenn man erst lange mit dem Auto oder mit öffentlichen Verkehrsmitteln fahren muss. Der Arzt kennt meinen Sohn jetzt auch schon sehr gut, weil ich alle Vorsorgeuntersuchungen bei ihm machen lasse.

Bianca Tiriac
Heute, 19.12

Meine Kinderärztin hat eine schöne, helle Praxis und hat viele Spielsachen. Das ist auch wichtig, denn manchmal muss man warten. Aber oft geht es schnell, es sind nicht zu viele Patienten zur gleichen Zeit da. Natürlich passiert es immer wieder, dass es einen Notfall gibt und dann muss man doch warten. Das ist ja auch richtig, wenn ich mit meinem Kind einen Notfall habe, möchte ich auch schnell zur Ärztin kommen können.

Michael Weiss
Heute, 13.07

Ja, ich bin jetzt zufrieden mit meinem Arzt. Aber ich habe auch lange gesucht. Ich finde, dass die meisten Ärzte nicht genug Zeit haben. Alles muss immer schnell gehen. Oft bekommt man nur schnell ein Rezept, aber ich möchte nicht nur ein Medikament bekommen. Ich möchte, dass mir der Arzt erklärt, was ich tun soll und mir vielleicht auch noch ein paar Tipps gibt.

		R	F
1	Sara findet einen kurzen Weg zum Arzt wichtig.	☐	☐
2	Sara lässt die Vorsorgeuntersuchungen bei einem anderen Arzt machen.	☐	☐
3	Bianca gefällt die Praxis von der Kinderärztin.	☐	☐
4	Bianca findet es richtig, dass sie manchmal beim Arzt warten muss.	☐	☐
5	Michael findet, dass die Ärzte nicht genug Medikamente verschreiben.	☐	☐
6	Michael braucht keine Tipps vom Kinderarzt.	☐	☐

B Medikamente

9 **In der Apotheke. Was passt zusammen? Ordnen Sie zu.**

1 Wie oft muss ich die Tabletten einnehmen?
2 Was kostet das Medikament?
3 Guten Tag, haben Sie dieses Medikament?
4 Wann kann ich das Medikament abholen?
5 Haben die Tabletten Nebenwirkungen?

A Nein, tut mir leid, das muss ich erst bestellen.
B Heute Nachmittag ab 16 Uhr.
C Dreimal täglich vor dem Essen.
D Sie müssen das Medikament nicht komplett bezahlen. Sie müssen nur die Rezeptgebühr bezahlen.
E Selten sind Kopfschmerzen die Nebenwirkungen.

2.12

10 Textkaraoke. Hören, lesen und sprechen Sie die -Rolle im Dialog.

…

Ich habe starken Husten.

…

Nein, noch nicht. Können Sie mir etwas empfehlen?

…

Haben die Tabletten Nebenwirkungen?

…

Und wie oft muss ich die Tabletten einnehmen?

…

Gut. Vielen Dank, die nehme ich.

…

2.13

11a Die Hausapotheke. Hören Sie das Interview und kreuzen Sie an.

1 Was benutzt Frau Schneider gegen Schnupfen?

A ☐

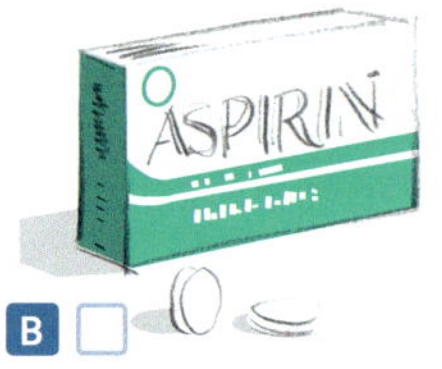

B ☐

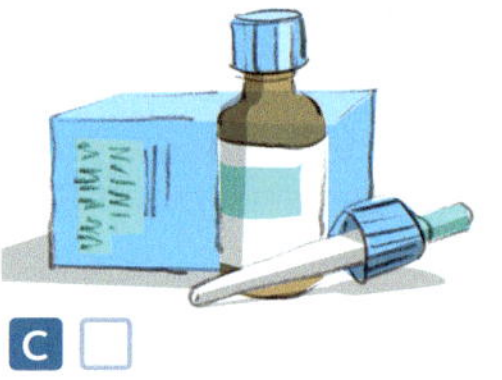
C ☐

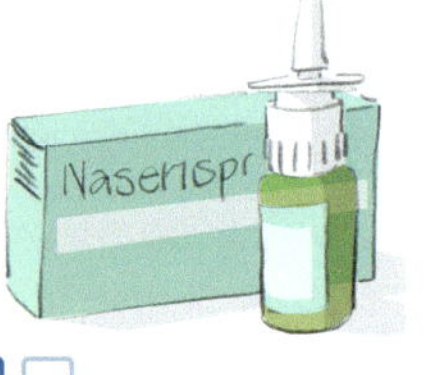
D ☐

2 Was braucht Herr Tanager, wenn die Kinder Fieber haben?

A ☐

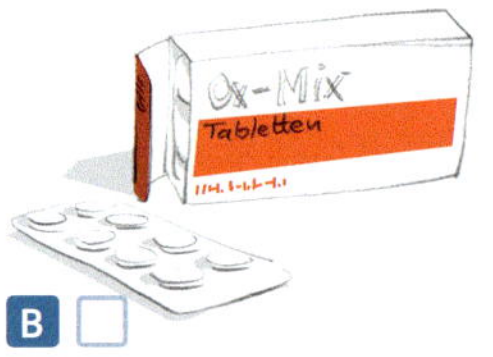

B ☐

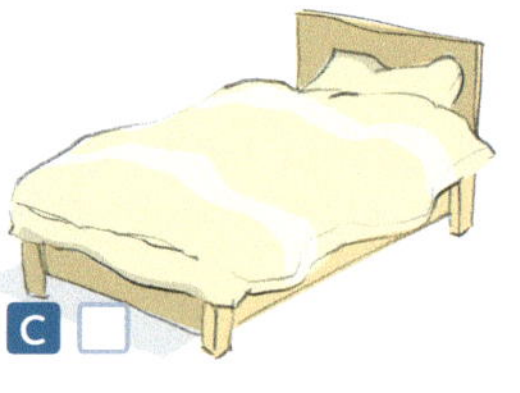
C ☐

D ☐

11b Was sollte Frau Schneider immer in ihrer Hausapotheke haben? Schreiben Sie Sätze wie im Beispiel.

1

2

3

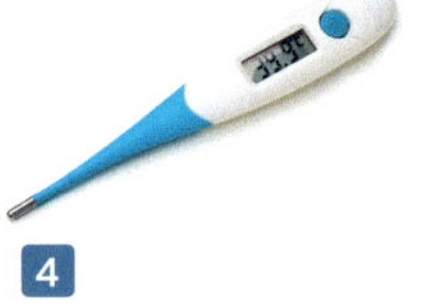
4

5

1 Frau Schneider sollte eine Pinzette in ihrer Hausapotheke haben.

C Ernährung und Gesundheit

12 **Welche Nahrungsmittel essen Sie wann? Was essen und trinken Sie oft zum Frühstück, zum Mittagessen und zum Abendessen? Schreiben Sie Sätze.**

Frühstück	Mittagessen	Abendessen
Milchprodukte: ...	Fisch: ...	Obst: Äpfel, ...

Zum Frühstück esse ich viele Milchprodukte. Ich esse oft ...

13a **Was bedeuten die Wörter? Ergänzen Sie.**

verzichtet • Vegetarier • Nahrungsmittel • Veganer • Milchprodukte • etwas ablehnen

1 .... essen kein Fleisch und keinen Fisch.

2 .... essen kein Fleisch, keinen Fisch, kein Ei und keine Milchprodukte.

3 Käse, Butter und Joghurt sind ....

4 Wenn man etwas mag, aber man es nicht nimmt, dann .... man auf etwas.

5 Alles, was man essen kann, nennt man ....

6 Gegen etwas sein, bedeutet ....

13b **Lesen Sie das Interview und ergänzen Sie die Wörter aus 13a.**

Anton Weber, 27

- ▸ Herr Weber, warum essen Sie kein Fleisch?
- • *Ich habe früher gerne Fleisch gegessen. Aber dann habe ich im Fernsehen eine Sendung über Tierhaltung gesehen. Mir tun die Tiere leid. Ich .... diese Tierhaltung .... Und deshalb .... ich jetzt auf alle Fleischprodukte.*
- ▸ Denken Sie, dass Ihnen jetzt etwas fehlt in der Ernährung?
- • *Nein, ich glaube nicht, dass man unbedingt Fleisch oder Fisch essen muss. Es gibt viele andere gesunde .... Ich esse gern Käse oder Joghurt, also viele ....*
- ▸ Und wie ist es in Ihrer Firma? Gibt es in der Kantine auch vegetarisches Essen?
- • *Ja, jeden Tag gibt es ein Essen für ....*
- ▸ Und gibt es auch schon Angebote für ....?
- • *Nein, veganes Essen gibt es nur selten.*

2.14

14a Ratschläge. Hören Sie das Interview. Wer sagt was? Ordnen Sie zu.

A Frau Nerval

B Herr Bruckstätter

C Frau Mangelsdorff

☐ Bewegung ist wichtig für die Gesundheit • ☐ Das Essen sollte nicht zu fett sein. • ☐ Eine Tasse Kaffee am Morgen ist wichtig. • ☐ Der Körper braucht Vitamine. • ☐ Die Luft auf dem Land ist gesund. • ☐ Das Leben in der Stadt ist hektisch.

2.14

14b Nebensätze mit *dass*. Hören Sie noch einmal und ergänzen Sie die Sätze aus 14a.

1 Frau Nerval sagt, dass ....

2 Frau Nerval sagt, dass ....

3 Herr Bruckstätter sagt, dass ....

4 Herr Bruckstätter sagt, dass ....

5 Frau Mangelsdorff sagt, dass ....

6 Frau Mangelsdorff sagt, dass ....

15a Schreibtraining. Lesen und ergänzen Sie den Entschuldigungsbrief.

Liebe Frau Nesta, Klagenfurt, den 26.04.2017

seit gestern habe ich starke Kopfschmerzen und heute ha *be* ich auch noch Fie _ _ _ bekommen. Ich war be _ _ Hausarzt und er ha_ mich für drei Ta _ _ krankgeschrieben. Ich frage Bilkay Fahimi, welche Hausau _ _ _ _ _ _ wir machen sollen. Sie hil _ _ mir bestimmt.

Bitte entsch _ _ _ _ _ _ _ Sie mein Fehlen. Ic _ hoffe, dass ich a _ Donnerstag wieder in de _ Kurs kommen kann.

Vie _ _ Grüße

Maria Clemente

15b Schreiben Sie einen Entschuldigungsbrief in Ihr Heft. Variieren Sie die Wörter in Blau.

Lieber Herr Neumann, ...

16a Lesen Sie den Test und kreuzen Sie an.

WELCHER ENTSPANNUNGSTYP SIND SIE? TESTEN SIE SICH.

	meistens	manchmal	nie
1. Wenn ich Stress habe, sind meine Muskeln sehr angespannt.	☐ 1	☐ 3	☐ 5
2. Ich kann lange ruhig sitzen oder liegen.	☐ 5	☐ 3	☐ 1
3. Ich finde beides wichtig: Ruhe und Bewegung.	☐ 1	☐ 3	☐ 5
4. Ich kann mich gut konzentrieren.	☐ 5	☐ 3	☐ 1
5. Wenn ich nervös bin, spreche ich schnell und undeutlich.	☐ 1	☐ 3	☐ 5
6. Ich träume gern.	☐ 5	☐ 3	☐ 1
7. Ich entspanne mich gern bei Musik.	☐ 5	☐ 3	☐ 1

Auswertung

35–25
Sie sind der Entspannungstyp 1:
Sie können gut träumen und Phantasiereisen machen.
Auch Massagen tun Ihnen gut,
z. B. eine Gesichtsmassage.
Aromadüfte: Zitrone, Melisse, Lavendel.

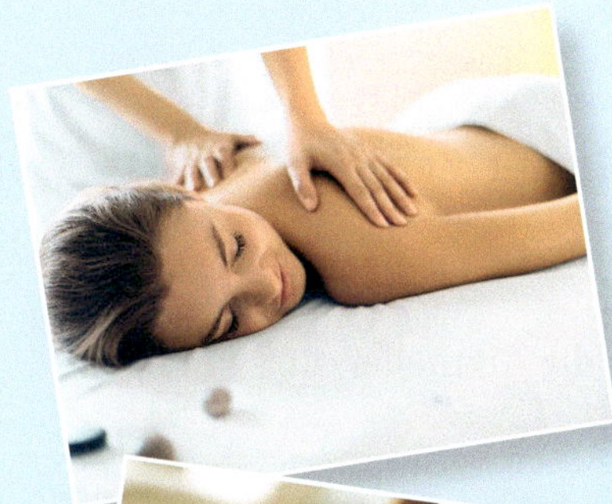

24–13
Sie sind der Entspannungstyp 2:
Sie brauchen aktive Übungen zum Entspannen.
Die Muskelentspannung nach Jacobson passt gut zu Ihnen.
Aromadüfte: Orange und Lavendel.

13–7
Sie sind der Entspannungstyp 3:
Für Sie ist viel Bewegung wichtig. Joggen, Walken, Radfahren und Schwimmen passt zu Ihnen.
Aromadüfte: Basilikum und Melisse.

16b Lesen Sie Ihre Auswertung und antworten Sie.

1 Welcher Entspannungstyp sind Sie?
2 Welche Übungen passen zu Ihnen?
3 Welches Aroma ist gut für Sie?

9 Wichtige Wörter

Sorgen haben ....
sich entspannen ....
sich bewegen ....
sich ernähren ....
abnehmen ....
zunehmen ....
schlank sein ....
dick sein ....
schlechte Luft ....
das Fitnesscenter, - ....
trainieren ....
die Entspannung, Sg. ....

A In der Arztpraxis

Platz nehmen ....
der/die Arzthelfer/in, -/nen ....
die Beschwerde, -n ....
die Krankheit, -en ....
den Blutdruck messen ....
Blut abnehmen ....
impfen (gegen) ....
den Oberkörper frei machen ....
verschreiben ....
vereinbaren ....
der Gesundheits-Check, -s ....
die Laboruntersuchung, -en ....
die Vorsorgeuntersuchung, -en ....
das Ergebnis, -se ....
in Ordnung ....
vernünftig ....
die Blutwerte, Pl. ....
hoch ....

B Medikamente

die Magenschmerzen, Pl. ....
einnehmen ....
der Beipackzettel, - ....
die Nebenwirkungen, Pl. ....
empfindlich ....
empfehlen ....
wieso ....
die Hausapotheke, -n ....
der Verband, "-e ....
das Pflaster, - ....
der Durchfall, Sg. ....
die Schere, -n ....
die Salbe, -n ....
die Nasentropfen, Pl. ....
die Spritze, - en ....

C Ernährung und Gesundheit

die Ernährung, Sg. ....
das Vitamin, -e ....
die Getreideprodukte, Pl. ....
vermeiden ....
verzichten (auf) ....
das Fett, -e ....
die Süßigkeiten, Pl. ....
schaden ....
fettarm ....
....

1 Wie heißt das Gegenteil? Ordnen Sie zu.

1 abnehmen
2 sich entspannen
3 sich gesund ernähren
4 sich bewegen
5 sich krank fühlen
6 schaden

A Stress haben
B gut sein für etwas
C fit sein
D keinen Sport machen
E zunehmen
F ungesund essen

2a Beim Arzt und in der Apotheke. Welches Verb passt? Ergänzen Sie.

nehmen • impfen • abnehmen • untersuchen • messen • geben • verschreiben • bezahlen • haben • messen

1 gegen Grippe ……………………
2 Halstabletten ……………………
3 ein Medikament ……………………
4 eine Spritze ……………………
5 eine Gebühr ……………………
6 die Augen ……………………
7 Blut ……………………
8 Blutdruck ……………………
9 Nebenwirkungen ……………………
10 Fieber ……………………

2b Schreiben Sie Sätze mit den Wörtern aus 2a.

1 Der Arzt impft den Buben gegen Grippe.

3 Wie heißen die Wörter aus der Hausapotheke? Schreiben Sie die Wörter mit Artikel.

mittel • thermometer • Brand • Fieber • Nasen • salbe • tropfen • Schmerz

1

2
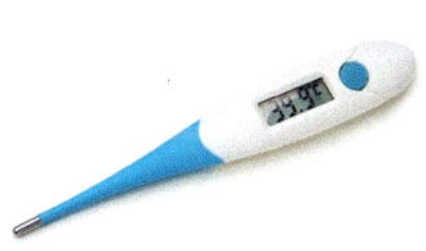

3

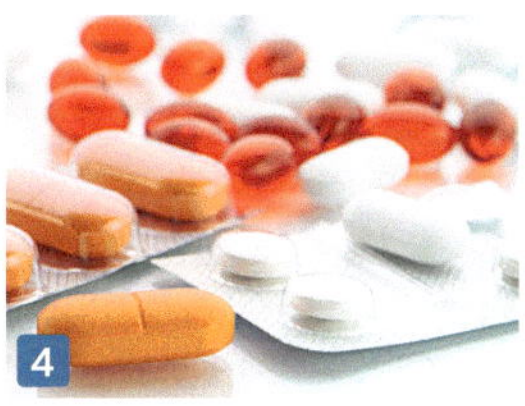
4

…………………… …………………… …………………… ……………………

4 Wörter hören und nachsprechen. Hören Sie zu und sprechen Sie nach.

2.15

1 das Fitnesscenter – der Gesundheits-Check – die Vorsorgeuntersuchung
2 der Beipackzettel – die Nebenwirkungen – die Hausapotheke
3 die Tablette – die Schere – die Salbe – die Spritze
4 die Milchprodukte – die Getreideprodukte – die Süßigkeiten

9 Wichtige Wörter

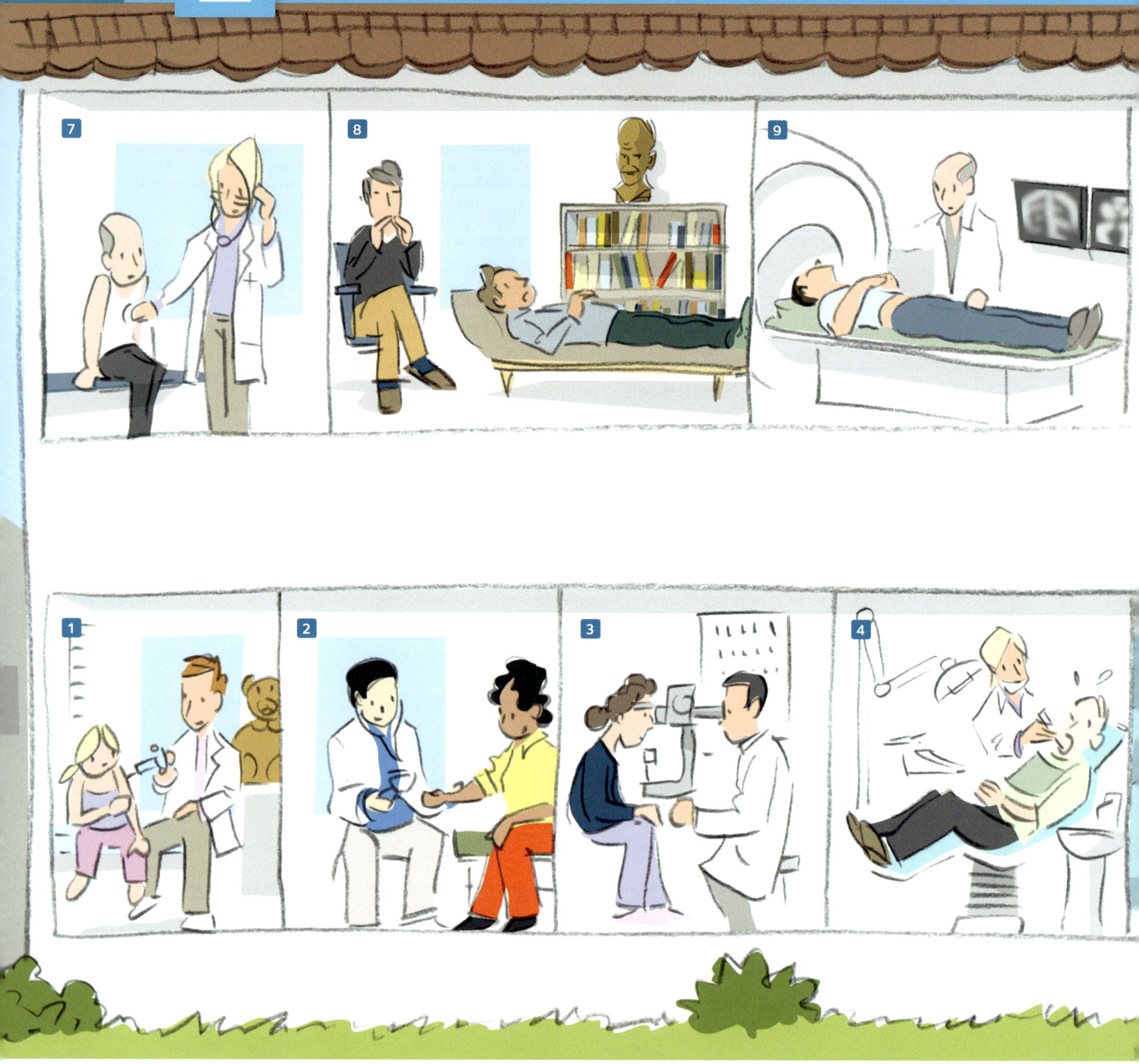

5 **Im Ärztehaus. Sehen Sie das Bild an und ordnen Sie die Wörter zu.**

[12] die Physiotherapeutin •	[10] die Orthopädin •	[ ] der Hausarzt •
[8] der Psychotherapeut •	[ ] der Augenarzt •	[ ] der Empfang •
[ ] die Zahnärztin •	[ ] der Ohrenarzt •	[7] die Internistin •
[ ] der Kinderarzt •	[ ] die Gynäkologin •	[9] der Radiologe

2.16 **6** **Hören Sie die Wörter und sprechen Sie nach.**

7a Wer macht was? Ordnen Sie die Aktivitäten zu.

☐ ein Röntgenbild machen • ☐ ein Gespräch über die Schwangerschaft führen • ☐ mit den Patienten über Probleme sprechen • ☐ die Lunge abhören • ☐ gymnastische Übungen machen • ☐ das Kniegelenk untersuchen • ☐ bohren • ☐ ein verletztes Auge untersuchen • ☐ einen Termin machen • ☐ die Ohren untersuchen • ☐ den Blutdruck messen • ☐ eine Spritze geben

7b Sprechen Sie über die Aktivitäten wie im Beispiel.

Der Physiotherapeut macht gymnastische Übungen mit den Patienten.

10 Arbeitssuche

1a **Wie kann man Arbeit finden? Welches Wort passt? Schreiben Sie.**

kumtiPrak • armafirZeitbeits • tivbebungIniwertia

1 Man hat keine Stellenanzeige gefunden, man schickt aber an verschiedene Firmen die Bewerbungsunterlagen: die ....

2 Man arbeitet in einer Firma, man bekommt aber nur wenig oder kein Geld, weil man die Arbeit kennenlernen soll: das ....

3 Wenn man für eine .... arbeitet, dann arbeitet man an verschiedenen Arbeitsstellen.

1b **Lesen Sie den Text und ergänzen Sie die Sätze.**

dass ich in der Firma bleibe • aber ich habe nichts gefunden • weil ich die Arbeit in vielen verschiedenen Firmen kennengelernt habe • weil ich nicht genug Deutsch konnte

Erfahrungen bei der Arbeitssuche

Roshan Asanka

Mein Name ist Roshan Asanka und ich lebe seit drei Jahren in Österreich. Ich bin Lehrer für Physik und Mathematik. Aber ich konnte in Österreich nicht in einer Schule arbeiten, ... Deshalb habe ich eine Weiterbildung gemacht und habe eine neue Programmiersprache gelernt. Dann habe ich im Internet nach Stellen gesucht, ... Eine Bekannte hat mir eine Zeitarbeitsfirma empfohlen. Das war eine gute Idee. Ich habe mich dort beworben und habe in verschiedenen Firmen gearbeitet. Das war anstrengend, weil ich immer wieder neue Kollegen hatte. Aber es war auch interessant, ... Nach einem Jahr war ich in einer kleinen Elektrofirma. Die waren sehr zufrieden mit mir und wollten, ... Das war natürlich toll für mich und ich habe sofort ja gesagt.

2 **Wie haben Sie oder Ihre Bekannten Arbeit gefunden? Schreiben Sie Sätze wie in 1b.**

A Stellenanzeigen lesen

3a In welcher Stellenanzeige ist welche Eigenschaft wichtig? Ordnen Sie zu.

1 ☐ belastbar 2 ☐ flexibel 3 ☐ teamfähig

A

Das Hotel „Zur Sonne“ sucht **Hausmeister** (m/w) in Teilzeit (20 Std./Woche).
Sie haben einen Führerschein Klasse B und können zu verschiedenen Tageszeiten und auch am Wochenende arbeiten?

Dann schicken Sie Ihre Bewerbung an:
Hotel „Zur Sonne“ | Seecorso 15 | 9220 Velden

B

Freundliche/r Kellner/in gesucht
Sie haben bereits Berufserfahrung und bleiben auch bei Stress freundlich?

Dann bewerben Sie sich noch heute bei Interim-Zeitarbeit
www.interim-gastronomie.at

C

Sprachschule International sucht **Sprachlehrer/innen**.

Sie haben eine Ausbildung in *Deutsch als Fremdsprache* und arbeiten gerne mit Menschen aus der ganzen Welt zusammen? Dann sind Sie bei uns richtig und wir freuen uns über Ihre Bewerbung.

Bewerbung an:
personal@Sprachschule_International_villach.at

2.17 **3b** Wo haben sich die Personen beworben? Hören Sie drei Interviews und ordnen Sie die Anzeigen aus 3a zu.

1 ☐ Herr Sanders 2 ☐ Frau Yılmaz 3 ☐ Herr Steiner

2.17 **3c** Hören Sie die Interviews noch einmal und kreuzen Sie an: Richtig oder falsch?

		R	F
1	Herr Sanders arbeitet jetzt als Lkw-Fahrer.	☐	☐
2	Herr Sanders hat keine Berufserfahrung als Hausmeister.	☐	☐
3	Frau Yılmaz hat an der Universität in Wien studiert.	☐	☐
4	Frau Yılmaz hat eine lange Berufserfahrung als Lehrerin.	☐	☐
5	Herr Steiner sucht jetzt eine Stelle in einem Restaurant.	☐	☐
6	Herr Steiner hat jetzt Berufserfahrung als Kellner.	☐	☐

4 Die Kursparty. Was machen wir? Ergänzen Sie den Dialog mit *würde*.

- Nächste Woche machen wir unsere Kursparty. Was .... ihr gern machen?
- Wir .... gern gemütlich Karten spielen.
- Ich .... gern tanzen.
- Du .... gern tanzen? Das glaube ich nicht!
- Doch, ich tanze oft. Ich .... auch gern Musik machen.
- Anton und Asita sind heute nicht da. Was .... sie gern machen?
- Ich glaube, sie .... lieber Karten spielen als tanzen.

5 Was würde Victor gern machen? Schreiben Sie Sätze wie im Beispiel.

1

einen guten Schulabschluss machen

2

eine große Reise machen

3

eine Ausbildung machen

4

die Führerscheinprüfung bestehen

5

ein eigenes Auto kaufen

6

eine Freundin finden

1 Victor würde gern einen guten Schulabschluss machen.
2 Er ....
3 ....
4 ....
5 ....
6 ....

6 Schreiben Sie die Wünsche mit *würde gern*.

1 Ich möchte gern Fußball spielen. Das ist mein Wunsch. ....
2 Er hat einen Traum. Er möchte einen Porsche kaufen. ....
3 Peter und Klara möchten gern einen Tanzkurs machen. ....
4 Wir möchten sehr gern in einer Großstadt wohnen. ....

7 Welche Wünsche haben Sie für Ihr Leben in Österreich? Schreiben Sie drei Sätze in Ihr Heft.

B Der erste Kontakt

8 **Wiederholung: indirekte Fragen mit Fragewort. Schreiben Sie indirekte Fragen.**

1 Wo arbeiten Sie? Darf ich fragen, ...?

2 Wie lange dauert die Ausbildung? Wissen Sie, ...?

3 Wie viel kann man verdienen? Können Sie mir sagen, ...?

4 Warum haben Sie diesen Beruf gewählt? Darf ich fragen, ...?

9 **Indirekte Fragen mit *ob*. Schreiben Sie indirekte Fragen.**

1 Sind Sie zufrieden mit Ihrer Arbeit? Darf ich fragen, ...?

2 Ist die Bezahlung in dieser Firma gut? Können Sie mir sagen, ...?

3 Gibt es bei dieser Arbeit auch Schichtarbeit? Wissen Sie, ...?

4 Kann man eine feste Stelle bekommen? Können Sie mir sagen, ...?

10 **Was denken Julia und Patrick? Schreiben Sie die Sätze in Ihr Heft.**

Julia hat einen neuen Job. Was denkt sie?

1 Was muss ich am ersten Tag machen?
2 Was soll ich anziehen?
3 Ist die Arbeit schwer?
4 Sind die Kollegen nett?

1. Ich weiß nicht, was ich …

Patrick macht bald seinen Schulabschluss. Was denkt er?

1 Was soll ich nach der Schule machen?
2 Soll ich einen handwerklichen Beruf lernen?
3 Wie kann ich eine Lehrstelle finden?
4 Sind meine Noten gut genug?

1. Ich bin nicht sicher, was ich …

11 **Was denken Mia und Ben über ihre Hochzeit? Schreiben Sie Sätze in Ihr Heft.**

1 Sollen wir bald ein Kind bekommen?

2 Wo wollen wir die Hochzeitsfeier machen?

3 Wie viele Leute wollen wir zur Hochzeit einladen?

4 Finden meine Eltern ihn sympathisch?

5 Was für ein Kleid trage ich auf der Hochzeit?

6 Habe ich noch Zeit für meine Hobbys?

1. Ben weiß nicht, ob …

12 *Dass* oder *ob*? Ergänzen Sie die Dialoge.

1 • Kommt Ben heute Abend?
- Ich bin ziemlich sicher, ... er heute kommt.
- Ich weiß nicht, ... er heute kommt.

2 • Bringt er Mia mit?
- Ich habe nicht gefragt, ... er sie mitbringt.
- Es ist möglich, ... er sie mitbringt.

3 • Wollt ihr wieder zusammen Karten spielen?
- Ich denke, ... wir nach dem Essen Karten spielen.
- Ich bin nicht sicher,........................ wir nach dem Essen Karten spielen.

13 Ist die Stelle noch frei? Ergänzen Sie den Dialog.

Und ich würde gern wissen, wie die Bezahlung ist. • Grüß Gott, Jetan Haralan. Ich habe Ihre Anzeige gelesen. Sie suchen einen Fahrer. Ist die Stelle noch frei? • Sehr gut. Können Sie mir sagen, wie die Arbeitszeiten sind?

- Müller-Transporte, am Apparat Yasin Gül. Guten Tag.
- ....
- Ja, sie ist noch frei.
- ....
- Wir beginnen um 8 Uhr und arbeiten bis 17 Uhr. Zu Mittag gibt es eine Stunde Pause.
- ....
- Das sollten wir hier besprechen. Kommen Sie bitte morgen um 14 Uhr in mein Büro.

2.18

14 Textkaraoke. Hören, lesen und sprechen Sie die (Mund)-Rolle im Dialog.

(Ohr) …

(Mund) Grüß Gott. Ich habe Ihren Aushang gesehen. Sie suchen Aushilfen für die Weihnachtszeit.

(Ohr) …

(Mund) Ja, das geht. Können Sie mir sagen, wie die Arbeitszeiten genau sind?

(Ohr) …

(Mund) Ja, schon einmal, als Aushilfe für drei Monate.

(Ohr) …

(Mund) Gern. Können Sie mir bitte die Adresse sagen?

C Die Bewerbung

15a Der Lebenslauf von Sergej Pilakew. Lesen Sie den Text und ergänzen Sie die Partizipien.

Ich heiße Sergej Pilakew. Ich bin am 11.3.1990 in Uman in der Ukraine geboren. 2005 habe ich in Uman den Schulabschluss .... (machen). Von 2005 bis 2007 habe ich am Technikum den Beruf Mechatroniker .... (lernen). Danach habe ich acht Jahre in Kiew .... (arbeiten), erst in einem Mercedes-Servicecenter und dann bis 2015 in einem Toyota-Servicecenter. Im September 2015 bin ich nach Österreich .... (kommen). Von November 2015 bis Juli 2016 habe ich in Mattersburg einen Integrationskurs .... (besuchen) und habe die Stufe B1 .... (beenden). Seit August 2016 mache ich ein Praktikum in der Autowerkstatt Horvath in Mattersburg. Meine Muttersprache ist Russisch und ich spreche auch Ukrainisch und auch schon ganz gut Deutsch.

15b Lesen Sie den Text in 15a noch einmal und ergänzen Sie die fehlenden Informationen im Lebenslauf.

Lebenslauf

Persönliche Daten

Vor- und Nachname:	....
Anschrift:	Bahnstraße 10, 7210 Mattersburg
Telefon:	02 62/20 484
E-Mail:	SPilakew@gmx.at
Geburtsdatum/-ort:	....

Schulbildung

07/05	Schulabschluss, Uman

Berufsausbildung

09/05-06/07	.........................., Uman

Berufserfahrung

seit 08/16	.........................., Mattersburg
05/11–07/15	.........................., Kiew
07/07–04/11	.........................., Kiew

Kenntnisse

Russisch:	....
Ukrainisch:	C2
Deutsch:	B1

Mattersburg, 15.02.2017 *S. Pilawek*

15c Wie kann Herr Pilakew sein Deutsch weiter verbessern? Schreiben Sie Ratschläge.

viel Radio hören • Zeitung lesen • im Internet Nachrichten auf Deutsch lesen • einen Blog auf Deutsch schreiben • mit seinen Nachbarn sprechen • einen berufsorientierten B2-Sprachkurs machen

2.19

16a Welchen Beruf hat Herr Engström? Hören Sie und kreuzen Sie an.

1 ☐ Koch 2 ☐ Zimmerservice 3 ☐ Kellner

2.19

16b Hören Sie das Gespräch noch einmal und kreuzen Sie an: Richtig oder falsch?

	R	F
1 Herr Engström hat seine Ausbildung im Hotel Elbufer gemacht.	☐	☐
2 Er spricht kein Englisch.	☐	☐
3 Er hat die Gäste bedient und beraten.	☐	☐

2.20

17a Fragen beim Vorstellungsgespräch. Welche Antwort passt? Hören Sie und kreuzen Sie an.

1 A ☐ Ein Jahr.
B ☐ Bei einer Sprachschule in Salzburg.
C ☐ Ich habe die Prüfung gemacht.

2 A ☐ Deutsch ist sehr schwer.
B ☐ Es gibt eine Deutschprüfung.
C ☐ Ich habe die B1-Prüfung gemacht.

3 A ☐ Da habe ich keine Probleme.
B ☐ Gestern habe ich etwas geschrieben.
C ☐ Ich verstehe alles.

4 A ☐ Ich bin Gärtner von Beruf.
B ☐ Ich habe hier noch keine Arbeit gehabt.
C ☐ Ich suche Arbeit.

2.20

17b Hören Sie die Fragen noch einmal. Machen Sie Notizen und beantworten Sie die Fragen für sich.

18 Schreibtraining. Ordnen Sie die Briefteile und schreiben Sie den Bewerbungsbrief in Ihr Heft.

☐ Sehr geehrte Damen und Herren,

☐ Mit freundlichen Grüßen

1 Jamal Kesete • Bergstr. 5 • 7210 Mattersburg

☐ in der Zeitung vom 06.02.2017 habe ich Ihre Anzeige gelesen und würde mich gerne als Fahrer bei Ihnen bewerben.

☐ *Jamal Kesete*

☐ 08.02.2017

☐ Ich würde mich über eine positive Antwort freuen.

☐ Ich habe den Führerschein Klasse C1 und habe bereits als Paketfahrer gearbeitet. Jetzt arbeite ich als Aushilfe in einem Supermarkt. Ich möchte gerne wieder als Fahrer arbeiten und möchte mich hiermit um die Stelle bewerben. Ich bin zeitlich flexibel und kann ab nächstem Monat anfangen.

19a **Tipps für ein Vorstellungsgespräch. Lesen Sie den Text und ordnen Sie die Überschriften zu.**

☐ Fragen und Antworten vorbereiten • ☐ Letzte Vorbereitungen • ☐ Informationen über die Firma sammeln • ☐ Passende Kleidung • ☐ Beim Vorstellungsgespräch

Tipps für die Bewerbung

Forum | **Tipps** | Job & Karriere | Bewerbungsunterlagen

So bereiten Sie sich perfekt auf das Vorstellungsgespräch vor

1. Informieren Sie sich vorher gut über die Firma. Informationen finden Sie im Internet, in der Tageszeitung oder in Prospekten. Wenn Sie Personen kennen, die in der Firma arbeiten, dann fragen Sie diese. ✓

2. Welche Fragen hat die Firma an mich, was kann ich fragen? Schreiben Sie Fragen auf und notieren Sie Ihre Antworten. Üben Sie die Fragen und Antworten mit einem Freund oder einer Freundin. ✓

3. Die Kleidung muss ordentlich sein und sie muss zur Stelle passen. Wenn Sie sich z. B. als Verkäufer in einer Gärtnerei bewerben, dann darf die Kleidung etwas sportlicher sein. Hier passt auch ein Pullover. ✓

4. Kommen Sie fünf Minuten vor dem Gesprächstermin und bringen Sie das Einladungsschreiben mit. Schalten Sie Ihr Handy aus. Kommen Sie allein. Die Einladung ist nur für Sie. ✓

5. Sehen Sie Ihren Gesprächspartner bei der Begrüßung freundlich an und lassen Sie ihn ausreden, wenn er spricht. Sprechen Sie ruhig und deutlich. Bedanken Sie sich am Ende für das Gespräch. ✓

19b **Was sollte man im Gespräch (nicht) machen? Schreiben Sie Sätze zu den Bildern.**

1

2

3

1 Man sollte ...

Wichtige Wörter

die Arbeitssuche, Sg.
die Bewerbung, -en
die Initiativbewerbung, -en
der Aushang, ¨-e
das Praktikum, Praktika
die Zeitarbeitsfirma, -firmen
der/die Bekannte, -en
teamfähig
fleißig
kreativ
ehrlich
geduldig
der Tourismus, Sg.
der Traum, ¨-e

A Stellenanzeigen lesen

die Stellenanzeige, -n
das Stellenangebot, -e
die Berufserfahrung, -en
die Bezahlung, Sg.
die Schichtarbeit, -en
in Teilzeit arbeiten
in Vollzeit arbeiten
eine feste Stelle
der Ausbildungsplatz, ¨-e
die Aushilfe, -n
der/die Personalberater/in, -/-nen
die Auskunft, ¨-e
die Bewerbungsunterlagen, Pl.
die Tätigkeit, -en
die Bedingung, -en
zusammen|arbeiten
die Eigenschaft, -en
zuverlässig
flexibel
belastbar
engagiert

B Der erste Kontakt

der Stundenlohn, ¨-e
der Arbeitsvertrag, ¨-e
die Überstunde, - n
vor allem
ob

C Die Bewerbung

der Lebenslauf, ¨-e
persönliche Daten
die Schulbildung, Sg.
die Weiterbildung, -en
das Diplom, -e
das Bewerbungsschreiben, -
das Bewerbungsfoto, -s
das Bewerbungsgespräch, -e
das Vorstellungsgespräch, -e
die Arbeitspause, -n
das Gehalt, ¨-er
die Teamarbeit, Sg.
die Fremdsprache, -n

1 Welche Verben passen? Verbinden Sie und schreiben Sie Sätze in Ihr Heft.

1 in Teilzeit
2 eine feste Stelle
3 Überstunden
4 ein Gehalt
5 sich um eine Stelle
6 einen Lebenslauf
7 die Bewerbungsunterlagen
8 mit Kollegen

A machen
B schicken
C schreiben
D haben
E arbeiten
F bewerben
G bekommen
H zusammenarbeiten

Ich arbeite seit zwei Jahren in …

2 Was passt zusammen? Es gibt mehrere Möglichkeiten. Ergänzen Sie die Nomen mit Artikel.

~~das Foto~~ • das Schreiben • das Angebot • die Erfahrung • das Gespräch • die Unterlagen (Pl.) • die Zeit • der Vertrag • die Suche • der Tag • die Schule • die Anzeige

1 Bewerbungs-: *das Bewerbungsfoto,* ……………

2 Arbeits-: ……………

3 Berufs-: ……………

4 Stellen-: ……………

3a Welche Wörter passen? Ergänzen Sie die Fragen.

Stress • Stelle • Schichtarbeit • Überstunden • Team

1 Wir arbeiten hier 24 Stunden am Tag. Haben Sie schon in …………… gearbeitet?

2 Sind Sie belastbar? Bleiben Sie in Situationen mit …………… ruhig?

3 Arbeiten Sie lieber im …………… oder alleine?

4 Sie sagen, Sie würden gern bei uns arbeiten. Warum ist die …………… für Sie interessant?

5 Können Sie am Abend auch länger bleiben und …………… machen?

3b Antworten Sie auf die Fragen in 3a. Schreiben Sie die Antworten in Ihr Heft.

Ja, ich habe schon in Schichtarbeit …

2.21

4 Wörter hören und nachsprechen. Hören Sie zu und sprechen Sie nach.

1 flexibel – teamfähig – engagiert – zuverlässig
2 die Zeitarbeitsfirma – die Initiativbewerbung – das Praktikum
3 die Schichtarbeit – die Überstunden – der Stundenlohn – der Arbeitsvertrag

10 Wichtige Wörter

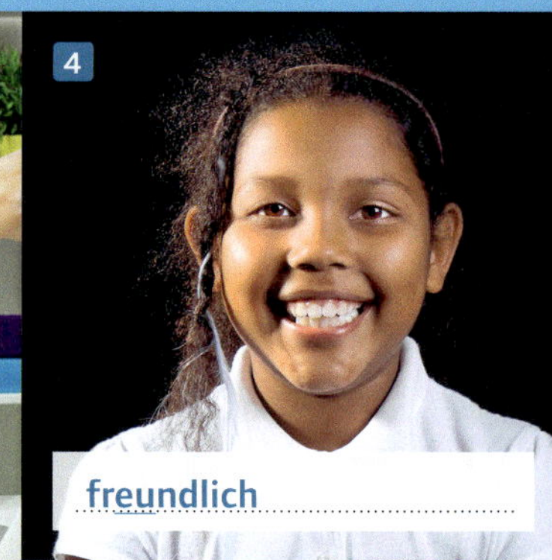

2.22 **5** **Ordnen Sie die Adjektive auf der Seite 130 zu. Hören Sie dann die Wörter und sprechen Sie nach.**

pünktlich • neugierig • kreativ • teamfähig • ordentlich • genervt • erschöpft

2.23 **6a** **Hören Sie und finden Sie die passende Person auf den Fotos. Zeigen Sie auf das Foto.**

2.23 **6b** **Hören Sie noch einmal. Reagieren Sie wie im Beispiel.**

Das ist diese Frau hier. Sie ist ordentlich.

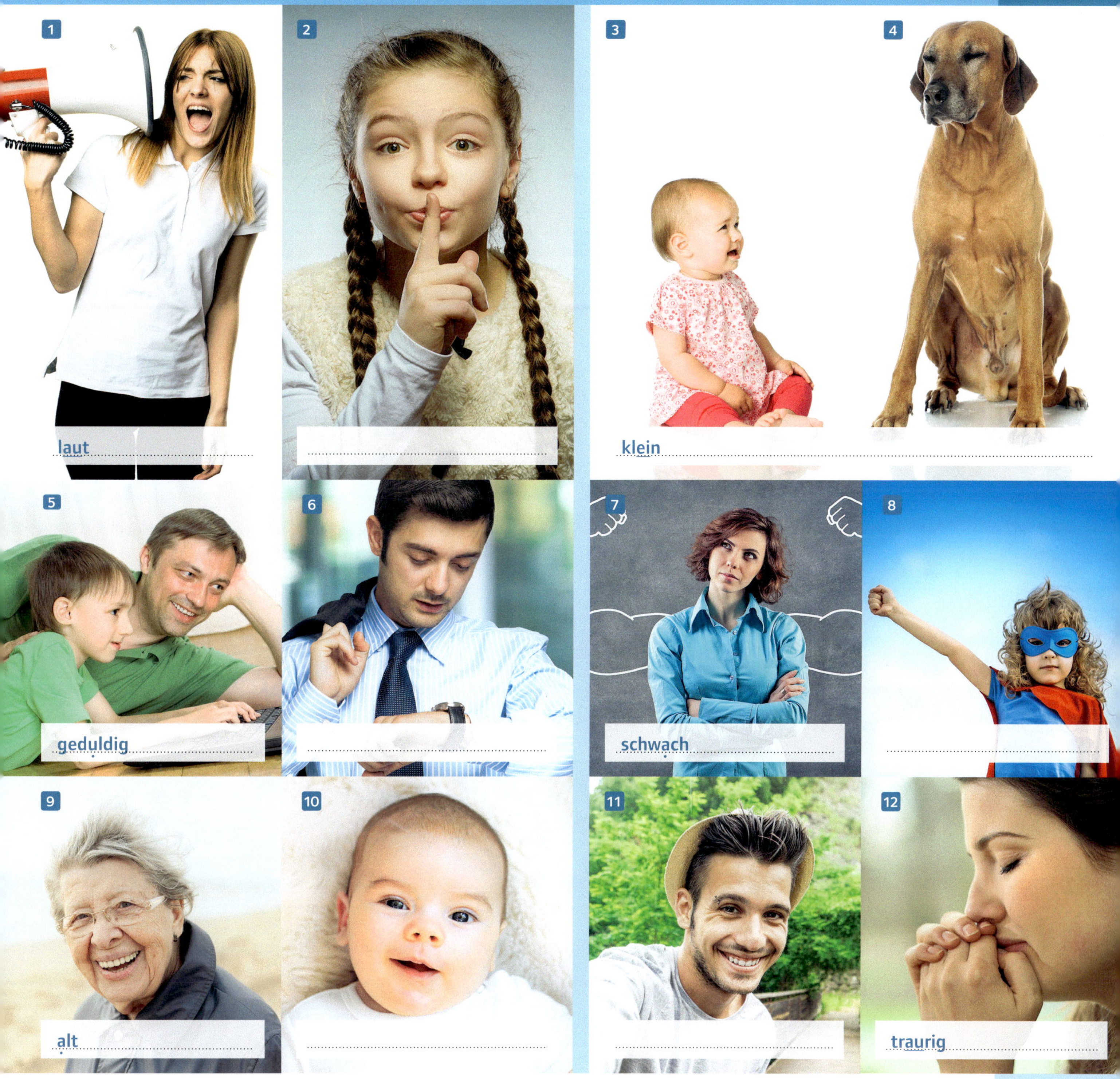

7 2.24 Gegenteile: Ergänzen Sie die Adjektive auf der Seite 131. Hören Sie dann die Wörter und sprechen Sie nach.

8 Arbeiten Sie zu zweit. Schreiben Sie drei Sätze mit Adjektiven über eine Person. Lesen Sie die Sätze vor, der/die andere rät die Person.

> *Meine Person ist pünktlich. Sie lacht viel und ist immer fröhlich. Sie ist auch sehr geduldig und hilft gerne anderen.*

> *Das ist Damir.*

11 Von Ort zu Ort

1a Eine Urlaubsreise machen. Ergänzen Sie die Verben.

besuchen • machen • packen • fliegen • fahren • einchecken • stehen

1 Herr und Frau Bounou sind am Flughafen. Sie wollen in ihre Heimat, nach Marokko, ... und Verwandte .... Sie .... gerade ....

2 Familie Schmitt .... die Koffer ins Auto. Sie .... eine Urlaubsreise. Sie .... nach Kroatien. Sie hoffen, dass sie nicht im Stau ....

1b Ergänzen Sie die Präpositionen *in*, *aus*, *nach* und *mit*.

1 Herr und Frau Ölmez kommen .... der Türkei. Sie wollen Verwandte besuchen und fliegen heute .... die Türkei.

2 Familie Schmitt fährt .... dem Auto. Sie wollen .... Kroatien Urlaub am Meer machen. Sie wollen .... Dubrovnik fahren und die Stadt besichtigen.

2.25

2a Interviews mit Reisenden. Hören Sie und kreuzen Sie an: Welche Bilder passen?

1 ☐

2 ☐

3 ☐

4 ☐

2.25

2b Hören Sie die Interviews noch einmal und beantworten Sie die Fragen in Ihrem Heft.

Interview 1
1 Wie lange hat die Reise gedauert?
2 Wer hat die Reise bezahlt?
3 Wie war das Hotel?

Interview 2
4 Seit wann lebt er in Österreich?
5 Was hat er gemacht?
6 Wie hat ihm die Reise gefallen?

3 Wiederholung: Perfekt. Ergänzen Sie die Verben im Perfekt.

Wir waren von Donnerstag bis Sonntag in Berlin. Wir .... in einem Hotel am Kurfürstendamm .... (wohnen). Die Reise .... uns gut .... (gefallen). Wir .... viele Museen .... (besichtigen) und eine Stadtrundfahrt .... (machen). Am Samstag .... wir nach Potsdam .... (fahren). Am Abend .... wir in einem Restaurant .... (essen). Es war eine tolle Reise. Am Freitagabend .... wir ins Konzert .... (gehen).

4 Meine letzte Reise. Schreiben Sie Sätze wie in Aufgabe 3 in Ihr Heft.

A Reisevorbereitungen

5a Urlaubsfotos. Was passt zusammen? Verbinden Sie und schreiben Sie Sätze.

die so voll war. • das so gemütlich war. • der nur am Vormittag geöffnet hatte. • das so sauber war. • die so freundlich waren. • der so viel weißen Sand gehabt hat.

1 Das ist der Strand, ……………………
2 Das sind die Nachbarn, ……………………
3 Das ist das Meer, ……………………
4 Das ist die Stadt, ……………………
5 Das ist der Markt, ……………………
6 Das ist das Café, ……………………

5b Ergänzen Sie *der, die, das* in den Relativsätzen.

1 Das ist das Lokal, ………… auch Fischspezialitäten gehabt hat.
2 Das ist der Kellner, ………… so nett war.
3 Das ist die Brieftasche, ………… ich im Urlaub verloren habe.
4 Das sind die Kinder, ………… immer vor dem Haus gespielt haben.
5 Das ist das Museum, ………… so interessant war.

6 Familie Hamudi ist neu in der Stadt. Schreiben Sie Relativsätze.

1 Familie Hamudi sucht einen Park. Der Park hat einen schönen Spielplatz.
Familie Hamudi sucht einen Park, …………………….
2 Frau Hamudi sucht ein nettes Café. Das Café liegt in der Nähe vom Spielplatz.
Frau Hamudi sucht ein nettes Café, …………………….
3 Familie Hamudi sucht einen Kindergarten. Der Kindergarten bietet Musikunterricht an.
Familie Hamudi sucht einen Kindergarten, …………………….
4 In der Stadt gibt es viele Geschäfte. Die Geschäfte gefallen der Familie gut.
In der Stadt gibt es viele Geschäfte, …………………….

7 Landeskundequiz. Schreiben Sie Relativsätze.

1 • *Kennst du* ....
(eine Stadt – ~~kennen~~ / in der Steiermark liegen)
• Ja, zum Beispiel Graz.

Graz

2 • *Kennst du* ....
(eine Stadt – ~~kennen~~ / an der Grenze zu Deutschland liegen)
• Ja, das ist Kufstein.

Kufstein

3 • *Wie* ....
(der Fluss – heißen / durch Wien fließen)
• Das ist die Donau.

die Donau

4 • *Wie* ....
(der See – heißen / bei Bregenz liegen)
• Das ist der Bodensee.

der Bodensee

8 Einen Flug buchen. Ordnen Sie und schreiben Sie den Dialog in Ihr Heft. Kontrollieren Sie dann mit der CD.

2.26

☐ Das ist gut. Den Flug können Sie für mich buchen. • ☐ Wann möchten Sie reisen? • ☐1 Grüß Gott, was kann ich für Sie tun? • ☐ In dieser Zeit gibt es viele günstige Angebote. Hier ist zum Beispiel ein Flug für 172 Euro. • ☐ Grüß Gott, ich möchte einen Flug nach Athen buchen. • ☐ Sehr gern. Sagen Sie mir bitte Ihren Namen. • ☐ Ich möchte am 2.10. von Wien abfliegen und am 5.10. zurückkommen.

9 Wiederholung: *sollen*. Schreiben Sie Sätze.

1 Ich möchte am 31.3. nach Rom fliegen. *Der Hinflug soll* ....
(der Hinflug – am 31.3. – sein – sollen)

2 Ich möchte eine günstige Unterkunft. ....
(die Unterkunft – nicht so viel – kosten – sollen)

3 Wir wollen in Wien abfliegen. ....
(der Abflugort – Wien – sein – sollen)

4 Ich möchte schnell nach Spanien kommen. ....
(die Reise – nicht so lange – dauern – sollen)

10 Im Reisebüro. Schreiben Sie einen Dialog.

einen Flug von Innsbruck nach Athen buchen • ....

Wann? • ....

Hinflug: 17.2.
Rückflug: 28.2. • ....

Angebot: Hinflug und Rückflug: 190 Euro • ....

ja/buchen • ....

11a Wiederholung: Verben mit Akkusativ. Unterstreichen Sie den Akkusativ.

1 Ich habe gestern ein Paket bekommen.
2 Hast du die Zeitschrift schon gelesen?
3 Ich suche die Flugtickets.
4 Heute braucht man keinen Regenschirm.
5 Im Urlaub trage ich gern das neue Kleid.
6 Ich muss noch eine Zahnbürste kaufen.

11b Wichtige Verben mit Akkusativ. Suchen Sie die Verben in den Sätzen 1-6 und machen Sie eine Liste.

Verben mit Akkusativ: bekommen …

12a Relativpronomen im Akkusativ. Ergänzen Sie *den*, *das* oder *die*.

1 Wo ist das Buch, ... ich immer am Abend im Bett lese?
2 Ist das hier der Schlüssel, ... die Nachbarn brauchen?
3 Wo ist die Kette, ... ich zum Geburtstag bekommen habe?
4 Wo sind die Handtücher, ... ich letzte Woche gekauft habe?
5 Hast du den blauen Regenschirm, ... ich suche?
6 Ich suche die Flugtickets, ... ich gestern gekauft habe.
7 Wo sind die Schuhe, ... ich gestern getragen habe?
8 Brauchst du die Zahnpasta, ... ich gestern gekauft habe?

12b Schreiben Sie Relativsätze.

1 Ich trage die Jacke immer im Garten.

Wo ist die Jacke, ...?

2 Ich habe unsere Pässe auf den Tisch gelegt.

Wo sind die Pässe, ...?

3 Ich habe das Paket gestern bekommen.

Wo ist das Paket, ...?

4 Ich habe den Rucksack für die Reise gekauft.

Wo ist der Rucksack, ...?

5 Die Badesachen sind im Kasten gelegen.

Wo sind die Badesachen, ...?

13 Ordnen Sie zu und schreiben Sie Relativsätze im Nominativ oder Akkusativ.

☐ Die Reisetasche hat viele Fächer. • ☐ Ihr Mann findet das Kleid hässlich. • ☐ Er will den Ring seiner Frau schenken. • ☐ Der Pullover ist warm. • ☐ Er kann die Geschenke in seine Heimat mitnehmen.

1 Herr Asmeron sucht Geschenke, ...

2 Frau Ivanova sucht einen Pullover, ...

3 Frau Marini gefällt ein Kleid, ...

4 Frau da Silva sucht eine Reisetasche, ...

5 Herr Bloch kauft einen Ring, ...

B Dialoge auf der Reise

14 Reisewörter. Was passt zusammen? Ergänzen Sie die Wörter in den Sätzen 1 und 2.

Pannen- • Auto- • Notruf- • Notruf- • Wagen- • Platz-

-zentrale • -säule • -reservierung • -nummer • -dienst • -panne

1 Wenn man auf der Autobahn eine .... hat, kann man mit dem Handy oder an einer .... die .... anrufen, die dann den .... schickt.

2 Bei Reisen mit dem Railjet ist es gut, wenn man eine .... hat. Der Sitzplatz und die .... stehen auf der Reservierung oder auf der Fahrkarte.

2.27

15 Platzreservierung. Ergänzen Sie den Dialog. Kontrollieren Sie dann mit der CD.

Oh, entschuldigen Sie bitte! • Nein, ich habe diesen Platz reserviert. Hier steht es: Platz 31 in Wagen 12. • Darf ich Sie kurz stören? Ich glaube, Sie sitzen auf meinem Platz.

- ....
- Das ist nicht möglich. Ich habe für diesen Platz eine Reservierung.
- ....
  ....
- Haben Sie Wagen 12 gesagt? Wir sind aber in Wagen 11.
- ....
- Das macht nichts. Das ist mir auch schon passiert.

2.28

16 Textkaraoke. Hören, lesen und sprechen Sie die -Rolle im Dialog.

…

Grüß Gott, mein Name ist … Ich habe eine Autopanne.

…

Ich bin auf der A1, Fahrtrichtung Linz. Auf der Notrufsäule steht Kilometer 18.

…

Es steht direkt neben der Notrufsäule.

…

C Reiseplanung

17 Die Stadt Graz. Ordnen Sie den Text.

- **A** ☐ kommen jedes Jahr nach Graz. Das Wahrzeichen
- **B** ☐ besuchen diese moderne Insel.
- **C** 1 Graz liegt in der Steiermark. Viele Touristen
- **D** ☐ der oben auf einem Berg liegt. Man kann mit einer kleinen
- **E** ☐ fließt ein Fluss, die Mur. Die Murinsel
- **F** ☐ von Graz ist der Uhrturm,
- **G** ☐ Bahn hinauf fahren oder man kann zu Fuß gehen. Durch die Stadt
- **H** ☐ ist eine wichtige Sehenswürdigkeit in Graz. Viele Touristen

18 Über etwas diskutieren. Was passt? Ordnen Sie zu.

Ich schlage vor, dass … • Ja, so machen wir es. • Das finde ich gut. • Ich denke, wir sollten … • Das finde ich nicht so gut. • Nein, ich möchte lieber … • Einverstanden. • Das ist eine gute Idee. • Ich finde es besser, wenn …

einen Vorschlag machen	zustimmen	ablehnen
....	....	....
....	....	....
	....	....
	....	

19 Eine Reise planen. Hören Sie und kreuzen Sie an: Welche Antwort passt?

2.29

1. A ☐ Nein, wir sollten lieber mit dem Auto fahren.
   B ☐ Der Zug fährt um 12:05 Uhr.
   C ☐ Wir haben keine Fahrkarten.
2. A ☐ Er kommt morgen aus dem Urlaub zurück.
   B ☐ Das dauert drei Tage.
   C ☐ Ich schlage vor, dass wir drei Tage Urlaub machen.
3. A ☐ Ich möchte lieber in die Schweiz.
   B ☐ In Salzburg ist Mozart geboren.
   C ☐ Pörtschach liegt in Österreich.
4. A ☐ Ich möchte lieber im Hotel übernachten.
   B ☐ Einverstanden.
   C ☐ Die Fahrkarten sind günstig.

20 Schreibtraining. Schreiben Sie den Brief richtig. Achten Sie auf Punkte, Kommas und die Groß- und Kleinschreibung.

, , , ...

Fehler +++ Fehler +++ Fehler

lieberhansjetztsindwirschonzweitagehierammeerdaswetteristfantastischundwirbadenjeden-tagamabendgehenwirineinkleinesrestaurantdasspezialitätenausderregionhatschadedassd-unichtmitkommenkonntestliebegrüßemurat

....

....

....

....

....

....

....

21a **Sehen Sie die Internetseite an. Was findet man wo? Markieren Sie wie im Beispiel auf der Internetseite.**

1 Hier kann man Fragen stellen und mit Kundenberatern sprechen.
2 Hier bekommt man Informationen, wie teuer ein Ticket ist und kann Fahrkarten kaufen.
3 Hier kann man das „Sparschiene-Ticket“ online kaufen.
4 Hier kann man etwas auf der Internetseite suchen.
5 Hier kann man die Sprache ändern.

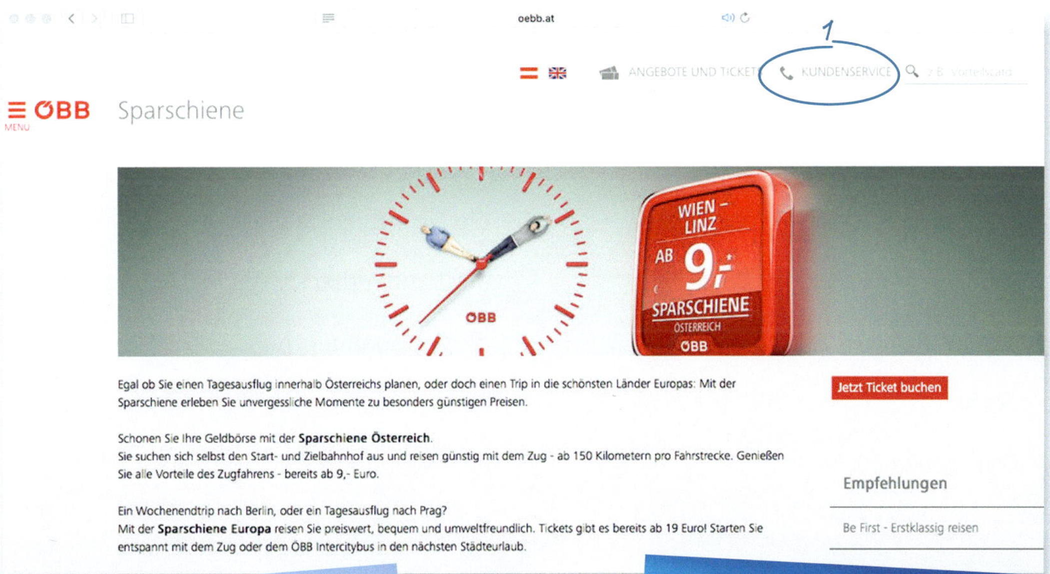

21b **Lesen Sie den Text und beantworten Sie die Fragen.**

1 Wie viel kostet ein „Sparschiene-Österreich-Ticket“?

....

2 Für welche Strecken kann man kein „Sparschiene-Ticket“ bekommen?

....

3 Mit welchem Ticket kann man bis Prag fahren?

....

Wichtige Wörter

die Geschäftsreise, -n

die Urlaubsreise, -n

der Stau, -s

einchecken

der/die Reisende,-n

die Kamera, -s

das Reisedokument, -e

die Brieftasche, -n

das Kiosk, -e

das Lokal, -e

A Reisevorbereitungen

die Reisezeit, Sg.

das Urlaubsfoto, -s

das Museum, Museen

der Strand, "-e

der Sand, Sg.

feiner Sand

für Kinder geeignet

der Campingplatz, "-e

die Wanderung,-en

der Flug, "-e

der Abflug, "-e

der Hinflug, "-e

der Rückflug, "-e

der Abflugort, -e

das Flugticket, -s

ab|fliegen

buchen

der Katalog, -e

der Rucksack, "-e

die Sonnencreme, -s

die Sonnenbrille, -n

die Badesachen , Pl.

die Batterie, -n

die Zahnbürste,-n

B Dialoge auf der Reise

der Autounfall, "-e

die Notrufsäule, -n

die Notrufzentrale, -n

der Pannendienst, -e

die Autopanne, -n

der Kilometer, -

der Wagen, -

Das macht nichts!

die Platzreservierung, -en

besetzt

C Reiseplanung

das Reiseziel, -e

das Ausflugsziel, -e

die Unterkunft, "-e

die Altstadt, Sg.

die Burg, -en

ideal

autofrei

überall

der Fahrradweg, -e

die Insel, -n

die Küste, -n

der Rundgang, "-e

baden	....	das Zelt, -e	....
der Ausweis, -e	....	vor⟩schlagen	....
der Schlafsack, ″-e	....	....	....
der Reiseführer, -	....	....	....
die Regensachen, Pl.	....	....	....

1 Welche Wörter passen zusammen? Ergänzen Sie die Tabelle wie im Beispiel.

buchen • der Abflug • ~~reisen~~ • reservieren • ~~der/die Reisende~~ • fliegen • der Vorschlag • das Flugzeug • die Buchung • ~~die Reise~~ • vorschlagen • der Flug • die Reservierung • abfliegen

Verben	Nomen
reisen	die Reise der/die Reisende

2 Welches Wort passt nicht? Streichen Sie durch.

1 die Insel – die Küste – der Strand – die Notrufsäule
2 das Flugticket – der Ausweis – die Regensachen – der Pass
3 der Pannendienst – die Platzreservierung – der Stau – der Autounfall
4 der Hinflug – der Rückflug – die Burg – das Flugticket

3a Was braucht man für die Reise? Finden Sie acht Wörter.

~~Aus~~ • Ka • Kof • Rei • Ruck • Schlaf • Ti • Zahn • bürs • cket • do • fer • ku • me • ment • ra • sack • sack • se • te • ~~weis~~

der *Ausweis* .... der .... der .... der ....

das .... das .... die .... die ....

3b Tipps für Radtouren. Ergänzen Sie Wörter aus 3a.

Ein .... ist bei einer Radtour praktischer als ein ....

Möchten Sie Fotos machen? Dann vergessen Sie Ihre .... nicht.

Wollen Sie in einem Zelt übernachten? Dann brauchen Sie auch einen ....

4 Wörter hören und nachsprechen. Hören Sie zu und sprechen Sie nach.

2.30

1 die Geschäftsreise – die Urlaubsreise – die Reisedokumente
2 der Autounfall – die Notrufzentrale – der Pannendienst
3 besetzt – geeignet – ideal - überall

Wichtige Wörter

5a **Welche Urlaubsaktivitäten sehen Sie? Ergänzen Sie.**

1 ....
2 Enten füttern
3 angeln
4 segeln
5 tauchen
6 ....
7 einen Drachen steigen lassen
8 ....
9 Holz hacken
10 ein Feuer machen
11 ....
12 sich sonnen
13 Volleyball spielen
14 ....
15 sich im Liegestuhl entspannen
16 in der Hängematte schlafen
17 ....
18 ein Zelt aufbauen
19 mit dem Hund spazieren gehen
20 ....
21 klettern
22 eine Burg besichtigen
23 ....
24 ....

2.31

5b **Hören Sie die Aktivitäten, zeigen Sie sie auf dem Bild und sprechen Sie nach.**

6 Was kann man wann gut machen? Was haben Sie schon gemacht? Sprechen Sie wie im Beispiel.

Im Sommer kann man gut im See baden.

Ich bin schon oft mit meiner Familie an den See gefahren.

7 Was machen Sie am liebsten im Urlaub? Ein Ratespiel. Spielen Sie zu zweit. Beide wählen fünf Aktivitäten aus und schreiben sie auf einen Zettel. Fragen und antworten Sie. Wer hat zuerst die fünf Aktivitäten erraten?

Ich glaube, du möchtest am liebsten ein Museum besuchen.

Nein, falsch. Jetzt bin ich dran. Ich glaube, du …

Ja, das ist richtig. Du darfst jetzt noch einmal fragen.

Station 3

1 Lesen Sie und ergänzen Sie in A–G.

✓ ✗

Ich kann auf Deutsch

☐ ☐ **A** sagen, wozu ich etwas mache.

1 Ich mache Sport, *damit* ……………

2 Ich mache den Deutschkurs, *damit* ……………

3 Ich höre jeden Morgen Radio, *damit* ……………

☐ ☐ **B** mich telefonisch für einen Kurs anmelden.

anmelden • interessiere • Termin • wie • Computerkurs • Name • kostet

- Grüß Gott, mein …………… ist Ana Cruz. Ich …………… mich für einen …………… . Wann ist denn der nächste …………… ?
- Die nächsten Kurse beginnen Anfang Mai.
- Was …………… ein Kurs und …………… kann ich mich …………… ?
- Der Preis ist 135 Euro. Die Anmeldung ist auch im Internet möglich.

☐ ☐ **C** Ratschläge geben.

1
- Meine Frau arbeitet zu viel.
- *Sie sollte mehr Sport machen.* ……………

2
- Ich kann nicht einschlafen.
- *Du* ……………

3
- Ich suche Arbeit.
- ……………

☐ ☐ **D** nach Informationen über ein Medikament fragen.

1
- *Wie oft muss ich die Tabletten nehmen?* ……………
- Dreimal am Tag.

2
- ……………
- Manchmal sind Kopfschmerzen möglich.

3
- ……………
- Nehmen Sie die Tabletten 14 Tage.

		✓	✗
E	**am Telefon nach Informationen über einen Arbeitsplatz fragen.**	☐	☐

- *Grüß Gott, ich habe Ihre* ....
  .... (ihre Stellenanzeige lesen, noch frei?)
- Ja, sie ist noch frei.
- .... (Arbeitszeiten?)
- Sie arbeiten Montag bis Freitag von 7 bis 15 Uhr.
- ....
  .... (fester Stundenlohn bekommen?)
- Das können wir hier in der Firma besprechen.

F **meinen Lebenslauf schreiben.** ☐ ☐

Lebenslauf

Schulbildung:

....

....

Berufsausbildung:

....

....

Berufserfahrung:

....

....

Kenntnisse:

....

....

G **mit anderen eine Reise planen.** ☐ ☐

- Ich schlage vor, dass wir nach Salzburg fahren.

🙂 .... 🙁 ....

- Fahren wir mit dem Zug?

🙂 .... 🙁 ....

2 **Kontrollieren Sie mit den Lösungen und markieren Sie ✓ für *kann ich* und ✗ *für kann ich nicht so gut*.**

Leseverstehen

Teil 3 **Lesen Sie den Text und die Aufgaben 1–5. Kreuzen Sie die richtige Lösung (A, B oder C) auf dem Antwortbogen (s. Einleger S. 17) an.**

Willkommen im Schwimmbad Stadtpark!
Wir freuen uns, dass Sie Ihre Freizeit in unserem Schwimmbad verbringen möchten. Die Kombination aus Hallen- und Freibad bietet Ihnen ein großes Indoor- und Outdoorbecken, ein Kinderbecken, eine Sauna, eine Liegewiese, einen Kinderspielplatz und einen Volleyballplatz.
Für viel Abwechslung zu jeder Jahreszeit ist also gesorgt!

Hausordnung
Kinder unter 6 Jahren und Nichtschwimmer dürfen das Schwimmbad nur in Begleitung eines Erwachsenen, der schwimmen kann, benutzen. Wir bitten Sie, Schulklassen und größere Gruppen (ab 15 Personen) spätestens einen Tag vor dem Besuch telefonisch oder per E-Mail anzumelden (0664/95 39 271, *www.schwimmbad-stadtpark.at*).

Öffnungszeiten und Eintrittspreise
Unser Schwimmbad ist für Sie täglich von 9 bis 21 Uhr geöffnet. In den Sommerferien von 8 bis 22 Uhr.
Für Erwachsene beträgt der Eintritt 6,80 Euro. 30 % Ermäßigung gibt es für Senioren, Studenten und Jugendliche bis 25 Jahre (4,80 €). Kinder von 6 bis 14 Jahren bezahlen 3,40 €. Für Kinder unter 6 Jahren ist der Eintritt frei.

Zu Ihrer Sicherheit
Alle Badegäste müssen die Anweisungen der Bademeister befolgen. Bitte helfen Sie, das Schwimmbad sauber zu halten. Werfen Sie keine Gegenstände ins Wasser und benutzen Sie die Mistkübel. Essen und Trinken ist im Bereich der Indoor-Schwimmbecken verboten. Bitte benutzen Sie dafür unsere Cafeteria. Im Freien ist Essen und Trinken gestattet.

Wir wünschen Ihnen einen angenehmen Aufenthalt in unserem Schwimmbad!

1 Im Schwimmbad …
- A kann man nur schwimmen.
- B kann man auch anderen Sport machen.
- C ist Ball spielen verboten

2 Nichtschwimmer …
- A müssen sich einen Tag vorher anmelden.
- B dürfen nicht alleine ins Schwimmbad.
- C bekommen einen gratis Schwimmkurs.

3 Das Schwimmbad …
- A ist das ganze Jahr geöffnet.
- B ist nur im Sommer geöffnet.
- C ist in den Sommerferien am Abend nicht geöffnet.

4 Ältere Kinder …
- A können das Schwimmbad gratis benutzen.
- B bezahlen den gleichen Preis wie Erwachsene.
- C bezahlen den halben Preis von Erwachsenen.

5 Im Schwimmbad …
- A ist Essen und Trinken verboten.
- B gibt es keine Cafeteria.
- C darf man in der Cafeteria und draußen essen und trinken.

Schreiben

Wählen Sie eine der beiden Aufgaben von dieser Seite (Thema 1 oder Thema 2) und schreiben Sie dazu einen Brief/ein E-Mail.

Thema 1

Sie haben morgen Geburtstag und haben deshalb in einem Restaurant einen Tisch für 15 Personen reserviert. Sie können nicht kommen. Sie rufen an, aber am Telefon meldet sich niemand. Es ist heute geschlossen. Schreiben Sie an das Restaurant, Besitzerin: Frau Margarete Nenning, ein kurzes E-Mail mit folgenden Punkten:

- Welcher Termin?
- Warum sagen Sie ab?
- Bitte um neuen Termin

Anrede und Grußformel nicht vergessen!

Thema 2

Ihre Tochter/Ihr Sohn hat morgen einen Ausflug mit der Schule. Sie/Er kann nicht mitkommen. Schreiben Sie der Lehrerin, Frau Andrea Schmid, eine kurze Entschuldigung mit folgendem Inhalt:

- Wann kommt sie/er nicht zum Ausflug mit?
- Warum kommt sie/er nicht mit?
- Wann ist sie/er wieder in der Schule?

Anrede und Grußformel nicht vergessen!

12 Treffpunkte

1 Sehen Sie die Fotos an und ergänzen Sie die Sätze.

schlecht • gut • einsam • ernst • wohl

1 Die Stimmung ist ....

2 Sie fühlt sich ....

3 Er sieht .... aus.

4 Die Stimmung ist ....

5 Sie fühlt sich ....

2 Auf dem Land und in der Stadt. Lesen Sie die Texte und kreuzen Sie an. Was ist richtig?

Ich wohne in einer Großstadt und ich habe viel Kontakt mit anderen Leuten. Meine Nachbarn kenne ich aber nicht so gut. Wir sagen nur „Grüß Gott", wenn wir uns sehen. Meine Freunde sind Kollegen aus dem Büro, und Leute, die ich von früher kenne. Ich sehe sie leider nicht mehr so oft. Meine Frau und ich haben auch noch andere Eltern kennengelernt. Unsere Kinder gehen zusammen in den Kindergarten. Am Wochenende unternehmen wir manchmal etwas zusammen.

Wiktor Fromin

1 ☐ Wiktor Fromin wohnt in der Stadt.
2 ☐ Er hat viel Kontakt mit seinen Nachbarn.
3 ☐ Er unternimmt oft etwas mit Arbeitskollegen.
4 ☐ Er hat keine Kinder.

Ich bin vor zwei Jahren von Graz in ein Dorf umgezogen. Es ist schön hier, aber es gibt auch ein Problem: Viele Menschen, die hier leben, kennen sich gut. Sie sind schon als Kinder zusammen in die Schule gegangen und sie unternehmen viel gemeinsam. Ich weiß noch nicht, wie ich sie kennenlernen kann. Im Moment habe ich nur Kontakt zu Leuten, die auch neu hier sind. Das ist schade.

Mauricio Costa

1 ☐ Mauricio Costa wohnt auf dem Land.
2 ☐ Er ist früher in dem Dorf in die Schule gegangen.
3 ☐ Er hat auf dem Land keine Kontakte.
4 ☐ Er will gerne Leute kennenlernen, die schon länger im Dorf wohnen.

A Ehrenamtlich arbeiten

3a **Im Nachbarschaftszentrum. Was passt? Ordnen Sie zu.**

das Nachbarschaftszentrum:

1 Kurse	A organisieren
2 Hausaufgabenhilfe	B arbeiten
3 bei Problemen	C helfen
4 interkulturell	D anbieten

die Besucher:

1 sich sozial	A lassen
2 Sport	B kommen
3 zu den Veranstaltungen	C engagieren
4 sich beraten	D kennenlernen
5 Leute	E machen

3b **Schreiben Sie Sätze mit den Wörtern aus 3a in Ihr Heft.**

4 **Kreuzworträtsel. Lesen Sie die Sätze und ergänzen Sie die Wörter im Rätsel. Sie finden die Wörter auf Seite 134 im Kursbuch.**

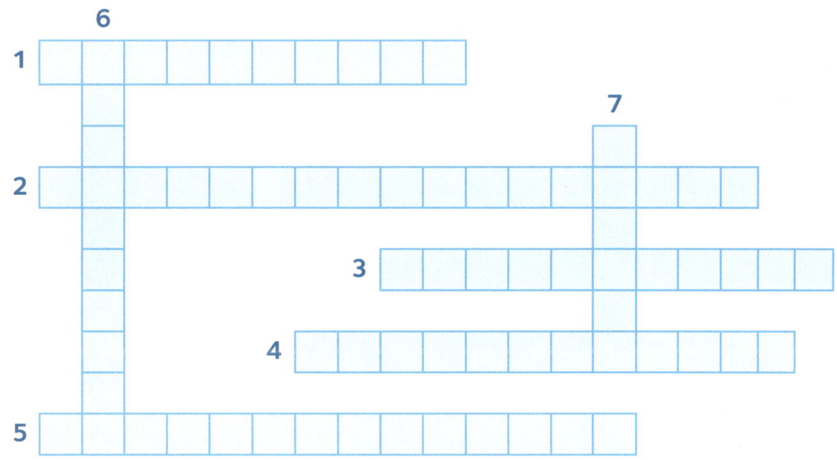

1 Wenn eine Person über 65 Jahre alt ist und aufhört zu arbeiten, ist sie …
2 Schüler können am Nachmittag im Nachbarschaftszentrum für die Schule lernen. Sie gehen zur …
3 Personen zwischen 14 und 18 Jahren sind …
4 In einer …. treffen sich Frauen und reden miteinander.
5 Ich habe ein Problem mit dem Vermieter und gehe zur …
6 Personen, die älter als 18 Jahre sind, sind …
7 Personen unter 14 Jahren sind …

5 Familie Schreiner. Ergänzen Sie die Verben in der richtigen Form.

wollen • besuchen • ~~gehen~~ • bekommen • brauchen • treffen • teilnehmen • anbieten

Magda Schreiner ist 71 Jahre alt, sie geht gern ins Nachbarschaftszentrum. Sie .... immer am Mittwoch am Seniorentreff .... Sie hat viele Informationen über die Kurse im Nachbarschaftszentrum .... und das Zentrum .... ihr oft Hilfe .... Manchmal .... sie Hilfe mit Formularen, weil sie nicht alles versteht. Dann geht sie zur Formularhilfe. Ihre Tochter Tatjana geht zur Internationalen Frauengruppe im Nachbarschaftszentrum. Die Gruppe .... sich immer am Dienstagabend. Tatjanas Mann Igor kommt aus Russland, er lebt erst seit drei Monaten in Österreich. Er lernt Deutsch und .... einen Deutschkurs. Wenn Igor besser Deutsch kann, ... er gern in die Theatergruppe gehen. In Russland hat er auch Theater gespielt.

B Vereine

2.32

6a Hören Sie die Interviews und kreuzen Sie an. Welche Vereine nennen die Personen?

2.32

6b Hören Sie noch einmal und kreuzen Sie an: Richtig oder falsch?

		R	F
1	Der Verein von Herrn Meier trifft sich nur im Jänner und Februar.	☐	☐
2	In seinem Verein gibt es nur Tanzgruppen für Kinder.	☐	☐
3	Das große Faschingsfest ist im Februar.	☐	☐
4	Frau Kandinsky kennt alle Vereinsmitglieder.	☐	☐
5	Frau Kandinsky macht Sport, damit sie keine Rückenschmerzen hat.	☐	☐
6	An der Gruppe von Frau Kandinsky nehmen Männer und Frauen teil.	☐	☐

7a Wiederholung: Zahlen. Ergänzen Sie und lesen Sie dann laut.

hunderttausend • zehn • eine Million • (ein)tausend • hundert Millionen • zehntausend • zehn Millionen • eine Milliarde • (ein)hundert

1 10	4 10 000	7 10 000 000 ....
2 100	5 100 000	8 100 000 000 ....
3 1 000	6 1 000 000	9 1 000 000 000 ....

2.33

7b Welche Zahl hören Sie? Hören Sie das Interview und kreuzen Sie an.

1 Österreich hat ungefähr ☐ 6 800 000 ☐ 8 600 000 Einwohner.
2 Wien hat mehr als ☐ 1 800 000 ☐ 180 000 Einwohner.
3 Etwa ☐ 26 000 ☐ 260 000 Menschen fahren jeden Tag nach Wien in die Arbeit.
4 Die Fußballvereine in Österreich haben ungefähr ☐ 590 000 ☐ 950 000 Mitglieder.
5 Es gibt mehr als ☐ 100 ☐ 1000 Frauenmannschaften in Österreich.
6 Im Ernst-Happel-Stadion in Wien gibt es mehr als ☐ 15 000 ☐ 50 000 Plätze.

8a Wiederholung: Relativsätze. Ergänzen Sie die Relativpronomen.

1 Menschen, ... sich in sozialen Vereinen engagieren, helfen anderen Menschen in schwierigen Situationen.

2 In Österreich gibt es viele Vereine, ... sehr aktiv sind.

3 In vielen Vereinen muss man einen Mitgliedsbeitrag zahlen, ... häufig nicht sehr hoch ist.

4 Die Vereinsmitglieder organisieren ein Fest, ... auch die Leute aus der Nachbarschaft besuchen können.

8b Verbinden Sie die Sätze.

1 Ulyana ist eine Schülerin. Sie hilft Frau Bauer.

Ulyana ist eine Schülerin, die ....

2 „Jugend aktiv" ist ein Projekt. Das Nachbarschaftszentrum bietet das Projekt an.

....

3 Der SK Rapid Wien ist ein Fußballverein. Viele Leute kennen den Verein.

....

4 Der Verein bietet Beratungen an. Die Beratungen sind für viele Menschen wichtig.

....

5 Das Nachbarschaftszentrum bietet viele Projekte an. Die Projekte sind ein Treffpunkt für die Nachbarn.

....

9 Ergänzen Sie die Relativpronomen mit den Präpositionen.

mit dem • in dem • für die • ohne das • zu dem

1 Das ist mein Freund Tim, ... ich zusammen im Fußballverein bin.

2 Das Handballspiel, ... wir gehen wollten, fällt leider aus.

3 Ich möchte Mitglied in einem Verein werden, ... ich Musik machen kann.

4 Fasching ist ein Fest, ... der Winter für mich langweilig ist.

5 Der Freundschaftsverein organisiert Veranstaltungen, ... ich mich interessiere.

10a Was passt zusammen? Ordnen Sie zu.

1 Die alte Frau ist meine Nachbarin,
2 Das ist meine Freundin,
3 Das ist der Bus,
4 Das ist der Markt,
5 Das ist die Schule,
6 Das sind die Lehrer,

A mit der ich auf Urlaub fahre.
B für die ich manchmal einkaufe.
C auf dem wir jeden Samstag einkaufen.
D von denen ich viel gelernt habe.
E in der ich die Matura gemacht habe.
F mit dem ich in die Arbeit fahre.

10b Schreiben Sie die Sätze aus 10a wie im Beispiel in Ihr Heft.

1. Die alte Frau ist meine Nachbarin. Ich kaufe für die Nachbarin manchmal ein.

11 Mariam erzählt. Relativsätze mit Präpositionen. Schreiben Sie die Sätze wie im Beispiel.

1 Die Firma Richter, für die ich arbeite, ist in Eisenstadt.

Ich arbeite für die Firma Richter. Die Firma ist in Eisenstadt.

2 Meine Kollegen, mit denen ich gut zusammen arbeite, sind alle sehr nett.

....

3 Die Kantine, in der ich zu Mittag esse, hat auch eine Terrasse.

....

4 Der Termin, zu dem auch meine Kollegen aus Innsbruck kommen, findet am Freitag statt.

....

5 Der Zug, mit dem ich jeden Morgen in die Arbeit fahre, hat selten Verspätung.

....

6 Der Tanzkurs, an dem ich teilnehme, fällt morgen aus.

....

12 Mitglied in einem Verein sein. Lesen Sie den Text und ergänzen Sie die Sätze.

Heide Jordan

Ich bin seit 15 Jahren Mitglied im Basketballverein. Ich habe mit 13 angefangen, denn meine Freundin Anna wollte Basketball spielen. Ich habe dann auch sehr gern gespielt und ich war viele Jahre im Verein sehr aktiv. Jetzt habe ich leider nicht mehr so viel Zeit. Ich habe einen Sohn und ich arbeite wieder. Meine freie Zeit will ich mit meiner Familie verbringen. Aber ich bleibe Mitglied im Verein, weil ich da viele Freunde habe. Natürlich nehme ich immer an den Vereinsfesten teil und ich organisiere sie auch zusammen mit den anderen.

1 Heide Jordan ist als Jugendliche Mitglied im Basketballverein geworden, weil

....

2 Sie ist jetzt nicht mehr so aktiv, weil ....

3 Sie bleibt im Verein, weil ....

13 Was ist …? Ergänzen Sie die Relativsätze.

1 Was ist ein Sportverein? Man macht Sport in dem Verein.

Ein Sportverein ist ein Verein, *in dem man Sport macht* .

2 Was ist ein Theaterverein? Man spielt Theater in dem Verein.

Ein Theaterverein ist ein Verein, ...

3 Was ist ein Vereinsfest? Der Verein organisiert das Fest.

Ein Vereinsfest ist ein Fest, ...

4 Was ist „Jugend hilft"? Junge Leute können sich in dem Projekt engagieren.

„Jugend hilft" ist ein Projekt, ...

5 Was ist eine ehrenamtliche Arbeit? Man bekommt kein Geld für die Arbeit.

Eine ehrenamtliche Arbeit ist eine Arbeit, ...

6 Was ist der Singkreis? Die Leute aus der Nachbarschaft singen zusammen in der Gruppe.

Der Singkreis ist eine Gruppe, ...

14 Sind Sie Mitglied in einem Verein? Möchten Sie Mitglied werden? Schreiben Sie fünf Sätze über sich oder Ihre Familie in Ihr Heft.

C Telefonieren

15 Telefonanrufe. Ergänzen Sie die Dialoge.

belegt • verwählt • Durchwahl • Ursache • falsch verbunden • verbinden

1
- Guten Tag, mein Name ist Strohmayer. Können Sie mich mit Frau Hackl ....?
- Tut mir leid, Frau Hackl kommt heute erst um 13.00 Uhr.
- Könnten Sie mir bitte die .... von Frau Hackl geben?

2
- Ist da nicht das Bezirksamt?
- Nein, hier ist das Standesamt. Sie sind ....
- Entschuldigen Sie bitte die Störung, dann habe ich mich ....
- Keine ....

3
- Alle Leitungen sind zurzeit .... Bitte legen Sie nicht auf.
- Oh, nein.

2.34

16 Textkaraoke. Hören, lesen und sprechen Sie die 👄-Rolle im Dialog.

👂 …

👄 Grüß Gott, mein Name ist… Können Sie mir bitte sagen, wie viel ein Stand auf dem Straßenfest kostet?

👂 …

👄 Können Sie mich bitte verbinden?

👂 …

👄 Wie ist die Durchwahl?

👂 …

👄 255, vielen Dank, auf Wiederhören.

👂 …

17 Schreibtraining. Vereine. Welche Wörter schreibt man groß? Ergänzen Sie die Satzzeichen. Schreiben Sie den Text richtig in Ihr Heft.

Fehler +++ Fehler +++ Fehler

, , , , ...

in österreich gibt es viele vereine in denen sehr viele menschen aktiv sind man findet sportvereine oder kulturvereine aber auch soziale vereine die menschen in schwierigen situationen helfen wenn man zum beispiel fußball spielen möchte kann man sich in einem fußballverein anmelden dann bezahlt man einen mitgliedsbeitrag und kann am vereinsleben teilnehmen

18a Lesen Sie den Text und ergänzen Sie die Beitrittserklärung.

Elias Verne spielt Trompete und möchte gern mit anderen zusammen Musik machen. Er möchte Mitglied im Musikverein werden. Er kommt aus Frankreich und spricht noch nicht so gut Deutsch.
Elias Verne ist am 23. Mai 1984 geboren. Er wohnt in 9813 Möllbrücke, in der Hauptstraße 14. Er hat ein Konto bei der Volksbank. Die IBAN ist AT18 6539 0120 0000 0027 und der BIC ist VBOEATWW.

Beitrittserklärung

☐ Ja, ich werde Mitglied im Musikverein Möllbrücke 1980 e.V.

Name: ....

Geburtsdatum: ....

Straße: ....

PLZ, Ort: ....

☐ aktives Mitglied, Instrument: ....

☐ passives Mitglied

Kündigung ist ohne Kündigungsfrist zum jeweiligen Kalenderjahresende möglich.

Der Jahresbeitrag beträgt derzeit 30,00 Euro pro Kalenderjahr.

Einzugsermächtigung:
Mit dem Einziehungsauftrag des Jahresbeitrags bin ich einverstanden.

Bank: ....

IBAN: ....

BIC: ....

Datum, Unterschrift: 3.10.2017, Elias Verne

18b Lesen Sie die Beitrittserklärung noch einmal und beantworten Sie die Fragen.

1 Wie viel muss Herr Verne pro Monat bezahlen?
2 Ist Herr Verne aktives oder passives Mitglied?
3 Wann endet die Mitgliedschaft, wenn Herr Verne heute kündigt?

Wichtige Wörter

lachen ....

lächeln ....

Sport treiben ....

ernst ....

A Ehrenamtlich arbeiten

ehrenamtlich ....

freiwillig ....

sich engagieren ....

das Nachbarschaftszentrum, -zentren ....

der Verein, -e ....

gemeinnützig ....

lebendig ....

der/die Bewohner/in, -/-nen ....

der/die Jugendliche, -n ....

der/die Erwachsene, -n ....

die Veranstaltung, -en ....

die Begegnung, -en ....

der Austausch, Sg. ....

sozial ....

die Hausaufgabenhilfe, -n ....

die Theatergruppe, -n ....

die Rechtsberatung, Sg. ....

die Frauengruppe, -n ....

die Lohnsteuerhilfe, Sg. ....

die Jugend, Sg. ....

der/die Pensionist/in, -en/-nen ....

B Vereine

der Turnverein, -e ....

der Fußballverein, -e ....

der Kleingartenverein, -e ....

das Vereinsleben, Sg. ....

der Sportverein, -e ....

der Freundschaftsverein, -e ....

das Mitglied, -er ....

der Mitgliedsbeitrag, ″-e ....

sich ein|setzen für ....

die Gerechtigkeit, Sg. ....

die Solidarität, Sg. ....

die Beratung, -en ....

C Telefonieren

der/die Anrufer/in, -/-nen ....

die Telefonzentrale, -n ....

verbinden ....

falsch verbunden ....

die Durchwahl, -en ....

etwas aus|richten ....

eine Nachricht hinterlassen ....

zurück|rufen ....

sich verwählen ....

zurzeit ....

belegt ....

auf|legen ....

die Störung, -en ....

Keine Ursache! ....

zuständig sein ....

der Stand, ″-e ....

die Autoanmeldung, -en	....	die Strafe, -n	....
das Gewerbeamt, ¨-er	....	die Abrechnung, -en	....
das Bezirksamt, ¨-er	....	aus⌇ziehen	....
der Verkehrsverbund, ¨-e	....	....	....
die Stadtwerke, Pl.	....	....	....
die Monatskarte, -n	....	....	....

1a Was passt zusammen? Ordnen Sie zu.

1 eine Strafe
2 die Durchwahl
3 die Störung
4 Mitglied
5 eine Veranstaltung

A entschuldigen
B geben
C werden
D organisieren
E bezahlen

1b Lesen Sie die Kombinationen laut. Schreiben Sie dann Sätze mit den Wörtern.

Mitglied in einem Verein sein
Feste organisieren
Beratungen anbieten
einen Mitgliedsbeitrag zahlen
sich im Verein anmelden
in schwierigen Situationen helfen
an Angeboten teilnehmen
sich für soziale Gerechtigkeit einsetzen

2 Was ist das? Ergänzen Sie die Sätze.

~~Mit~~ • Haus • Te • ~~glieds~~ • auf • tra • le •
ga • ben • hil • ~~bei~~ • fon • zen • ~~trag~~ • le • fe

1 Das muss man bezahlen, wenn man in einem Verein ist: der *Mitgliedsbeitrag*.
2 Wenn Kinder in der Schule etwas nicht verstanden haben, können sie zur .... gehen.
3 Wenn man bei einer Behörde anruft, dann kommt man meistens zur ....

3 Wörter hören und nachsprechen. Hören Sie zu und sprechen Sie nach.

2.35

1 organisieren – sich engagieren – sich beraten lassen
2 der Verein – die Veranstaltung – das Mitglied – der Mitgliedsbeitrag
3 freiwillig – ehrenamtlich – unterschiedlich
4 die Autoanmeldung - das Bezirksamt - die Stadtverwaltung

12 Wichtige Wörter

4 **Ordnen Sie die Wörter den Fotos zu.**

der Fußballverein • der Gesangsverein • der Faschingsverein • der Kleingartenverein • der Turnverein

2.36 **5** **Hören Sie die Wörter und sprechen Sie nach.**

6 **Welcher Verein passt zu den Personen? Ordnen Sie zu.**

1 ☐ Frau Ganbold interessiert sich für Malerei und Kunst.
2 ☐ Familie Horak isst gerne frisches Gemüse aus dem eigenen Garten.
3 ☐ Herr Kryst fährt viel Fahrrad und will gerne an einem Radrennen teilnehmen.
4 ☐ Frau Teneggi ist in ihrer Freizeit gerne in den Bergen.
5 ☐ Herr Lauritzen interessiert sich für alte Dampflokomotiven.
6 ☐ Frau Moro möchte sich gerne für Tiere engagieren, die keinen Besitzer haben.
7 ☐ Frau Rajna liest gerne und interessiert sich für klassische Literatur.

7 Was macht man in den Vereinen? Ordnen Sie die Tätigkeiten zu und schreiben Sie Sätze.

Schach spielen • gemeinsam singen • zusammen Gymnastik machen • Kunst ansehen • wandern gehen • Fußball spielen • gemeinsam trainieren • segeln gehen • zusammen lesen • über Literatur reden • Tauben züchten • Menschen in schwierigen Situationen helfen • Tieren helfen • die Umwelt schützen • im eigenen Garten arbeiten • zusammen rudern • angeln • sich verkleiden • zusammen feiern • malen • …

8 In welchem Verein würden Sie gerne Mitglied sein? Berichten Sie im Kurs.

Ich würde gern Mitglied im Schachclub sein, weil ich gern Schach spiele.

Ich würde gern Mitglied im Fußballverein sein. Ich möchte gern mehr Sport machen.

13 Banken und Versicherungen

1 Wiederholung: Wichtige Wörter zum Thema Bank. Ergänzen Sie die Wörter.

1 Der K _ nt _ _ _ sz _ g zeigt, wieviel Geld man auf dem K _ nt _ hat.

2 Ist hier ein B _ nk _ m _ t in der Nähe? Ich brauche 200 Euro.

3 Ich will Geld an den Handballverein _ b _ rw _ _ s _ n, aber ich habe keine B _ nkv _ rb _ nd _ ng.

2a Was passt? Ergänzen Sie die passenden Verben.

~~einzahlen~~ • machen • eröffnen • anlegen • wechseln • holen • beantragen • überweisen • machen • abheben

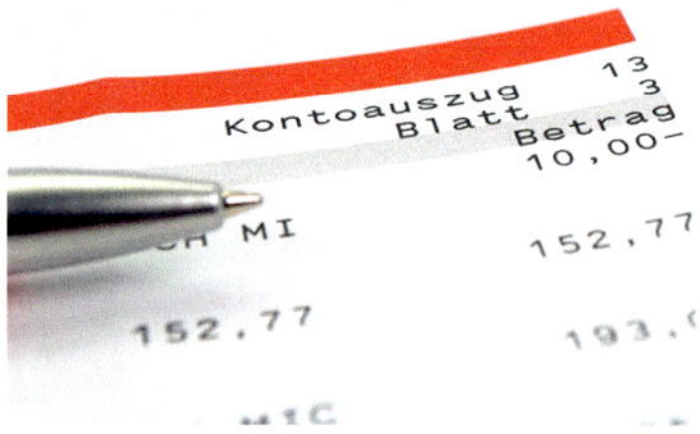

1 eine Überweisung ……………………

2 ein Konto ……………………

3 Kontoauszüge ……………………

4 einen Kredit ……………………

5 eine Online-Überweisung ……………………

6 Geld *einzahlen*, ……………, ……………, ……………, ……………

2b Lesen Sie die Sätze und ergänzen Sie Verben aus 2a.

1 Sara …………… Geld am Schalter ……, weil der Bankomat kaputt ist.

2 Sie kann jeden Monat 300 Euro an ihre Mutter ……………, weil sie gut verdient.

3 Wartest du kurz auf mich? Ich …………… noch schnell die Kontoauszüge von der Bank.

4 Guten Tag, ich möchte bei Ihrer Bank gerne ein Konto …………….

5 Wir wollen ein Haus bauen und …………… jetzt einen Kredit bei der Bank.

3 Wiederholung: Perfekt. Ergänzen Sie das Partizip.

- Joel, warst du bei der Bank und hast du das Geld für Tina ……………? (überweisen)
- Das konnte ich nicht machen. Wir haben nicht genug Geld auf dem Konto.
- Aber hast du nicht vor drei Tagen 500 € ……………? (einzahlen)
- Doch, aber ich habe gestern wieder 150 € ……………. Ich musste die Autoreparatur bezahlen. (abheben)
- Ach ja, das habe ich ……………. (vergessen)

A Auf der Bank

2.37 **4a** **Was möchte Frau Koch machen? Hören Sie den Dialog und kreuzen Sie an.**

1 ☐ sich über Bankgebühren informieren **2** ☐ ein Konto eröffnen

2.37 **4b** **Hören Sie noch einmal und kreuzen Sie an: Richtig oder falsch?**

		R	F
1	Frau Koch möchte für Freunde ein Geschäftskonto eröffnen.	☐	☐
2	Ihre Freunde brauchen das Konto für ihr Gehalt.	☐	☐
3	Das Konto *Giro extra* kostet 4 Euro im Monat.	☐	☐
4	Frau Koch eröffnet das Konto sofort.	☐	☐

2.38 **5a** **Ein Gespräch auf der Bank. Ergänzen Sie den Dialog und kontrollieren Sie mit der CD.**

Vielen Dank für Ihre Hilfe. • In Ordnung. Muss mein Mann mitkommen, wenn ich das Formular wieder abgebe? • Grüß Gott, ich habe bei Ihnen ein Girokonto und mein Mann braucht jetzt auch eine Bankomatkarte für das Konto. • Moment… das ist AT 07 50010060 02544330.

• Was kann ich für Sie tun?

……………………………………………

……………………………………………

• Wie ist Ihre IBAN?

……………………………………………

……………………………………………

• Vielen Dank. Bitte füllen Sie dieses Formular aus. Ihr Mann und Sie müssen beide unterschreiben.

……………………………………………

……………………………………………

• Nein, das muss nicht sein. Wenn Sie das Formular abgegeben haben, dauert es 10 bis 14 Tage bis die Bankomatkarte da ist.

……………………………………………

……………………………………………

2.38 **5b** **Hören, lesen und sprechen Sie die -Rolle im Dialog.**

6a Wiederholung: Verben mit Präpositionen. Welche Präposition ist richtig? Markieren Sie.

1	sich ärgern	von (über) zu
2	sich bewerben	um an zu
3	denken	auf für an
4	sich interessieren	für bei an
5	sprechen	über auf an
6	warten	über auf zu
7	sich freuen	auf an um
8	teilnehmen	für zu an
9	träumen	an für von
10	sich informieren	über auf von

6b Die neue Wohnung. Lesen Sie den Text und ergänzen Sie die Präpositionen.

Anita und Markus interessieren sich .... einen Kredit, denn sie wollen eine Wohnung kaufen. Am Montag haben sie mit dem Bankberater .... den Kredit gesprochen. Jetzt warten sie .... den Bescheid, ob sie den Kredit bekommen. Wenn Sie den Kredit nicht bekommen, dann ärgern sie sich .... den Bankberater. Aber wenn sie den Kredit bekommen, dann freuen sie sich .... die neue Wohnung.

7a Fragewörter bei Verben mit Präpositionen. Lesen Sie die Antworten und markieren Sie die Person mit einer geraden Linie und die Sache mit Punkten.

1. Ich freue mich *auf meinen Geburtstag*.
2. Sie wartet *auf ihren Freund*.
3. Er wartet *auf den Bus*.
4. Sie sprechen *mit dem Bankberater*.
5. Er nimmt *an einem Deutschkurs* teil.
6. Viele Menschen engagieren sich *für soziale Vereine*.
7. Dieses Buch ist interessant *für den Deutschkurs*.
8. Ich habe mich sehr *über meinen Chef* geärgert.
9. Ich habe heute Nacht *von dir* geträumt.
10. Er träumt *von einem schönen Urlaub*.
11. Sie denkt *an ihre Arbeit*.
12. Sie interessiert sich *für klassische Musik*.

7b Schreiben Sie Fragen zu den Sätzen aus 7a in Ihr Heft.

1 *Worauf freust du dich?*

2 *Auf wen wartet sie?*

8 Fragen über Samir. Schreiben Sie Antworten zu den Fragen in Ihr Heft.

die Geburtstagsparty • das Auto • seine Familie • das Wochenende • seine Kollegen

1 Mit wem fährt Samir in die Arbeit?
2 Womit fährt er in die Arbeit?
3 Für wen kauft er im Supermarkt ein?
4 Wofür kauft Samir im Supermarkt ein?
5 Wozu lädt er seine Freunde ein?

1 Er fährt mit ...

Samir, 36 Jahre

B Versicherungen

9 Welche Versicherung hilft? Ordnen Sie zu.

A Rechtsschutzversicherung
B Krankenversicherung
C Haushaltsversicherung
D Haftpflichtversicherung

1 ☐ Herr Schwabe hat starke Zahnschmerzen. Er geht zum Zahnarzt.
2 ☐ Ich habe Probleme mit meinem Vermieter und brauche einen Rechtsanwalt.
3 ☐ Frau Weber hat eine teure Lampe von ihrer Nachbarin kaputt gemacht.
4 ☐ Aus der Waschmaschine von Familie Müller ist Wasser in die Wohnung gelaufen. Jetzt sind viele Möbel kaputt.

2.39

10a Anruf bei der Versicherung. Ordnen Sie den Dialog. Kontrollieren Sie dann mit der CD.

- [1] Grüß Gott, Innsbrucker Versicherung, Weber, was kann ich für Sie tun?
- ☐ Vielen Dank, die Sache erledigt unsere Schadensabteilung für Sie. Wenn wir noch Fragen haben, rufen wir Sie an.
- ☐ Wie ist Ihre Versicherungsnummer?
- ☐ Können Sie mir auch den Namen, die Adresse und die Telefonnummer von Ihrem Nachbarn sagen?
- ☐ Und das Auto von Ihrem Nachbarn hat jetzt einen Schaden?

- ☐ Das ist die 0749876.
- ☐ Vielen Dank, auf Wiederhören.
- ☐ Er heißt Markus Berg und wohnt in der Kreuzgasse 40 in 6020 Innsbruck, die Telefonnummer ist die 0512 4711 665.
- [2] Ich möchte eine Schadensmeldung machen. Ich bin mit meinem Auto gegen das Auto von meinem Nachbarn gefahren.
- ☐ Ja, vorne an der Autotür rechts.

10b Suchen Sie im Dialog in 10a Komposita. Welche Wörter finden Sie? Schreiben Sie sie wie im Beispiel in Ihr Heft.

die Schadensmeldung = der Schaden + die Meldung

11a Komposita. Was ist das? Schreiben Sie wie im Beispiel.

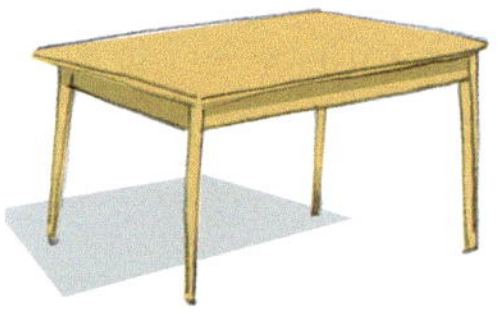

1 der Tisch + die Decke
die Tischdecke

4 .... + n + ...
....

2 .... + ...
....

5 .... + ...
....

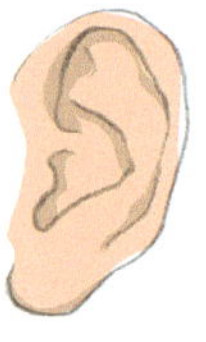

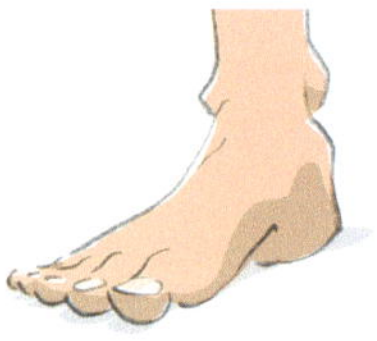

3 .... + ...
....

6 .... + ...
....

11b Wiederholung: Relativsätze. Was bedeuten die Wörter aus 11a? Schreiben Sie Relativsätze wie im Beispiel in Ihr Heft.

Man schreibt die Karte oft aus dem Urlaub. • Man trägt den Ring am Ohr. • ~~Man legt die Decke auf den Tisch.~~ • Kinder bekommen das Geld von ihren Eltern. • Zwei Teams spielen mit dem Ball. • Man kocht die Suppe aus Gemüse.

Eine Tischdecke ist eine Decke, die man auf den Tisch legt.

12 Ordnen Sie zu und schreiben Sie Relativsätze wie in 11b.

1 das Schigebiet
2 die Autowerkstatt
3 das Ärztehaus
4 das Arbeitszimmer
5 der Tanzkurs
6 das Adressbuch
7 die Arbeitskollegin

A An dem Ort arbeiten viele Ärzte.
B Mit dieser Person arbeitet man zusammen.
C In dem Zimmer arbeitet man.
D In dem Gebiet kann man Schi fahren.
E In dem Kurs lernt man tanzen.
F An dem Ort lässt man sein Auto reparieren.
G In dem Buch stehen viele Adressen.

C Kaufen und reklamieren

13 **Lesen Sie den Prospekt. Beschreiben Sie die Vorteile und Nachteile von den Kaffeemaschinen. Ergänzen Sie die Sätze.**

1 Der Vorteil von der Kaffeemaschine .... ist, dass ....

....

2 Ich finde gut, dass ....

3 Die Kaffeemaschine .... hat den Nachteil, dass ....

4 Wenn man wenig Geld hat, ist die ....

5 Schlecht ist, dass ....

14 **Was sagt der Kunde? Ergänzen Sie den Dialog. Schreiben Sie Sätze mit den Wörtern im Schüttelkasten.**

sehr teuer • sich für eine Digitalkamera interessieren • die Digitalkamera nehmen • wie lange Garantie?

- Grüß Gott, kann ich Ihnen helfen?
- Guten Tag, ...
- Wir haben gerade diese Digitalkamera im Angebot, für 459 €.
- ....
- Dann haben wir noch diese Kamera für 199,99 €. Die ist auch gut und günstiger.
- ....
- Die Kamera hat zwei Jahre Garantie.
- ....

15 Reklamation. Lesen Sie den Brief und beantworten Sie die Fragen.

Pamasun – Kamera KG
Schlossallee 44
1140 Wien

19.06.2017

Reparatur Digitalkamera *DMC*

Sehr geehrte Damen und Herren,

ich habe die Digitalkamera *DMC* am 25.04. in Ihrem Online-Shop gekauft.
Ich war mit der Kamera immer sehr zufrieden und habe sie vorsichtig behandelt. Seit einigen Tagen funktioniert sie nicht richtig, sie speichert keine Fotos mehr. Die Kamera hat noch acht Monate Garantie und ich schicke Sie Ihnen zurück, damit Sie sie kontrollieren und reparieren.
Die Rechnung und den Garantieschein schicke ich als Kopie mit.
Können Sie mich bitte informieren, wie lange die Reparatur dauert und ob sie kostenlos ist?

Mit freundlichen Grüßen
Karl Schneider

1 Welches Problem gibt es mit der Kamera?
2 Wie lange hat die Kamera noch Garantie?
3 Welche Kopien schickt Herr Schneider an die Firma?
4 Was möchte Herr Schneider von der Firma wissen?

16a Schreibtraining. Bringen Sie den Brief in die richtige Reihenfolge.

- [1] Sehr geehrte Damen und Herren,
- [ ] reparieren oder eine neue Mikrowelle
- [ ] funktioniert sie jetzt nicht mehr. Sie startet, aber
- [ ] schicken? Ich schicke Ihnen auch den
- [ ] vor sechs Monaten habe ich bei Ihnen die
- [ ] das Essen wird nicht mehr heiß. Können Sie die Mikrowelle bitte
- [ ] Mit freundlichen Grüßen
- [ ] Jochen Schott
- [ ] Mikrowelle *Panason X3* gekauft. Leider
- [ ] Garantieschein und die Rechnung als Kopie mit.

16b Schreiben Sie einen Reklamationsbrief in Ihr Heft.

Rasierapparat *Super* • vor vier Monaten gekauft • funktioniert nicht mehr • Bitte um Reparatur

Sehr geehrte Damen und Herren,

17a **Elektronische Geräte. Lesen Sie die Texte und ordnen Sie die Fotos zu. Zwei Fotos passen nicht.**

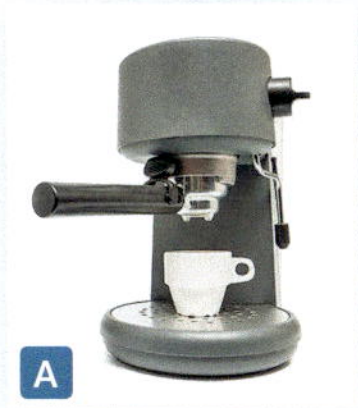
A

B

C

D

E

www.erfahrungsberichte.at

Eure Erfahrungsberichte über elektronische Geräte

‹vorheriges Thema | nächstes Thema›

Andy
heute, 20.19

Ich habe diesen Fernseher vor vier Wochen gekauft und ich bin nicht zufrieden. Ich finde, dass die Tonqualität nicht gut ist. Die Bedienung ist aber einfach und praktisch. Ich kann das Gerät Leuten empfehlen, für die die Bildqualität wichtiger als der Ton ist.

Diesen Erfahrungsbericht fanden **13** Mitglieder hilfreich.

SuMa
heute, 17.12

Die Maschine ist 84,7 cm x 60 cm x 59 cm groß und wiegt ca. 70 kg, das ist ziemlich schwer. Der Vorteil ist, dass die Bedienung kinderleicht ist. Man muss nur darauf achten, dass man die Maschine nicht zu voll macht. Besonders gut finde ich das Intensiv-Programm, denn so wird auch unsere Kinderkleidung wieder richtig sauber. Es gibt auch ein Programm für Bügelwäsche. Ein großer Vorteil ist auch, dass sie nicht laut ist. Also, es ist wirklich eine sehr gute Maschine.

Diesen Erfahrungsbericht fanden **63** Mitglieder hilfreich.

Aminata
heute, 11.07

Diese Espressomaschine passt in jede moderne Küche. Sie sieht sehr schick aus. Menschen, die gern und oft Kaffee trinken, kann ich diese Maschine nur empfehlen. Ich habe für die Maschine 249 Euro bezahlt. Der Kaffee ist sehr heiß und schmeckt fantastisch. Der Nachteil von der Maschine ist, dass sie nicht genug Schaum macht. Das ist schade.

Diesen Erfahrungsbericht fanden **17** Mitglieder hilfreich.

17b **Was sind die Vorteile und Nachteile von den Geräten? Lesen Sie noch einmal und markieren Sie die Vorteile in Grün und die Nachteile in Rot. Ergänzen Sie dann die Tabelle.**

	Vorteile	Nachteile
Fernseher		
Waschmaschine		
Espressomaschine		

Wichtige Wörter

die Bank, -en ....
die Versicherung, -en ....
ein⌇zahlen ....
ab⌇heben ....
überweisen ....
wechseln ....
die Überweisung, -en ....
der Schalter, - ....
das Konto, Konten ....
eröffnen ....
an⌇legen ....
beantragen ....
die Online-Überweisung,-en ....

A Auf der Bank

die Kontogebühr, -en ....
die Zinsen, meistens Pl. ....
der Dauerauftrag, "- e ....
die Bankomatkarte, -en ....
die Geheimnummer, -n ....
das Girokonto, -konten ....
das Online-Banking, Sg. ....
der Bankberater, - ....
das Privatkonto, -konten ....
das Geschäftskonto, -konten ....
der PIN-Code, -s ....
kostenlos ....
bargeldlos ....
die Zahlung, -en ....

B Versicherungen

die Pensionsversicherung, -en ....
die Krankenversicherung, -en ....
die Kfz-Versicherung, -en ....
die Rechtsschutz-versicherung, -en ....
die Haftpflichtversicherung, -en ....
die Haushaltsversicherung, -en ....
kümmern (sich) ....
der Rechtsanwalt, "-e ....
überlegen (sich) ....
der Schaden, "- ....
ab⌇schließen ....
der Schutz ....
der Tarif, -e ....
der Gebrauchtwagen, - ....

C Kaufen und reklamieren

die Garantie, Sg. ....
der Vorteil, -e ....
der Nachteil, -e ....
die Reklamation, -en ....
reklamieren ....
der Staubsauger, - ....
der Rasierapparat, -e ....
der Garantieschein, -e ....
die Rechnung, -en ....
reparieren ....
prüfen ....

1a Ordnen Sie zu und lesen Sie die Komposita laut.

1 der Bank
2 der Garantie
3 der Rechts
4 die Pensions
5 der Dauer
6 das Geschäfts

A anwalt
B versicherung
C berater
D schein
E auftrag
F konto

1b Schreiben Sie mit den Komposita aus 1a Sätze wie im Beispiel.

1 Ich habe morgen einen Termin beim Bankberater.

2 Welches Verb passt? Markieren Sie.

1 ein Konto	abschließen – überweisen – machen – eröffnen
2 Geld	wechseln – bauen – verkaufen – eröffnen
3 die Geheimnummer	abheben – eröffnen – eingeben – verkaufen
4 eine Versicherung	überweisen – abheben – abschließen – machen
5 die Rechnung	kaufen – verkaufen – zeigen – eröffnen
6 einen Schaden	wechseln – melden – eröffnen – abschließen
7 eine Überweisung	eröffnen – überweisen – abschließen – machen

3 Banken und Versicherungen. Sammeln Sie Wörter.

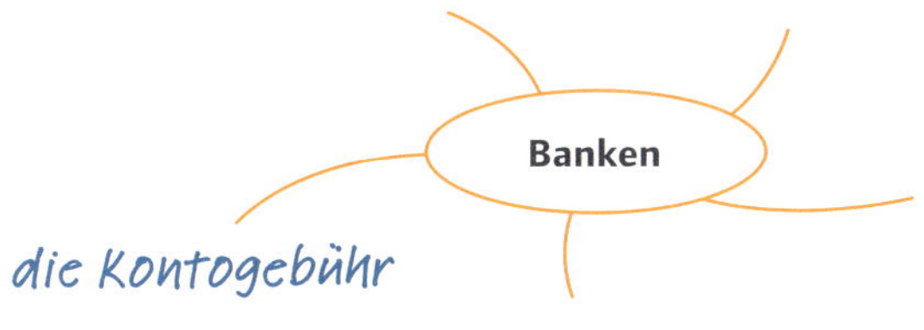

4 Wörter hören und nachsprechen. Hören Sie zu und sprechen Sie nach.

2.40

1 die Haftpflichtversicherung – die Haushaltsversicherung – die Rechtsschutzversicherung
2 der Neuwagen – der Gebrauchtwagen – der Kleinwagen – der Familienwagen
3 das Online-Banking – der Dauerauftrag – die Kontogebühren – das Girokonto

Wichtige Wörter

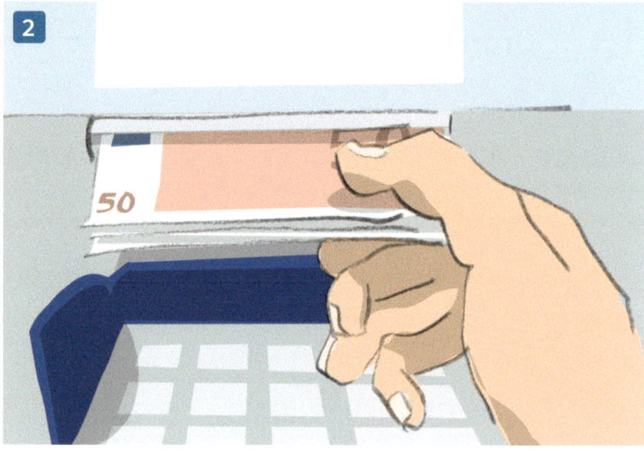

2.41 **5a** **Wie hebt man Geld am Bankomaten ab? Hören Sie den Dialog und ordnen Sie zu.**

die Geheimzahl eingeben • den Betrag auswählen • die Karte entnehmen • die Karte in den Bankomaten stecken • den Betrag bestätigen • das Geld entnehmen

2.42 **5b** **Hören Sie und sprechen Sie nach.**

5c **Erklären Sie, wie man Geld vom Bankomaten abhebt.**

Zuerst muss man ...

1

2
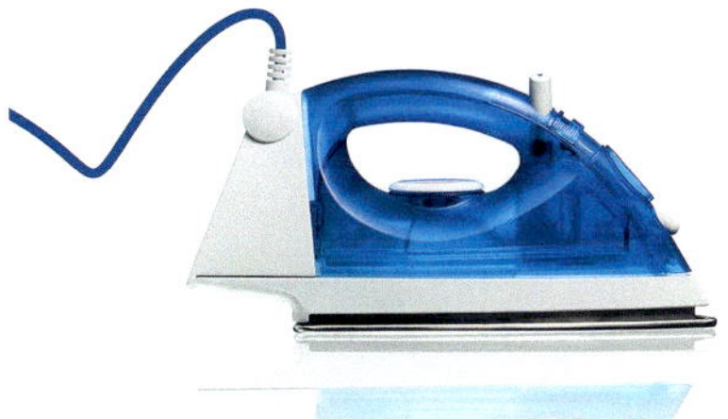
das Bügeleisen, -

3

der Wäschetrockner, -

4

die Nähmaschine, -n

5
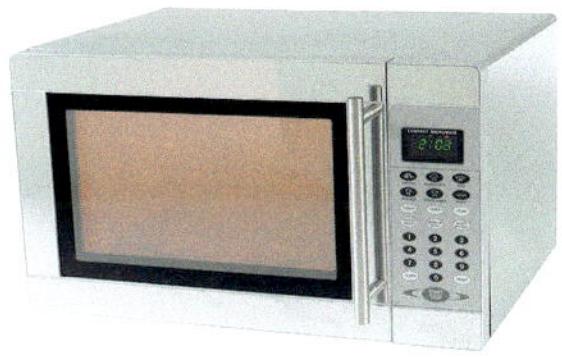

6

7

8

der Föhn, -e

9

10
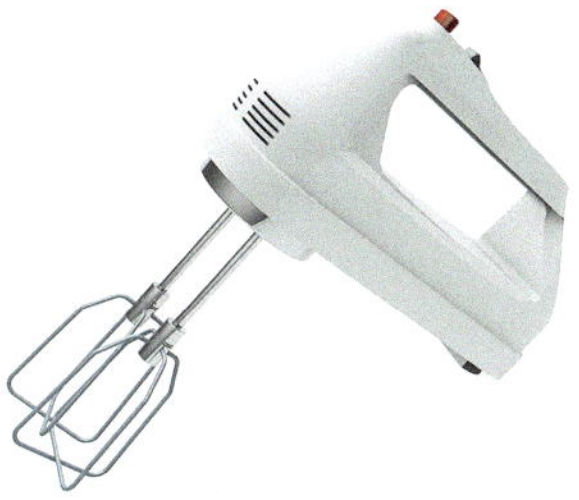
das Rührgerät, -e

11

12

der Wasserkocher, -

6 Haushaltsgeräte. Ergänzen Sie die Wörter mit Artikel.

2.43 **7** Hören Sie die Wörter und sprechen Sie nach.

8 Wofür braucht man diese Geräte? Was macht man mit ihnen? Fragen und antworten Sie wie im Beispiel.

Essen heiß machen • die Wäsche bügeln • die Wohnung / das Haus saugen • Kleidung nähen • Lebensmittel frisch halten • das Geschirr spülen • Essen kochen • Wäsche trocknen • Haare trocknen • verschiedene Lebensmittel mischen • Wasser heiß machen • sich rasieren

Wofür braucht man eine Mikrowelle?

In einer Mikrowelle macht man Essen heiß.

Was macht man mit einem Staubsauger?

14 Freunde und Bekannte

1 **Kreuzworträtsel. Ergänzen Sie die Wörter. Wie heißt das Lösungswort?**

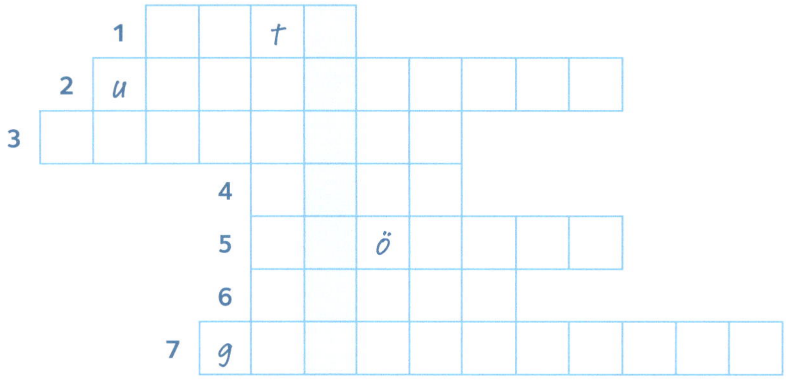

1 Ich mag meine Kollegen. Ich finde sie …
2 In der Pause … ich mich viel mit meinen Kolleginnen und Kollegen.
3 Ich kann meinem Freund alles erzählen. Ich … ihm.
4 Wenn man mit einer Person befreundet ist, dann spricht man meistens informell mit dieser Person. Man sagt *du*: Man … diese Person.
5 Wenn es mir schlecht geht, … meine Freundin mich.
6 Wenn man eine Person noch nicht kennt, dann spricht man formell mit dieser Person. Man sagt *Sie*: Man … diese Person.
7 Er hilft mir und ich helfe ihm. Wir helfen uns …

Lösungswort: Wenn ich .... bin, helfen mir meine Freunde.

A Was ist Freundschaft?

2.44 **2a** **Zwei Freundschaften. Welche Fotos passen? Hören Sie und kreuzen Sie an.**

2.44 **2b** **Hören Sie die Interviews noch einmal kreuzen Sie an: Richtig oder falsch?**

		R	F
1	Die Freundinnen Anika und Pia interessieren sich für Fußball.	☐	☐
2	Sie sehen mit ihrem Partner Fußballspiele im Fernsehen an.	☐	☐
3	Sie ärgern sich lange, wenn ihre Mannschaft verliert.	☐	☐
4	Die beiden Freunde Michi und Martin haben sich im Sommer kennengelernt.	☐	☐
5	Martin ist nicht sicher, ob er sich auf Michi verlassen kann.	☐	☐
6	Martin hat mit Michi viel über seine Freundin gesprochen.	☐	☐

3a Was passt zusammen? Ordnen Sie zu.

1 etwas gemeinsam
2 gemeinsam durch dick und dünn
3 sich auf einen Freund
4 sich über einen Freund
5 gute/schlechte Erinnerungen
6 einen Freund bei großen und kleinen Sorgen
7 einen Freund

A gehen
B trösten
C unterstützen
D erleben
E haben
F ärgern
G verlassen

3b Schreiben Sie drei Sätze über gute Freunde mit den Wörtern aus 3a.

4a Wiederholung: Verben mit Präpositionen. Was ist richtig? Markieren Sie.

1	sich engagieren	für	an	über
2	telefonieren	auf	von	mit
3	sich verlassen	auf	über	für
4	sich ärgern	auf	über	an
5	sich freuen	über	von	bei
6	sich freuen	bei	auf	von
7	träumen	an	von	für
8	denken	bei	auf	an

4b Schreiben Sie Sätze mit den Verben aus 4a in Ihr Heft.

1. Mein Freund engagiert sich für einen Verein.

5 Wiederholung: Fragewörter für Sachen und für Personen. Ordnen Sie zu.

1 Worauf wartest du?
2 Worüber ärgerst du dich?
3 Wovon träumst du?
4 Auf wen wartest du?
5 Von wem träumt Niko?
6 Über wen sprecht ihr?
7 Über wen ärgerst du dich?
8 Worüber habt ihr gestern gesprochen?

A Auf Johanna. Sie kommt gleich.
B Über die letzte Urlaubsreise. Wir haben uns Fotos angeschaut.
C Über Martin. Er ist schon zwei Wochen krank.
D Auf den Anruf von meinen Eltern.
E Über meinen Job. Ich habe zu viel Stress.
F Über Markus. Wir haben uns gestritten.
G Vom Urlaub. Ich habe gerade so viel Stress.
H Bestimmt von seiner Freundin. Sie sind erst zwei Wochen zusammen.

6 **Wiederholung: Fragewörter. Über Freunde sprechen. Schreiben Sie Fragen zu den Antworten in Ihr Heft.**

1 Auf meinen Freund Florian. Auf ihn kann ich mich immer verlassen.

2 Florian und ich träumen von einer Weltreise. Wir wollen nach der Matura zuerst eimal eine lange Reise machen.

3 Mit meiner Freundin Katja. Mit ihr kann ich über alles sprechen: über meine Probleme, über Bücher, …

4 Mein Freund Luis interessiert sich für Sport, genauso wie ich.

5 Streiten? Naja, eigentlich nur über Musik. Luis hört gern Hard Rock. Das finde ich furchtbar.

6 Wir lachen oft über die gleichen Dinge.

1. Auf wen kannst du dich verlassen?

7 **Lesen Sie die Sätze. Was bedeuten die Wörter? Ergänzen Sie.**

1 Der Urlaub mit meinen Freunden war wunderschön. Ich träume immer noch davon.

davon = vom schönen Urlaub

2 Wir haben uns Fahrräder geliehen und sind damit drei Wochen durch die Alpen gefahren.

damit = ……………………

3 Ich habe eine schlechte Erinnerung an den Urlaub. Aber darüber möchte ich nicht sprechen.

darüber = ……………………

4 Gestern haben wir uns wieder getroffen und haben eine Fahrradtour in Spanien geplant. Wir freuen uns schon sehr darauf.

darauf = ……………………

5 Der Urlaub am Bodensee war sehr entspannend. Ich denke gern daran.

daran = ……………………

6 Mein Freund hat für den nächsten Urlaub ein Hotel gebucht. Das Hotel ist aber sehr teuer und nicht schön. Wir haben lange darüber diskutiert.

darüber = ……………………

7 Ich denke ans Wochenende. Darauf freue ich mich schon.

darauf = ……………………

8 Lesen Sie die Texte und ergänzen Sie: *daran, darauf* oder *darüber*.

www.lustige-geschichten.at

Worüber haben Sie das letzte Mal gelacht?

vorheriges Thema | nächstes Thema

Anuk

Ich habe das letzte Mal heute Morgen gelacht. Ich habe von meinem Freund ein sehr großes Paket bekommen und in dem Paket war ein kleines Päckchen mit einem Ring! .... habe ich mich sehr gefreut!

Saskia

Gestern habe ich eine Komödie über Frauen, Männer und Fußball gesehen. .... muss ich jetzt noch lachen, wenn ich .... denke. Heute Abend wollen wir uns den Film noch einmal ansehen. .... freue ich mich jetzt schon.

Kari-ann

Gelacht? Ich habe mich geärgert! Mein Zug hatte schon wieder eine Stunde Verspätung! .... ärgere ich mich jedes Mal.

Jascha

Über meine Freundin. Sie hat mich gestern angerufen und erzählt, dass sie ihre Badesachen zu Hause vergessen hat, sie hat nicht .... gedacht. Sie ist auf Urlaub – am Meer! Sie hat sich sehr .... geärgert und ich habe .... gelacht.

9 Schreiben Sie die Sätze wie im Beispiel.

1 In zwei Wochen fahre ich auf Urlaub. (oft denken an)

In zwei Wochen fahre ich auf Urlaub. Daran denke ich oft.

2 Ich möchte sehr gut Klavier spielen können. (schon lange träumen von)

....

3 Ich habe mich heute wieder mit meinem Chef gestritten. (sich oft ärgern über)

....

4 Rosana ist eine sehr nette Kollegin. (sich in der Pause unterhalten mit)

....

5 Meine Freundin heiratet in vier Wochen. (viel sprechen über)

....

6 Alexander ist immer unpünktlich. (immer warten auf)

....

B Eine Freundschaftsgeschichte

10a Eine Geschichte erzählen. Ordnen Sie die Textteile.

A ☐ Markus ist auch ausgestiegen und hat sich ein Plakat von einem Konzert angeschaut.

B ☐ Er war sehr müde und hat nicht gut aufgepasst. Plötzlich ist der Zug abgefahren und Markus war ohne Tasche und ohne Brieftasche auf dem Bahnsteig.

C 1 Markus ist Ingenieur und ist beruflich viel unterwegs. Letzten Freitag musste er lange arbeiten und konnte erst spät am Abend wieder von Güssing nach Hause fahren.

D ☐ Es war schon halb eins und der Bahnhof war leer. Markus hat im ganzen Bahnhof gesucht, aber er hat keinen Menschen gefunden.

E ☐ In Eisenstadt hat sein Zug einen langen Aufenthalt gehabt, weil ein Signal ein technisches Problem gehabt hat. Alle Fahrgäste konnten aussteigen.

F ☐ Die Bahnhofsrestaurants und Geschäfte waren geschlossen und es war sehr kalt. Was konnte er tun? Er war total kaputt.

10b Wie geht die Geschichte weiter? Ordnen Sie die Bilder.

10c Schreiben Sie das Ende der Geschichte. Die Wörter helfen.

glücklicherweise • Smartphone in der Tasche haben • ein Freund • in der Nähe von Eisenstadt • Nummer herausfinden • anrufen • die Frau von seinem Freund • am Telefon sein • unfreundlich sein • mit dem Auto abholen • sich auf seinen Freund verlassen können

Markus hatte glücklicherweise …

2.45

11a Gute Freunde. Welche Fotos passen? Hören Sie und kreuzen Sie an.

1 ☐

2 ☐

3 ☐

4 ☐

5 ☐

6 ☐

2.45

11b Hören Sie die Interviews noch einmal. Was ist richtig? Kreuzen Sie an.

1 Frau Schmidt kennt ihre Freundinnen
- **A** ☐ seit mehr als 10 Jahren.
- **B** ☐ seit mehr als 60 Jahren.
- **C** ☐ seit mehr als 70 Jahren.

2 Sie treffen sich jeden Mittwoch
- **A** ☐ in einer Schule.
- **B** ☐ in einem Kaffeehaus.
- **C** ☐ bei ihr zu Hause.

3 Sie sprechen über
- **A** ☐ die Familie.
- **B** ☐ das Essen.
- **C** ☐ über Konzerte und Ausstellungen.

4 Lukas hat letztes Jahr
- **A** ☐ gute Noten in Englisch gehabt.
- **B** ☐ keinen Freund in der Schule gehabt.
- **C** ☐ Probleme in der Schule gehabt.

5 Ferhad
- **A** ☐ findet Schule nicht so wichtig.
- **B** ☐ wollte Lukas nicht helfen.
- **C** ☐ hat ihm die Meinung gesagt.

6 Ferhad und Lukas
- **A** ☐ sehen sich fast jeden Tag.
- **B** ☐ spielen zusammen Basketball.
- **C** ☐ treffen sich nur in der Woche.

C Gedanken zur Freundschaft

12 Freunde mit 17 und mit 70. Zwei Elfchen. Ergänzen Sie die Gedichte.

immer zusammen • zusammen schaffen wir alles • Energie und Spaß • 50 Jahre • so viele gemeinsame Erinnerungen • Familie, Kinder, Enkel

17

Freunde

....

....

....

Perfekt!

70

Freunde

....

........, ..., ...

....

Wunderbar!

13 Elfchen „auf dem Kopf". Schreiben Sie ein Gedicht über Ihren Sprachkurs.

Sprachkurs

....

....

....

....

14 Schreibtraining. Im E-Mail sind 8 Fehler: Einige Verben stehen nicht an der richtigen Position. Korrigieren Sie und schreiben Sie das E-Mail richtig in Ihr Heft.

Fehler +++ Fehler +++ Fehler

Lieber Reza,

gerade habe ich deine Nachricht bekommen. Bist du wirklich für zwei Wochen in Graz? Das ich finde toll. Ich würde dich wiedersehen sehr gerne. Wie geht es dir und deiner Familie? Du immer noch hast deine Stelle in Salzburg?

Bei mir ist alles in Ordnung. Meine Frau jetzt macht einen Deutschkurs und die Kinder sind in der Schule. Sie haben schon gelernt sehr viel Deutsch. Erinnerst du dich noch an unseren gemeinsamen Deutschkurs? Ich gerne daran denke. Es war anstrengend, aber es hat auch gemacht Spaß. Wann kannst kommen du zu uns, damit wir uns mal wieder gemütlich unterhalten können? Sag Bescheid, meine Handynummer ist die 0664 55 123 98 675.

Ich freue mich schon auf dich!

Liebe Grüße
Javid

Lieber Reza,
gerade habe ich deine Nachricht bekommen.

15a **Über welche Themen sprechen Sie mit Ihren Freunden und Bekannten häufig? Sammeln Sie drei Themen.**

....

....

....

15b **Lesen Sie die Statistik und ergänzen Sie die Sätze.**

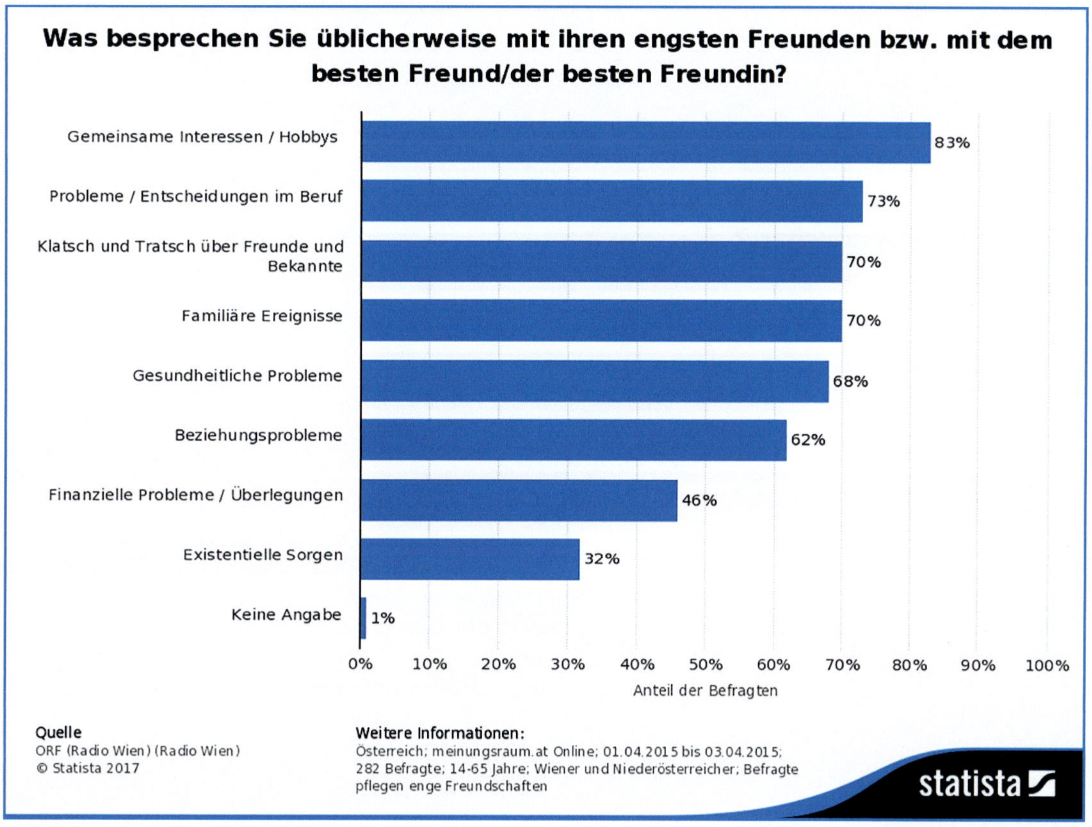

1 Österreicher sprechen weniger über .... als über finanzielle Probleme.

2 Österreicher sprechen über .... ein bisschen weniger als über gesundheitliche Probleme.

3 Österreicher sprechen über .... genauso viel wie über Freunde und Bekannte.

4 Die Themen .... stehen an erster Stelle.

15c **Vergleichen Sie Ihre Themen mit den Themen in der Statistik. Schreiben Sie Sätze und vergleichen Sie im Kurs.**

Die Österreicher sprechen mehr über … als ich.
Das Thema … ist für Österreicher wichtiger als für mich.
Ich finde interessant, dass Österreicher mehr über … sprechen als über …
Für mich ist … ein wichtiges Thema, darüber sprechen die Österreicher auch/ nicht.

Wichtige Wörter

die Freundschaft, -en ....
duzen ....
siezen ....
trösten ....
sich gegenseitig helfen ....
gegenseitig ....
vertrauen ....
befreundet sein ....
sich verstehen ....

A Was ist Freundschaft?

sich verlassen auf ....
glücklich ....
gemeinsam ....
das Erlebnis, -se ....
die Erinnerung, -en ....
gute/schlechte Erinnerungen haben ....
kaputt gehen ....
der Erfolg, -e ....
die Webseite, -n ....
sich verabreden ....
unternehmen ....
das Privatleben, Sg. ....
durch dick und dünn gehen ....
die Politik, Sg. ....

B Eine Freundschaftsgeschichte

die Überraschung, -en ....
dorthin ....
der Aufenthalt, -e ....
der Bahnsteig, -e ....
die Brieftasche, -n ....
vermissen ....
intelligent ....
traurig ....
zufrieden ....
eifersüchtig ....
das Interesse, –n ....
mindestens ....
merken ....
sich erinnern ....
teilen ....
der Humor, Sg. ....
das Gegenteil, -e ....

C Gedanken zur Freundschaft

der Gedanke, -n ....
zusammenhalten ....
zusammen ....
weinen ....
lachen ....
die Liebe, Sg. ....
die Wärme, Sg. ....
blühen ....
Blumen blühen ....
trennen ....
das Gedicht, -e ....
das Lied, -er ....

....
....
....

1a Wie heißt das Nomen zu diesen Verben? Suchen Sie in der Wortliste und ergänzen Sie.

Verb	Nomen
überraschen	*die Überraschung, -en*
denken	
sich erinnern	
etwas erleben	
sich interessieren	

1b Schreiben Sie mit den Wörtern aus 1a Sätze wie im Beispiel.

Dein Besuch ist eine tolle Überraschung.

2 Welche Wörter sind das? Ordnen Sie zu.

merken • vertrauen • trennen • vermissen • sich verabreden • weinen

1 Man ist traurig, dass eine Person oder eine Sache nicht da ist: *seine Freunde ~ , seine Heimat ~*

2 einen Termin ausmachen, an dem man sich treffen möchte: ~ *für das Kino*

3 Tränen in den Augen haben, weil man traurig ist oder Schmerzen hat: *~, weil man zum Beispiel hingefallen ist*

4 denken, dass jemand zuverlässig ist: *einem Freund voll und ganz ~*

5 das Gegenteil von zusammenbringen: *Das Präfix vom Verb ~*

6 etwas sehen und verstehen: *~ ,dass ein Freund traurig ist.*

3 Gegenteile in der Wortliste finden. Ergänzen Sie die Gegenteile.

1 fröhlich ≠ ……

2 weinen ≠ ……

3 allein ≠ ……

4 die Kälte ≠ ……

5 gute Erinnerungen ≠ ……

6 das Gleiche ≠ ……

2.46

4 Wörter hören und nachsprechen. Hören Sie zu und sprechen Sie nach.

1 traurig – eifersüchtig – glücklich – zufrieden
2 sich erinnern – sich verabreden – etwas erleben – sich interessieren
3 der Gedanke – der Erfolg – das Interesse – der Humor

14 Wichtige Wörter

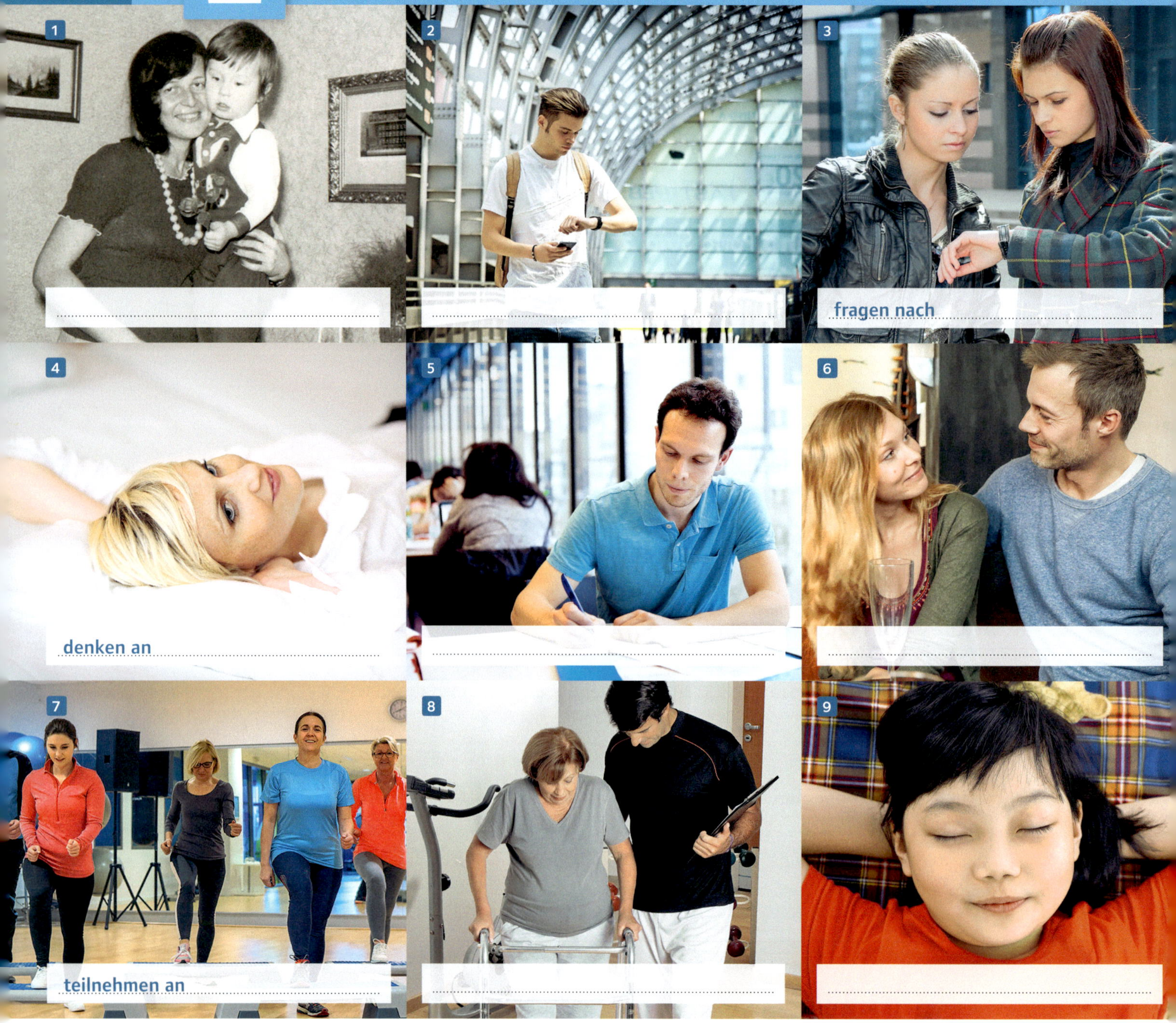

5 Sehen Sie die Fotos an und ordnen Sie die Verben mit Präpositionen zu.

sich freuen über • warten auf • sich vorbereiten auf • sich beschweren über • sich kümmern um • träumen von • sich erinnern an • sich ärgern über • sich verlieben in • lachen über • sich informieren über

2.47 **6** Hören Sie die Verben mit Präpositionen und sprechen Sie nach.

7a **Zu welchem Foto 1-9 passen die Sätze? Ordnen Sie zu und ergänzen Sie die Präposition.**

1 ☐ Er kümmert sich .... eine Patientin.

2 ☐ Sie denkt .... den letzten Urlaub.

3 ☐ Sie nehmen .... einem Sportkurs teil.

4 ☐ Sie fragt .... der Uhrzeit.

5 ☐ Er bereitet sich .... die nächsten Prüfungen vor.

7b **Schreiben Sie Sätze wie in 7a zu den Fotos 10-18.**

8 **Schreiben Sie Fragen zu den Fotos. Fragen und antworten Sie zu zweit.**

Station 4

1 Lesen Sie und ergänzen Sie in A–G.

✓ ✗

Ich kann auf Deutsch

☐ ☐ **A** über Vereine und ehrenamtliches Engagement sprechen.

helfen • ehrenamtlich • Mitglied • Mitgliedsbeitrag

Pia ist .... im Nachbarschaftszentrum.

Sie engagiert sich dort ....

Sie .... älteren Menschen, die alleine

leben. Es gibt keinen ....

Pia Gröner

☐ ☐ **B** etwas genauer beschreiben.

die Matura machen können • schnell fahren können • Musik hören können • Kinder spielen • warme Kleidung brauchen

1 Ein Radio ist ein Gerät, mit dem man ....

2 Ein Spielplatz ist ein Platz, auf dem ....

3 Der Winter ist eine Jahreszeit, in der man ....

4 Das Gymnasium ist eine Schule, in der man ....

5 Ein Sportwagen ist ein Wagen, mit dem man ....

☐ ☐ **C** mit Ämtern und Behörden telefonieren.

verbunden • Durchwahl • sprechen • verwählt • spricht • verbinden

1 Können Sie mir bitte die .... von Herrn Huber geben?

2 • Guten Tag, hier .... Lydia Ortega.

• Ich möchte gerne mit Frau Leitner von der Firma Müller ....

Können Sie mich bitte ....?

3 • Nein, hier ist nicht die Firma Müller. Sie sind falsch ....

• Tut mir leid, dann habe ich mich .... Entschuldigen Sie die Störung.

✓ ✗

D **mit Bankmitarbeitern sprechen.** ☐ ☐

Gebühren • kostenlos • kostet • eröffnen • Kreditkarte • Kreditkarte

- Ich möchte gerne ein Konto .... Wie viel .... das im Monat?
- Es gibt ein Girokonto, bei dem Sie 4 Euro im Monat plus .... zum Beispiel für eine .... bezahlen. Mit der Bankomatkarte können Sie auch .... bezahlen.
- Wann bekomme ich die Bankomatkarte und die .... ?
- Die kommen per Post in ungefähr zwei Wochen.

E **sagen, welche Versicherungen man wichtig oder nicht wichtig findet.** ☐ ☐

Ich finde eine Haftpflichtversicherung ...., weil ....

....

Die Haushaltsversicherung ist ...., weil ....

....

F **etwas reklamieren.** ☐ ☐

Garantieschein • gekauft • Rechnung • funktioniert

- Guten Tag, ich habe gestern dieses Radio ...., aber es .... nicht. Hier habe ich die .... und den ....
- Ich schicke das Radio zur Reparatur ans Werk. Das dauert ungefähr zwei Wochen.
- Vielen Dank.

G **über Freundschaften sprechen.** ☐ ☐

1 Wie oft treffen Sie Ihre Freunde?

....

2 Worüber sprechen Sie mit guten Freunden oder Freundinnen?

....

3 Was machen Sie gerne zusammen mit guten Freunden oder Freundinnen?

....

2 **Kontrollieren Sie mit den Lösungen und markieren Sie ✓ für kann ich und ✗ für kann ich nicht so gut.**

Sprechen

Teil 1 **Schreiben Sie zu jedem Stichwort eine passende Frage und beantworten Sie die Fragen.**

	Fragen	Antworten
Name?	*Wie* ……………… ?	………………
Geburtsort?	*Wo* ……………… ?	………………
Wohnort?	*Wo* ……………… ?	………………
Arbeit/Beruf?	*Was* ……………… ?	………………
Familie?	*Sind Sie* ……………… ?	………………
	Haben Sie ……………… ?	………………
	Wie viele ……………… ?	………………

Teil 2 **Wählen Sie ein Foto aus und beschreiben Sie es.**

Auf dem Foto sehe ich … •
Ich glaube, die Familie … •
Vielleicht … •
Das Foto zeigt, wie …

Auf dem Foto sehe ich eine Familie.
Es ist vielleicht Wochenende …

Stellen Sie Fragen zu den Bildern.

Wer ...?	Was ...?	Wann ...?
Was möchtet ihr ...?	Warum ...?	Um wie viel ...?

Teil 3

Sprechen Sie über die Situation.

Familienfeiern ...

In anderen Ländern ...

Meine Familie ...

Fußball ...

Väter und Söhne ...

Am Sonntag ...

Grammatik im Überblick

1 Verben im Präsens
- Regelmäßige Verben
- Verben mit Vokalwechsel: ***e*** → ***i***, ***e*** → ***ie***, ***a*** → ***ä***
- Unregelmäßige Verben
- Trennbare Verben
- Modalverben
- Das Verb ***lassen***
- Reflexive Verben
- Die Verben ***legen/liegen*** und ***stellen/stehen***
- Der Imperativ
- Höfliche Bitten
- Ratschläge mit ***sollte***
- Wunschsätze mit ***würde gern(e)*** + Infinitiv

2 Verben in der Vergangenheit
- Das Präteritum von ***sein*** und ***haben***
- Modalverben im Präteritum
- Das Perfekt

3 Artikel und Nomen
- Artikel im Nominativ, Akkusativ und Dativ
- Possessivartikel
- Das Fragewort ***welch-***
- Der Demonstrativartikel ***dies-***
- Das Fragewort ***was für ein-***
- Der Plural von Nomen

4 Pronomen
- Personalpronomen
- Artikel und Pronomen
- Das unpersönliche Pronomen ***man***
- Artikel als Pronomen
- Das Pronomen ***es***
- Reflexivpronomen
- Relativpronomen

5 Adjektive
- Adjektive nach dem Nomen (prädikativ)
- Adjektive vor dem Nomen (attributiv)
- Adjektive im Komparativ

6 Präpositionen
- Temporale Präpositionen (Zeit): ***am***, ***um***, ***im***, ***vor***, ***nach***, ***seit***, ***bis***, ***von*** … ***bis***
- Lokale Präpositionen (Ort): ***in***, ***bei***, ***nach***, ***zu***, ***aus***, ***von***
- Präpositionen mit Dativ: ***aus***, ***bei***, ***mit***, ***nach***, ***seit***, ***von***, ***zu***, ***vor*** (temporal)
- Präpositionen mit Akkusativ: ***für***, ***um***, ***durch***, ***ohne***
- Wechselpräpositionen mit Akkusativ und Dativ: ***in***, ***an***, ***auf***, ***hinter***, ***vor***, ***über***, ***unter***, ***neben***, ***zwischen***
- Verben mit Präpositionen
- Fragewörter und Pronomen bei Verben mit Präpositionen: ***worauf***, ***wofür*** … ***darauf***, ***dafür*** …

7 Wortbildung
- Komposita
- Das Datum – Ordinalzahlen

8 Wörter im Satz
- Sätze und W-Fragen
- Ja/Nein-Fragen (Satzfragen)
- Satzklammer: Trennbare Verben, Modalverben und Perfekt
- ***Ja*** – ***Nein*** – ***Doch***
- Vergleichssätze
- Verneinung mit ***nicht*** oder ***kein***
- Verben und Ergänzungen (Verben mit Nominativ, Dativ und Akkusativ, Verben mit Präpositionen)
- Satzverbindungen mit ***aber*** – ***denn*** – ***und*** – ***oder***
- Nebensätze mit ***weil***
- Nebensätze mit ***dass***
- Nebensätze mit ***wenn***
- Nebensätze mit ***damit***
- Indirekte Fragen
- Nebensatz vor Hauptsatz
- Relativsätze

1 Verben im Präsens

Regelmäßige Konjugation

Infinitiv		kommen
Singular	ich	komm-e
	du	komm-st
	er/es/sie/man	komm-t
Plural	wir	komm-en
	ihr	komm-t
	sie	komm-en
Höflichkeitsform	Sie	komm-en

Woher kommen Sie?

Ich komme aus Österreich.

⚠ heißen: du heißt, er/sie heißt
genauso: genießen, schließen, …
⚠ sitzen: du sitzt
genauso: nutzen, putzen, …

⚠ arbeiten: du arbeitest, er/sie arbeitet, ihr arbeitet …
genauso: antworten, kosten, einschalten, ausschalten, berichten, bieten, bitten, chatten, reden, …

Verben mit Vokalwechsel: *e → i, e → ie, a → ä*

		e → i	e → ie	a → ä
Infinitiv		sprechen	lesen	schlafen
Singular	ich	spreche	lese	schlafe
	du	sprichst	liest	schläfst
	er/es/sie/man	spricht	liest	schläft
Plural	wir	sprechen	lesen	schlafen
	ihr	sprecht	lest	schlaft
	sie	sprechen	lesen	schlafen
Höflichkeitsform	Sie	sprechen	lesen	schlafen

genauso: treffen: er/sie trifft; essen: er/sie isst; nehmen: er/sie nimmt
helfen: er/sie hilft; sehen: er/sie sieht; tragen: er/sie trägt
anfangen: er/sie fängt an; fahren: er/sie fährt; einladen: er/sie lädt ein

Unregelmäßige Konjugation

Infinitiv		sein	haben	mögen	(möchten)	wissen
Singular	ich	bin	habe	mag	möchte	weiß
	du	bist	hast	magst	möchtest	weißt
	er/es/sie/man	ist	hat	mag	möchte	weiß
Plural	wir	sind	haben	mögen	möchten	wissen
	ihr	seid	habt	mögt	möchtet	wisst
	sie	sind	haben	mögen	möchten	wissen
Höflichkeitsform	Sie	sind	haben	mögen	möchten	wissen

Grammatik im Überblick

Trennbare Verben

Der Kurs fängt um 9 Uhr an und hört um 12 Uhr auf.

Am Dienstag fällt der Kurs aus.

ab}holen	Marina	holt	ein Paket	ab.
ein}kaufen	Danach	kauft	sie Obst und Gemüse	ein.
auf}stehen	Morgen	steht	sie sehr früh	auf.

genauso: anfangen, anrufen, aufräumen, aufhören, ausgehen, ausfallen, fernsehen, mitkommen, mitbringen, stattfinden, abschicken, auswählen, …

In der Wortliste am Ende jeder Lektion im Arbeitsbuch sind die trennbaren Verben immer so } gekennzeichnet, zum Beispiel: an}fangen.

Modalverben

Infinitiv		können	wollen	müssen	sollen	dürfen
Singular	ich	kann	will	muss	soll	darf
	du	kannst	willst	musst	sollst	darfst
	er/es/sie/man	kann	will	muss	soll	darf
Plural	wir	können	wollen	müssen	sollen	dürfen
	ihr	könnt	wollt	müsst	sollt	dürft
	sie	können	wollen	müssen	sollen	dürfen
Höflichkeitsform	Sie	können	wollen	müssen	sollen	dürfen

Ich	kann	gut auf Deutsch	lesen.
Meine Freundin	will	noch einen Apfelsaft	trinken.
Wir	müssen	jeden Tag früh	aufstehen.
Ich	soll	die Tabletten zweimal pro Tag	nehmen.
Hier	darf	man nicht	parken.

Das Verb *lassen*

	lassen
ich	lasse
du	lässt
er/es/sie/man	lässt
wir	lassen
ihr	lasst
sie	lassen
Sie	lassen

Ich	lasse	meine Wohnung	streichen.
Sie	lässt	ihre Lampe	aufhängen.

Ich lasse meine Wohnung renovieren.
(=Ich renoviere meine Wohnung nicht selbst).

Reflexive Verben

	sich freuen
ich	freue mich
du	freust dich
er/es/sie/man	freut sich
wir	freuen uns
ihr	freut euch
sie	freuen sich
Sie	freuen sich

Wir freuen uns, weil wir eine große Wohnung gefunden haben.

genauso: sich vorstellen, sich verkleiden, sich ärgern, sich entschuldigen, sich fühlen, sich kennenlernen, sich streiten, sich trennen, sich unterhalten, sich verlieben, sich vorstellen, …

Die Verben *legen/liegen* und *stellen/stehen*

Wohin? – *legen/stellen*
(Präposition + Akkusativ)
Sie legen den Teppich auf den Boden.
Sie stellen den Tisch auf den Teppich.

Wo? – *liegen/stehen*
(Präposition + Dativ)
Der Teppich liegt auf dem Boden.
Der Tisch steht auf dem Teppich.

Der Imperativ

	Sie-Form	du-Form		ihr-Form
machen	Machen Sie …	(du mach**st**)	Mach …	Macht …
sprechen	Sprechen Sie …	(du sprich**st**)	Sprich …	Sprecht …
mitkommen	Kommen Sie (doch) mit!	(du komm**st**)	Komm (doch) mit!	Kommt (doch) mit!
⚠ fahren	Fahren Sie!	(du fährst) Fahr …		Fahrt …
⚠ sein	Seien Sie ruhig!	(du bist) Sei ruhig!		Seid ruhig!

Höfliche Bitten

Könntest du mir helfen? Könnten Sie Frau Abiska einen Schlüssel geben?
Entschuldigung, darf ich fragen, wie der neue Kollege heißt?

Ratschläge mit *sollte*

ich	sollte
du	solltest
er/es/sie/man	sollte
wir	sollten
ihr	solltet
sie	sollten
Sie	sollten

Sie	sollten	regelmäßig Sport	machen.
In einer Hausapotheke	sollte	ein Fieberthermometer	sein.
Man	sollte	sich gesund	ernähren.

Wunschsätze mit *würde gern(e)* + Infinitiv

ich	würde
du	würdest
er/es/sie/man	würde
wir	würden
ihr	würdet
sie	würden
Sie	würden

Was	würdest	du gerne	machen?
Ich	würde	gerne in einem Hotel	arbeiten.
Er	würde	gerne eine Lehre	machen.

2 Verben in der Vergangenheit

Das Präteritum von *sein* und *haben*

Infinitiv		sein	haben
Singular	ich	war	hatte
	du	warst	hattest
	er/es/sie/man	war	hatte
Plural	wir	waren	hatten
	ihr	wart	hattet
	sie	waren	hatten
Höflichkeitsform	Sie	waren	hatten

Waren Sie schon einmal in Graz?

Nein, leider nicht.

Modalverben im Präteritum

	müssen	können	dürfen	wollen
ich	musste	konnte	durfte	wollte
du	musstest	konntest	durftest	wolltest
er/es/sie/man	musste	konnte	durfte	wollte
wir	mussten	konnten	durften	wollten
ihr	musstet	konntet	durftet	wolltet
sie	mussten	konnten	durften	wollten
Sie	mussten	konnten	durften	wollten

Das Perfekt: *haben/sein* + Partizip

Für die meisten Verben benutzt man in der Vergangenheit das Perfekt.

Wann	sind	Sie nach Österreich	gekommen?
Ich	bin	2014 nach Österreich	gekommen.
Was	haben	Sie am Wochenende	gemacht?
Wir	haben	am Samstag auf dem Markt	eingekauft.

Das Perfekt: Bildung der Partizipien

Partizipien mit *ge-*

	„normale“ Verben	trennbare Verben
regelmäßig (Endung „t“)	**ge ...(e)t** spielen – hat **ge**spiel**t** arbeiten – hat **ge**arbeit**et** kaufen – hat **ge**kauf**t**	**...ge...(e)t** mitspielen – hat mit**ge**spiel**t** ausschalten – hat aus**ge**schalt**et** einkaufen – hat ein**ge**kauf**t**
unregelmäßig (Endung „en“)	**ge...en** kommen – ist **ge**komm**en** geben – hat **ge**geb**en** sehen – hat **ge**seh**en**	**...ge...en** ankommen – ist an**ge**komm**en** aufgeben – hat auf**ge**geb**en** fernsehen – hat fern**ge**seh**en**

Partizipien ohne *ge-*

	Verben mit den Präfixen *be-, emp-, ent-, er-, ge-, ver-, zer-*	Verben auf *-ieren*
regelmäßig (Endung „t“)	**...t** bezahlen – hat bezahl**t** erzählen – hat erzähl**t** entschuldigen – hat entschuldig**t** gehören – hat gehör**t**	**...t** installieren – hat installier**t** reparieren – hat reparier**t** reservieren – hat reservier**t** transportieren – hat transportier**t**
unregelmäßig (Endung „en“)	**...en** bekommen – hat bekomm**en** behalten – hat behalt**en** gefallen – hat gefall**en** verstehen - hat verstand**en**	

Die unregelmäßigen Partizipien (gegangen, gefahren ...) finden Sie im Kursbuch auf den Seiten 256–259.

Das Perfekt: *sein* oder *haben?*

Die meisten Verben bilden das Perfekt mit *haben*: ich habe gemacht, ich habe gelernt, ich habe gearbeitet ...

Verben der Bewegung von A nach B oder Verben der Veränderung bilden das Perfekt mit *sein*.

Bewegungsverben von A nach B	Zustandsveränderung
 gehen: ist gegangen	 einschlafen: ist eingeschlafen

Wir sind gestern nach Wien gefahren. Und was hast du gemacht?

weitere Bewegungsverben:
abbiegen, abfahren, kommen, ankommen, fahren, fliegen, joggen, laufen, reisen, rennen, schwimmen, umsteigen, umziehen, ...

⚠ Verben, die keine Bewegungsverben sind, aber das Perfekt mit *sein* bilden:
sein, ist gewesen - bleiben, ist geblieben

3 Artikel und Nomen

Artikel im Nominativ

	m (maskulin)		n (neutrum)		f (feminin)		Pl (Plural)	
bestimmter Artikel	der		das		die		die	
unbestimmter Artikel	ein		ein		eine		-	
Negativartikel	kein	Mann	kein	Auto	keine	Frau	keine	Kinder
Possessivartikel	mein		mein		meine		meine	
Demonstrativartikel	dieser		dieses		diese		diese	

Das sind meine Kinder.

Der Mann heißt Martin.

Artikel im Akkusativ

	m (maskulin)		n (neutrum)		f (feminin)		Pl (Plural)	
bestimmter Artikel	den		das		die		die	
unbestimmter Artikel	einen		ein		eine		-	
Negativartikel	keinen	Mann	kein	Auto	keine	Frau	keine	Kinder
Possessivartikel	meinen		mein		meine		meine	
Demonstrativartikel	diesen		dieses		diese		diese	

Lerntipp
Lernen Sie im Akkusativ nur das -en im maskulin, alles andere ist wie im Nominativ.

Ich kenne den Mann nicht.

Ich habe keinen Computer.

Artikel im Dativ

	m (maskulin)		n (neutrum)		f (feminin)		Pl (Plural)	
bestimmter Artikel	dem		dem		der		den	
unbestimmter Artikel	einem		einem		einer		-	
Negativartikel	keinem	Mann	keinem	Auto	keiner	Frau	keinen	Kindern
Possessivartikel	meinem		meinem		meiner		meinen	
Demonstrativartikel	diesem		diesem		dieser		diesen	

Das Nomen hat im Dativ Plural immer die Endung -n: Wie spielen mit den Kindern.
⚠ Ausnahme: Nomen mit s-Plural: die Autos - mit den Autos.

Possessivartikel

Grüß Gott, mein Name ist Thomas Wartinger und das ist meine Frau.

Sind das Ihre Kinder?

Ja, das sind unsere Töchter Lisa und Nina und das ist unser Sohn Tobias.

	m (maskulin)		n (neutrum)		f (feminin)		Pl (Plural)	
ich	mein	Sohn	mein	Haus	meine	Tochter	meine	Kinder
du	dein		dein		deine		deine	
er/es/man	sein		sein		seine		seine	
sie	ihr		ihr		ihre		ihre	
wir	unser		unser		unsere		unsere	
ihr	euer		euer		eure		eure	
sie (Pl.)	ihr		ihr		ihre		ihre	
Sie	Ihr		Ihr		Ihre		Ihre	

Das Fragewort *welch-*

	m (maskulin)	n (neutrum)	f (feminin)	Pl (Plural)
Nominativ	welcher Zug	welches Auto	welche U-Bahn	welche Fahrräder
Akkusativ	welchen Zug	welches Auto	welche U-Bahn	welche Fahrräder
Dativ	welchem Zug	welchem Auto	welcher U-Bahn	welchen Fahrrädern

Welchen Zug nehmen Sie?

Diesen Zug.

Mit welchem Zug sind Sie gekommen?

Mit diesem hier.

Lerntipp

der Zug → welcher Zug, dieser Zug

Die Endungen von *welch–* und *dies–* sind wie beim bestimmten Artikel.

Der Demonstrativartikel *dies-*

	m (maskulin)	n (neutrum)	f (feminin)	Pl (Plural)
Nominativ	dieser Zug	dieses Auto	diese U-Bahn	diese Fahrräder
Akkusativ	diesen Zug	dieses Auto	diese U-Bahn	diese Fahrräder
Dativ	diesem Zug	diesem Auto	dieser U-Bahn	diesen Fahrrädern

Das Fragewort *was für ein-*

	m (maskulin)	n (neutrum)	f (feminin)	Pl (Plural)
Nominativ	Was für ein Mantel?	Was für ein Kleid?	Was für eine Jacke?	Was für Schuhe?
Akkusativ	Was für einen Mantel?	Was für ein Kleid?	Was für eine Jacke?	Was für Schuhe?
Dativ	Mit was für einem Mantel?	Mit was für einem Kleid?	Mit was für einer Jacke?	Mit was für Schuhen?

Was für einen Anzug hast du auf der Hochzeit getragen?

Einen schwarzen Anzug.

Der Plural von Nomen

	Singular	Plural		Singular	Plural
-e	der Tisch	die Tische	-	der Computer	die Computer
-e (+ Umlaut)	der Vorschlag	die Vorschläge	-(+ Umlaut)	der Vater	die Väter
-en	die Zahl	die Zahlen	-s	das Auto	die Autos
-n	die Tasche	die Taschen	-er	das Kind	die Kinder
-nen	die Lehrerin	die Lehrerinnen	-er (+ Umlaut)	das Haus	die Häuser

Lerntipp
Lernen Sie die Nomen immer mit Plural.

Wie viele Tische sind im Kursraum?

Es sind 5 Tische und 10 Sessel.

4 Pronomen

Personalpronomen

Nominativ	Akkusativ	Dativ
ich	mich	mir
du	dich	dir
er	ihn	ihm
es	es	ihm
sie	sie	ihr
wir	uns	uns
ihr	euch	euch
sie	sie	ihnen
Sie	Sie	Ihnen

Können Sie mir bitte helfen?

Ja, gerne, ich rufe Sie morgen an.

Artikel und Pronomen

Der Kasten ist alt. Er ist alt.
Das Bett ist klein. Es ist klein.
Die Küche ist modern. Sie ist modern.
Die Blumen sind schön. Sie sind schön.

Das unpersönliche Pronomen *man*

Mit *man* steht das Verb in der 3. Person Singular.

Wie schreibt man das?

Hier kann man Geld wechseln.

Artikel als Pronomen

Wie finden Sie den blauen Anzug? — Der ist nicht schlecht. Den nehme ich.
Wie finden Sie das rote Kleid? — Das ist sehr elegant. Das nehme ich.
Wie gefällt Ihnen die Bluse? — Die ist zu kurz. Die nehme ich nicht.
Wie gefallen Ihnen die Schuhe? — Die sind gut. Die kaufe ich.

Das Pronomen *es*

In vielen Ausdrücken benutzt man das Pronomen *es*. Das *es* hat in diesen Ausdrücken keine Bedeutung.

Wetterwörter	andere Ausdrücke
Es regnet. / Es schneit. Heute ist es kalt. / Es ist windig. Es ist bewölkt.	Wie geht es Ihnen? Danke, es geht mir gut. Hier gibt es einen Park.

Reflexivpronomen

ich	freue	mich
du	freust	dich
er/es/sie/man	freut	**sich**
wir	freuen	uns
ihr	freut	euch
sie	freuen	**sich**
Sie	freuen	**sich**

Grüß Gott, ich möchte mich vorstellen. Mein Name ist …

Wir haben uns im Sportkurs kennengelernt und uns sofort verliebt.

Relativpronomen

	m (maskulin)	n (neutrum)	f (feminin)	Pl (Plural)
Nominativ	der	das	die	die
Akkusativ	den	das	die	die
Dativ	dem	dem	der	**denen**

⚠ Nur der Dativ Plural ist anders. Alle anderen Formen sind wie der definite Artikel.

Kennst du ein Café, **das** in der Nähe ist?
Ein Smartphone ist ein Ding, mit **dem** man telefonieren, Nachrichten schicken und im Internet surfen kann.

5 Adjektive

Adjektive nach dem Nomen (prädikativ)

Adjektive nach dem Nomen haben keine Endung.

Der Kasten ist neu. Ich finde den Kasten schön.
Das Sofa ist alt. Ich finde das Sofa langweilig.

Adjektive vor dem Nomen (attributiv)

Zwischen Artikel und Nomen haben Adjektive eine Endung (mindestens ein **-e**).

	m (maskulin)	n (neutrum)	f (feminin)	Pl (Plural)
Nominativ	der graue Anzug ein grau**er** Anzug kein grau**er** Anzug	das blaue Hemd ein blau**es** Hemd kein blau**es** Hemd	die rot**e** Bluse eine rot**e** Bluse keine rot**e** Bluse	die braun**en** Schuhe - braun**e** Schuhe keine braun**en** Schuhe
Akkusativ	den grau**en** Anzug einen grau**en** Anzug keinen grau**en** Anzug	das blaue Hemd ein blau**es** Hemd kein blau**es** Hemd	die rot**e** Bluse eine rot**e** Bluse keine rot**e** Bluse	die braun**en** Schuhe - braun**e** Schuhe keine braun**en** Schuhe

⚠ Gleiche Endung bei *ein* und *kein* im Singular: ein blaues Hemd = kein blaues Hemd.
Im Plural unterschiedliche Endung: - braune Schuhe = keine braunen Schuhe

Lerntipp
das weiße Kleid → ein weißes Kleid

Der graue Anzug ist nicht so elegant.

Er trägt ein blaues Hemd.

Adjektive im Komparativ

Adjektiv + -er	Adjektiv + Umlaut + -er	Ausnahmen
hell – heller	groß – größer	gern – lieber
interessant – interessanter	kalt – kälter	gut – besser
schnell – schneller	warm – wärmer	viel – mehr
langsam – langsamer	kurz – kürzer	
schön – schöner	lang – länger	

Istanbul ist größer als London.

6 Präpositionen

Temporale Präpositionen (Zeit): *am, um, im, vor, nach, seit, bis, von … bis*

am	Wochentag/Tagesabschnitt	am Montag, am Vormittag, ⚠ in der Nacht
um	Uhrzeit	um 8 Uhr, um halb 10, um 13 Uhr 30 Der Film beginnt um 20 Uhr.
im	Monat, Jahreszeit, Jahr	Im Juli ist es in Österreich oft warm.
vor	• |	Es ist jetzt fünf vor acht. Sie bringt vor der Arbeit die Kinder in die Schule.
nach	| •	Es ist zehn nach acht. Nach der Arbeit geht er einkaufen.
seit	•⟶	Sie sind schon seit fünf Jahren in Innsbruck.
bis	⟶•	Der Film geht bis 22 Uhr.
von … bis	•→•	Der Film geht von 20 Uhr bis 22 Uhr.

Lokale Präpositionen (Ort): *in, bei, nach, zu, aus, von*

in	Wo?	**In** Wien gibt es viele Sehenswürdigkeiten.
bei		Ich bin **beim** Friseur.
nach	Wohin?	Ich fahre gern **nach** Salzburg.
zu		Ich gehe **zum** Bahnhof.
aus	Woher?	Er kommt **aus** Italien.
von		Sie kommt heute spät **von** der Arbeit.

Präpositionen mit Dativ: *aus, bei, mit, nach, seit, von, zu, vor* (temporal)

aus: Ich gehe jeden Morgen um 8 Uhr aus dem Haus.

bei: Ich wohne bei meinen Eltern.

mit: Ich fahre mit dem Bus.

nach: Nach dem Deutschkurs möchte ich eine Arbeit suchen.

seit: Ich bin schon seit einem Jahr in Österreich.

von: Von der Haltestelle muss ich noch 5 Minuten zu Fuß gehen.

zu: Ich fahre zur Apotheke.

vor: Vor dem Deutschkurs gehe ich joggen.

bei dem = beim   zu dem = zum

von dem = vom   zu der = zur

Präpositionen mit Akkusativ: *für, um, durch, ohne*

für: Sie brauchen für den Antrag einen Pass und ein Foto.

um: Man kann sehr gut um den Hallstätter See wandern.

durch: Der Zug fährt durch den Tunnel.

ohne: Sie trinkt den Kaffee ohne Zucker.

⚠ *Ohne* verwendet man oft ohne Artikel.

Grammatik im Überblick

Wechselpräpositionen mit Akkusativ und Dativ: *in, an, auf, hinter, vor, über, unter, neben, zwischen*

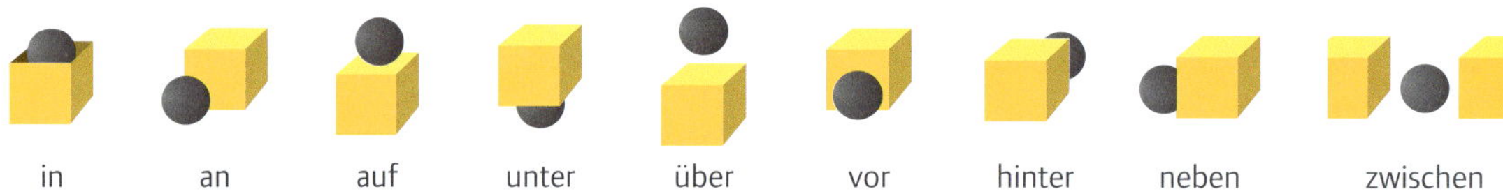

Wohin? → Präpositionen mit Akkusativ		Wo? → Präpositionen mit Dativ	
in den Wald	in das = ins	im Wald	in dem = im
in das Restaurant	an das = ans	im Restaurant	an dem = am
in die Stadt		in der Stadt	
in die Geschäfte		in den Geschäften	

Sie geht **in die** Bäckerei.
Der Lehrer schreibt den Satz **an die** Tafel.
Sie gehen **auf die** Straße.
Wir gehen **unter den** Baum.
Wir gehen **über den** Platz.
Wir stellen die Mülltonnen **vor das** Haus.
Wir stellen unsere Fahrräder **hinter das** Café.
Ich stelle den Kinderwagen **neben die** Tür.

In der Bäckerei sind viele Leute.
Der Satz steht **an der** Tafel.
Auf der Straße fahren viele Autos.
Unter dem Baum steht eine Bank.
Über dem Platz fliegen viele Vögel.
Die Mülltonnen stehen heute **vor dem** Haus.
Hinter dem Café ist ein Hof.
Der Kinderwagen steht **neben der** Tür.

Verben mit Präpositionen

Sie **warten** schon zehn Minuten **auf** den Bus.
Er möchte gerne **an** einer Weiterbildung **teilnehmen**.
Ich **interessiere** mich sehr **für** Frauenfußball.

Eine Liste mit den Verben mit Präpositionen finden Sie im Kursbuch auf Seite 260.

Fragewörter und Pronomen bei Verben mit Präpositionen

Fragen nach Sachen

- **Wofür** interessierst du dich?
- Ich interessiere mich für Frauenfußball.
- Ah, **dafür** interessiere ich mich auch.

- **Woran** denkst du?
- Ans Wochenende.
- **Daran** denke ich noch nicht.

Das Fragewort besteht aus „wo"+ Präposition: wovon, womit, wofür …
Wenn die Präposition mit einem Vokal beginnt ergänzt man ein „r": worauf, worüber …

Fragen nach Personen

Wenn man nach Personen fragt, benutzt man die Präposition + Fragewort für Personen im Akkusativ: Über wen?, Für wen?, Auf wen? …
oder Dativ: Mit wem?, Von wem?, Zu wem? …

- **Über wen** sprecht ihr gerade?
- Über die nette Nachbarin.

- **Mit wem** bist du ins Kino gegangen?
- Mit meiner Schwester.

7 Wortbildung

Komposita

die Dame + der Mantel → der Damenmantel
der Sommer + das Kleid → das Sommerkleid

Ich suche Herrenschuhe und Geschenkartikel.

Das letzte Wort in Komposita bestimmt den Artikel.
Der Wortakzent ist (fast) immer auf dem ersten Wort.

Das Datum – Ordinalzahlen

1–19 + ten
am 1. – am **ersten**
am 2. – am zwei**ten**
am 3. – am **dritten**
am 4. – am vier**ten**
am 5. – am fünf**ten**
am 6 – am sechs**ten**
am 7. – am **siebten**
am 8. – am ach**ten**
am 9. – am neun**ten**
am 10. – am zehn**ten**
am 16. – am sechzehn**ten**
am 19. – am neunzehn**ten**

20 + sten
am 20. – am zwanzig**sten**
am 21. – am einundzwanzig**sten**
am 22. – am zweiundzwanzig**sten**
am 30. – am dreißig**sten**

- Wann sind Sie geboren?
- Am 5.3.1987. (Am fünften Dritten neunzehnhundertsiebenundachtzig.)
- Welcher Tag ist heute?
- Heute ist der 3.10. (Heute ist der dritte Zehnte.)

8 Wörter im Satz

Sätze und W-Fragen

Das konjugierte Verb steht immer auf Position 2.

	Position 2	
Woher	kommen	Sie?
Ich	komme	aus Costa Rica.
Wie	heißt	Ihr Sohn?
Er	heißt	Lukas.
Was	sind	Sie von Beruf?
Ich	bin	Lehrerin.

Grammatik im Überblick

	Position 2	
Am Wochenende	besuche	ich meine Freunde.
Ich	besuche	**am Wochenende** meine Freunde.
Dann	machen	wir eine Radtour.
Wir	machen	**dann** eine Radtour.

Ja/Nein-Fragen

Kommen	Sie aus St. Pölten?
Haben	Sie morgen Zeit?
Möchtest	du einen Kaffee?
Kennt	ihr Salzburg?

Satzklammer: Trennbare Verben, Modalverben und Perfekt

Trennbare Verben

Das konjugierte Verb steht auf Position 2, der andere Verbteil (Präfix, Infinitiv, Partizip) steht am Satzende.

Wann	holst	du die Kinder vom Kindergarten	ab?
Ich	hole	sie am Nachmittag	ab.

Modalverben

Frau Stein	muss	am Morgen früh	aufstehen.
Frau Deck	will	am Wochenende nicht	arbeiten.

Perfekt

Früher	habe	ich in der Stadt	gewohnt.
Früher	bin	ich oft nach Innsbruck	gefahren.

Ja - Nein - Doch

Hast du Zeit?
- 🙂 Ja, natürlich.
- ☹ Nein, leider nicht.

Hast du **keine** Zeit?
- 🙂 **Doch**, ich habe Zeit.
- ☹ Nein, ich habe keine Zeit.

Kommst du **nicht** mit?
- 🙂 **Doch**, ich komme mit.
- ☹ Nein, ich kann leider nicht mitkommen.

Vergleichssätze

≠ Komparativ + *als*
In Österreich ist es im Sommer wärmer als im Winter.

= *genauso* + Adjektiv + *wie*
In Klagenfurt regnet es genauso viel wie in Villach.

Verneinung mit *nicht* oder *kein*

ein → *kein*	Ich habe **einen** Tisch / **ein** Sofa / **eine** Waschmaschine / Bücher. Ich habe **keinen** Tisch / **kein** Sofa / **keine** Waschmaschine / **keine** Bücher.
⚠ Auch *kein* bei:	Ich habe **kein** Geld / **keine** Zeit / **keine** Lust. Ich mag **keinen** Kaffee / **keinen** Käse.
Sonst immer *nicht*:	Heute kommt er. Morgen kommt er **nicht**. Sie isst gern Käse. Sie isst **nicht** gern Käse. Ich arbeite viel. Ich arbeite **nicht** viel.

Verben und Ergänzungen

Verben mit Nominativ und Akkusativ

Ich (Nominativ) – habe – einen Sohn. (Akkusativ)

Es gibt viele Verben mit Nominativ und Akkusativ: brauchen, sehen, nehmen, besichtigen, möchten, …

Verben mit Nominativ, Dativ und Akkusativ

Ich (Nominativ) – schenke – meiner Mutter (Dativ (Person)) – einen Blumenstrauß. (Akkusativ (Sache))

Es gibt viele Verben mit Nominativ, Akkusativ und Dativ: bringen, schenken, holen, erklären, mitbringen, zeigen, geben …

Verben mit Nominativ und Dativ

Wir (Nominativ) – helfen – euch. (Dativ)

Es gibt nur wenige Verben mit Nominativ und Dativ: danken, gehören, gefallen, …

Grammatik im Überblick

Ein Verb mit Nominativ und Nominativ

Das	ist	ein Mantel.
Nominativ		*Nominativ*

Verben mit Präpositionen

Ich	freue	mich	auf das Wochenende.
Nominativ			*Ergänzung mit Präposition*

Satzverbindungen mit *aber – denn – und – oder*

	0	1	2	
Heute habe ich keine Zeit,	**aber**	morgen	komme	ich gerne.
Ich möchte ins Kino gehen,	**denn**	ich	möchte	den neuen James-Bond-Film sehen.
Heute sehen wir den James-Bond-Film	**und**	morgen	gehen	wir in die Disco.
Kommst du auch mit	**oder**		musst	du noch arbeiten?

Nebensätze

Im Nebensatz steht das konjugierte Verb immer am Ende. Trennbare Verben stehen zusammen am Satzende.

Nebensätze mit *weil*

Er findet das Internet praktisch,	weil	man viele Informationen	bekommt.
Sie findet das Internet nützlich,	weil	man viele Filme sehen	kann.

Nebensätze mit *dass*

Ich finde,	dass	es viele gute Fernsehsendungen	gibt.
Ich meine,	dass	Kinder im Fernsehen viel lernen	können.
Ich bin dagegen,	dass	Kinder viel	fernsehen.

Nebensätze mit *wenn*

Was machen Sie,	wenn	das Wetter schlecht	ist?
Ich sehe fern,	wenn	das Wetter schlecht	ist.

Nebensätze mit *damit*

Er macht einen Computerkurs,	damit	er bessere Chancen auf dem Arbeitsmarkt	hat.
Sie stellt den Wecker,	damit	sie nicht zu spät	kommt.

Indirekte Fragen

W-Frage	Weißt du,	wo	der Brief	ist?
	Weißt du,	wann	der Chef	kommt?
Ja/Nein-Frage	Können Sie mir sagen,	ob	die Stelle noch frei	ist?

Nebensatz vor Hauptsatz

Wenn	Maximilian sehr viel	lernt,	(dann) kann er eine gute Matura machen.
Wenn	ich morgen Zeit	habe,	komme ich gerne.

Relativsätze

Ich suche ein Restaurant,	das	in der Nähe vom Bahnhof	liegt.
Wo ist der Schlüssel,	den	ich auf den Tisch	gelegt habe.
Es gibt ungefähr 116.000 Vereine,	in denen	viele Menschen aktiv	sind.

Der Relativsatz steht immer in der Nähe vom Bezugswort. Manchmal auch mitten im Satz:

Die sozialen Vereine, **für die** sich viele Menschen engagieren, helfen Menschen.

Bezugswort: Vereine — Relativsatz: für die sich viele Menschen engagieren

Hörtexte

Hier finden Sie alle Hörtexte, die nicht oder nicht vollständig im Arbeitsbuch abgedruckt sind oder die Sie nicht im Lösungsschlüssel finden.

1 Meine Geschichte

11a+b

- Wann sind Sie nach Österreich gekommen?
- Ich bin 2011 nach Österreich gekommen.
- Wo haben Sie da gewohnt?
- Zuerst habe ich in der Nähe von Enns gewohnt, auf dem Land. Leider gibt es da nicht so viel Arbeit und ich habe keine Arbeit gefunden. Ich war etwas depressiv. Dann hat mein Onkel gesagt: Komm zu mir nach Linz. Hier findest du bestimmt eine Arbeit. Ich bin also zu meinem Onkel nach Linz umgezogen.
- Haben Sie in Linz sofort eine Arbeit gefunden?
- Nein, in Linz habe ich erst einmal einen Sprachkurs gemacht. Im Sprachkurs habe ich nette Leute kennengelernt. Ich habe auch die Prüfung gemacht. Beim zweiten Mal habe ich sie geschafft. Dann habe ich auch eine Arbeit gefunden. Ich arbeite jetzt als Verkäufer.
- Und wie geht es Ihnen jetzt?
- Ich bin ganz zufrieden, aber ich verdiene leider nicht so viel Geld, vielleicht finde ich noch eine andere Arbeit. Ich möchte gern wieder als Ingenieur arbeiten, so wie in meiner Heimat.

18

- Ich habe so wenig Kontakt mit Österreichern.
- Du kannst mit anderen Ausländern auf Deutsch sprechen.
- Ich vergesse immer die Wörter.
- Schreib doch die Wörter auf Wortkarten.
- Die Österreicher sprechen so schnell.
- Dann sag doch: Bitte sprechen Sie langsam.
- Ich spreche nicht gern. Ich habe immer Angst.
- Hab doch keine Angst. Fehler sind doch nicht schlimm.

Wichtige Wörter 4

1 Sprechen Sie Sätze auf Deutsch und nehmen Sie sie auf. Dann kontrollieren Sie, was sie gesagt haben.

2 Kleben Sie Zettel an die Möbel in Ihrer Wohnung. Dann lernen Sie die Wörter schneller.

3 Machen Sie selbst ein Wörternetz zu einem bestimmten Thema.

4 Deutsch lernt man nicht nur im Deutschkurs. Machen Sie zum Beispiel einen Kochkurs. Dann kommen Sie mit anderen Leuten in Kontakt und sprechen viel Deutsch.

5 Schreiben Sie neue Wörter auf Karteikarten. Lernen Sie jeden Tag 10 Wörter.

6 Machen Sie für Grammatikregeln geeignete Merksätze.

7 Sprechen Sie Deutsch beim Laufen oder beim Sport, am besten in ganzen Sätzen. Nehmen Sie schwierige Wörter auf und hören Sie die Sätze an. So bleiben Sie fit, nicht nur beim Deutschlernen.

8 Sprechen Sie laut mit Ihrem Spiegelbild.

9 Lernen Sie feste Wortverbindungen, zum Beispiel Nomen und Verben zusammen.

10 Im Bus, im Café und auf der Straße: Betrachten Sie Ihre Umgebung und überlegen Sie: Wie heißen die Dinge?

2 Medien

4b

- Frau Kostas, Sie sind Buchhalterin. Wie ist das bei Ihnen? Arbeiten Sie auch viel am Computer und nutzen oft das Internet?
- Ja, natürlich arbeite ich in der Firma oft mit dem Internet. Der Kontakt mit den Kunden geht bei mir per E-Mail. Ich sitze den ganzen Tag am Computer und arbeite mit vielen verschiedenen Programmen und recherchiere im Internet.
- Und nutzen Sie das Internet auch oft in Ihrer Freizeit?
- Nein, in meiner Freizeit gehe ich selten ins Internet. Ich sitze schon bei meiner Arbeit den ganzen Tag am Computer, da habe ich in der Freizeit keine Lust mehr. Ich chatte zum Beispiel nicht mit meinen Freunden, ich rufe sie an oder wir treffen uns. Ich möchte auch nicht immer erreichbar sein. Ich brauche auch meine Ruhe. Und ich kaufe nicht online ein. Ich gehe lieber mit einer Freundin zusammen in die Stadt shoppen. Die Zeitung lese ich auch lieber auf Papier, gemütlich mit einer Tasse Kaffee. Ich brauche das Internet in meiner Freizeit nur selten.

12b

Und dann sind wir am Ende unserer Sendung und schalten gleich zu Marco Marino mit den Nachrichten. Nach den Nachrichten und dem Sportjournal um 22 Uhr 15 können Sie dann den heutigen Krimi sehen, „Die Frau am See" mit Alexandra Markovic. Und noch ein Hinweis. Auf vielfachen Wunsch wiederholen wir um 23 Uhr 45 den Dokumentarfilm „Die Wüste lebt." Wir wünschen Ihnen einen schönen Abend.

13

- Wollen wir heute Abend fernsehen?
- Ja, ich möchte heute unbedingt die Nachrichten schauen.
- Die Nachrichten können wir um 20 Uhr sehen. Und dann gibt es einen Tierfilm.
- Tierfilme finde ich langweilig.
- Okay, es gibt auch einen Krimi.
- Ja, Krimis schaue ich gerne. Wann fängt der Krimi an?
- Direkt nach den Nachrichten.
- Gut, dann schauen wir erst die Nachrichten und dann den Krimi.

Wichtige Wörter 6

- im Internet recherchieren – Ich recherchiere im Internet.
- eine App herunterladen – Ich lade eine App herunter.
- Computerspiele spielen – Ich spiele Computerspiele.
- einen Text scannen – Ich scanne einen Text.
- eine Datei speichern – Ich speichere eine Datei.
- einen Text drucken – Ich drucke einen Text.
- Online-Banking machen – Ich mache Online-Banking.
- ein Kabel anschließen – Ich schließe ein Kabel an.
- einen Film sehen – Ich sehe einen Film.
- ein Gerät aufladen – Ich lade ein Gerät auf.
- eine Datei löschen – Ich lösche eine Datei.
- mit einem Musikprogramm arbeiten – Ich arbeite mit einem Musikprogramm.
- den Computer reparieren – Ich repariere den Computer.
- einen Termin am Tablet eintragen – Ich trage einen Termin am Tablet ein.
- ein E-Book lesen – Ich lese ein E-Book.
- Bilder bearbeiten – Ich bearbeite Bilder.

Wochenende 3

1

- Herr Pazzi, wie sieht Ihr Wochenende aus?
- Am Samstagvormittag putze ich immer die Wohnung. Das macht keinen Spaß, aber es muss sein. Am Nachmittag mache ich Sport, das heißt ich jogge eine Stunde. Und am Abend gehe ich mit meiner Freundin essen.
- Und am Sonntag?
- Am Nachmittag muss ich die Waschmaschine reparieren, denn die ist seit einer Woche kaputt. Und am Vormittag helfe ich meinem Vermieter im Garten. Am Montag haben wir einen Test in unserem Deutschkurs und deshalb will ich am Sonntagabend für den Test lernen.

13

1
- Grüß Gott, ich möchte gerne für Samstagabend einen Tisch reservieren.
- Ja, gerne. Für wie viele Personen?

2
- Wir möchten gerne bezahlen.
- Zusammen oder getrennt?

3 Wo möchten Sie gerne sitzen? Drinnen oder draußen auf der Terrasse oder im Garten?

4 Als Nachspeise haben wir heute Obstsalat mit Eis und Schlagobers im Angebot.

5 Isst du lieber das Rindsschnitzel oder Hendl mit Reis und Gemüse?

6
- Wie viel macht das?
- Das sind dann zusammen 42,80.

16

- Wir möchten gerne bezahlen.
- Zusammen oder getrennt?
- Zusammen, bitte
- Das waren zwei Stück Topfengolatschen, ein Kaffee und ein Tee.
- Ja, und zwei Gläser Mineralwasser.
- Ja, richtig. Das macht dann 15,50 Euro.
- Hier bitte, 17 Euro. Stimmt so.
- Vielen Dank. Auf Wiederschauen.

17

- Selvi, was magst du essen?
- Ich glaube, ich nehme die Gemüsesuppe, denn die schmeckt mir immer. Dann nehme ich noch das Hühnerfilet mit Nudeln und Gemüse.

- Also, ich nehme kein Hühnerfilet, denn das hatte ich schon gestern. Ich nehme die Spaghetti.
- Was willst du trinken, Filipp?
- Ich nehme ein Glas Wein.
- Ich habe gehört, dass der Wein hier nicht so gut ist. Ich nehme einen Apfelsaft.
- Dann nehme ich ein Bier.
- Willst du keine Suppe als Vorspeise?
- Doch, ich nehme auch die Gemüsesuppe. Nach den Spaghetti esse ich dann noch ein Vanilleeis.

4 Schule

2b+c

- Liebe Hörerinnen und Hörer, unser Thema ist heute: Schule früher und heute. Dazu ist einer unserer treuen Hörer zu uns zu Besuch gekommen und möchte uns etwas erzählen. Grüß Gott, Herr Vogel.
- Grüß Gott.
- Herr Vogel, Sie sind jetzt 65 Jahre alt, können Sie uns erzählen, wie die Schule früher war?
- Ja, sicher, gerne. Also, was möchten Sie wissen?
- Zuerst einmal, haben Sie einen Lehrer oder eine Lehrerin gehabt?
- Ganz am Anfang habe ich eine Lehrerin gehabt, ich weiß noch genau, das war Frau Peters, sie war sehr jung und sehr beliebt.
- Und streng?
- Nein, sie war nicht so streng. Später habe ich natürlich viele verschiedene Lehrer und Lehrerinnen gehabt, die meisten waren eher streng, aber viele waren auch sehr beliebt bei uns Schülern.
- Und wie lange haben Sie Unterricht gehabt?
- Nicht so lange wie die Schüler heute. Unser Unterricht hat jeden Morgen um 8 Uhr angefangen und in den ersten Jahren zu Mittag um 12 aufgehört. Zum Mittagessen war ich immer zu Hause. Natürlich habe ich am Nachmittag noch Hausaufgaben gemacht. Aber das war meistens nicht so viel.
- Und was war Ihr Lieblingsfach?
- Mein Lieblingsfach? Am Anfang habe ich kein Lieblingsfach gehabt, ich habe alles gerne gemacht. Später habe ich zwei Lieblingsfächer gehabt: Sport und Physik. Ich habe immer gerne Fußball gespielt. Und Physik finde ich auch heute noch spannend. Deshalb bin ich ja auch Ingenieur geworden.

4a

- Frau Ortner, Sie haben einen Sohn. Was macht er jetzt?
- Also unser Sohn Filip geht jetzt in die vierte Klasse und wir möchten, dass er danach ins Gymnasium kommt.
- Ist er gut in der Schule?
- Er hat gute Noten, nur in Mathematik muss er besser werden. Wenn er einen Zweier hat, dann kann er ins Gymnasium gehen.
- Was soll er später einmal machen?
- Was er nach dem Gymnasium machen soll? Ach, das wissen wir noch nicht, das muss er entscheiden. Er sagt, er möchte Arzt werden. Dann muss er aber sehr gute Noten haben und an der Universität studieren. Das Studium dauert auch sehr lange. Aber dann, als Arzt, kann man sehr gut Geld verdienen.

9c

Was machen Sie, wenn Sie müde sind?
Was machen Sie, wenn Sie Fieber haben?
Was machen Sie, wenn die Hose zu klein ist?
Was machen Sie, wenn Sie nicht schlafen können?
Was machen Sie, wenn Sie nicht fit sind?
Was machen Sie, wenn am Wochenende das Wetter schön ist?
Was machen Sie, wenn Sie zwei Wochen Urlaub haben?

16

Also, meine Schulzeit war schön. Unsere Lehrer waren ziemlich streng, aber die Prüfungen waren nicht so schwierig wie heute. Wir mussten auch viel lernen und die Hausaufgaben durften wir nicht in der Schule machen, aber wir haben auch viel Spaß gehabt. Am Nachmittag konnten wir verschiedene Kurse wählen, zum Beispiel Basketball, Tanzen oder Schach. Unsere Eltern mussten dafür nur ein bisserl was bezahlen. Manchmal wollten wir aber auch lieber an den Strand gehen und schwimmen, besonders wenn es heiß war. Aber das durften wir nie. Leider.

Station 1

Teil 1

Beispiel
Grüß Gott, hier ist die Firma Elektro Schmidt. Sie haben bei uns Ihren Fernseher zur Reparatur abgegeben. Er ist jetzt fertig und Sie können ihn abholen. Unsere Öffnungszeiten sind Montag bis Freitag von 9.00 bis 13.00 Uhr und von 14.00 bis 18.30 Uhr. Ja, und der Preis für die Reparatur ist 102 Euro.

1 Hallo Elwa. Immer dieser Anrufbeantworter. Hier ist Susanne. Du, Elwa, wir wollen doch heute Abend ins Kino gehen. Ich habe die Karten reserviert. Der Film fängt um acht Uhr an, man muss die Karten aber schon um sieben Uhr an der Kassa abholen. Kannst du das machen? Ich kann erst kurz vor acht dort sein. Danke und bis später.

2 Grüß Gott. Hier ist die Hausarztpraxis von Dr. Huber. Wir sind auf Urlaub. Am Montag, dem 30. August, ist unsere Praxis wieder geöffnet. In dringenden Fällen können Sie einen Termin bei unserer Kollegin Frau Dr. Schwarz in der Parkstraße 42 machen. Die Telefonnummer ist 01/24 43 77.

3 Verehrte Fahrgäste. In wenigen Minuten erreichen wir Linz. Leider hat unser Zug eine Verspätung von zwanzig Minuten. Sie erreichen noch den Regionalexpress 21408 Richtung St. Pölten, Abfahrt 8.11 Uhr von Bahnsteig 7 und den Regionalexpress 21008 Richtung Salzburg, Abfahrt 8.20 Uhr von Bahnsteig 6. Der Railjet 705 nach Wien, Abfahrt 8.06 Uhr konnte nicht mehr warten. Reisende nach Wien nehmen bitte den Railjet 175 Abfahrt 8.33 Uhr von Bahnsteig 8. Für weitere Informationen beachten Sie bitte die Lautsprecheransagen am Bahnhof.

4 Verehrte Fahrgäste. Bitte beachten Sie: Wegen Bauarbeiten hält die Linie 52 bis zum 20. September nicht an der Haltestelle Penzingerstraße. Umsteigemöglichkeit Richtung Westbahnhof und Innenstadt ist die Haltestelle Linzer Straße/ Ecke Johnstraße, Linie 10.

Teil 2

5 Jetzt auch in Graz! Fitnessline – das besondere Fitnessstudio. Eröffnung am 27. März in Waltendorf. Kostenlose Probestunde, individuelle Trainingsprogramme – wir haben für jeden den richtigen Kurs.

6 Und hier noch das Wetter für morgen. Im Süden den ganzen Tag Regen. In der Mitte Wechsel zwischen Sonne und Wolken. Im Norden am Vormittag Sonne, am Nachmittag ziehen Wolken auf, am Abend kann es vereinzelt zu Regenfällen kommen, es ist sehr windig. Temperaturen in der Nacht bis 9 Grad, am Tag bis 23 Grad.

7 Es folgen die Verkehrsnachrichten. A1 Salzburg Richtung Rosenheim vier Kilometer Stau vor einer Baustelle. A4 Richtung Wien, zwischen Fischamend und Schwechat 2 km stockender Verkehr nach einem Unfall.

8 Und hier ein Programmhinweis. Bitte achten Sie auf folgende Programmänderung. Heute Abend müssen der Krimi „Mord am Morgen“ und auch die Talkshow mit Günter Will leider ausfallen. Wir bringen diese Sendungen zu einem späteren Zeitpunkt. Es gibt heute Abend eine Sondersendung zur Fußball-Europameisterschaft.

9 Und hier eine Information der Marktbetriebe. Am nächsten Samstag ist Feiertag. Deshalb findet der Wochenmarkt diese Woche am Freitag von 8.00 bis 19.00 Uhr statt.

Teil 3

Beispiel
- Grüß Gott, was kann ich für Sie tun?
- Ich suche einen Mantel, gerne in Braun.
- Mäntel haben wir. Welche Größe haben Sie?
- 44.
- Moment, ich schaue einmal … Ja, hier ist ein brauner Mantel in Größe 44. Wollen Sie ihn anprobieren?
- Ja, gerne… Na ja, eigentlich gefällt mir der Mantel gut. Aber 379 Euro finde ich doch ein bisschen teuer. Haben Sie noch andere Mäntel in Braun?
- Nein, im Moment haben wir nur diesen Mantel. Aber nächste Woche bekommen wir neue Ware.
- Vielen Dank. Dann warte ich noch.

10 und 11

- Grüß Gott. Ich habe gestern bei Ihnen dieses Radio gekauft.
- Ja, richtig. Ist etwas nicht in Ordnung?
- Ja, es funktioniert nicht.
- Darf ich einmal sehen? Moment… hier ist eine Steckdose. So, jetzt einschalten. Ja, Sie haben Recht. Da passiert nichts.

- Kann ich ein neues bekommen? Ich habe hier auch die Rechnung.
- Natürlich. Ich gebe Ihnen ein anderes Radio.

12 und 13

- Guten Tag, Herr Wagner.
- Grüß Gott, Herr Varese. Das ist wirklich ärgerlich. In den Mülltonnen ist kein Platz.
- Ja, das habe ich auch schon erlebt. Die Mülltonnen sind viel zu klein und immer voll. Die Hausverwaltung muss das ändern.
- Ja, wir bezahlen Miete und Betriebskosten, aber die Hausverwaltung macht nichts.
- Ich schlage vor, dass wir einen Brief an die Hausverwaltung schreiben. Wenn Sie Zeit haben, können Sie heute Abend bei mir vorbeikommen.
- Einverstanden. Dann bitten wir die Hausverwaltung, dass sie bei der Stadtverwaltung noch zwei Mülltonnen bestellt.

14 und 15

- Sakine Yildirim.
- Grüß Gott, Frau Yildirim. Hier spricht Bianca Busch. Ich bin die Klassenlehrerin von Mahmud.
- Guten Tag, Frau Busch.
- Ich rufe an, weil die Noten von Ihrem Sohn Mahmud in den letzten Monaten ziemlich schlecht geworden sind.
- Ja, das habe ich auch schon gesehen. Besonders in Geografie ist er sehr schlecht. Leider kann ich ihm da nicht helfen, denn mein Deutsch ist nicht so gut.
- Das ist auch nicht nötig. Es gibt Angebote für Schüler mit Problemen. Ich schlage vor, Sie kommen mit Mahmud einmal zu mir in die Schule und dann sprechen wir über die Angebote. Haben Sie am nächsten Dienstag um 15 Uhr Zeit?
- Ja, das geht.
- Also dann bis nächsten Dienstag. Auf Wiederhören, Frau Yildirim.

16 und 17

- Hier spricht Helmut Asal.
- Grüß Gott, mein Name ist Kurt Wagner. Ich habe Ihre Wohnungsanzeige gelesen. Ist die Wohnung noch frei?
- Ja, sie ist noch frei.
- Ich habe einige Fragen. In der Anzeige steht 450 Euro plus Betriebskosten. Wie hoch sind denn die Betriebskosten?
- Die Betriebskosten liegen bei ungefähr 120 Euro.
- Außerdem schreiben Sie, dass die Wohnung im 2. Bezirk liegt. Da sind einige sehr ruhige Straßen, aber die Hauptstraßen mit der Straßenbahn und den Bussen sind sehr laut. Wo liegt die Wohnung genau?
- In der Bürgergasse.
- Sehr gut, da ist es ruhig. In welchem Stock ist die Wohnung?
- Im Erdgeschoss.
- Ach, das ist nicht so gut. Ich wohne lieber im zweiten oder dritten Stock. Trotzdem vielen Dank für die Informationen.

5 Am Arbeitsplatz

1b

1 Mit sechs Jahren wollte ich Busfahrer werden - wie mein Opa. Na ja, ich habe dann nach der Matura Medizin studiert. Jetzt bin ich Arzt und arbeite in einem Krankenhaus.

2 Als kleines Mädchen habe ich lange Haare gehabt und habe immer neue Frisuren ausprobiert. Das hat mir Spaß gemacht und deshalb wollte ich Friseurin werden. Heute arbeite ich als Köchin in einem Hotel. Das ist anstrengend, aber es macht mir auch Spaß.

3 Früher habe ich mir neue Maschinen ausgedacht und habe sie gemalt. Ich wollte sie alle später bauen. Ich wollte Ingenieur werden, aber dann habe ich doch keine Matura gemacht. Jetzt bin ich Mechatroniker.

18

- Entschuldigung, ist der Platz noch frei?
- Ja. Ich habe Sie hier noch nicht gesehen. Sind Sie neu in der Firma?
- Nein, früher habe ich in der Abteilung in Bregenz gearbeitet.
- Und wo gefällt es Ihnen besser? Hier in Innsbruck oder in Bregenz?
- In Bregenz war es nicht schlecht, aber hier ist es interessanter.
- Übrigens mein Name ist …
- Ich heiße Doreen Abt.
- Wenn Sie Fragen haben, helfe ich Ihnen gerne.

21

1 Ich mag Betriebsausflüge. Es ist gut, wenn man die Kollegen nicht nur bei der Arbeit sieht. Man muss auch privaten Kontakt haben, dann lernt man die Kollegen besser kennen und die Arbeit macht mehr Spaß.

2 Betriebsausflüge sind eigentlich gut, aber es ist wichtig, dass alle Kollegen mitkommen, auch die Chefs. Letztes Jahr ist unser Chef nicht mitgekommen. Er hat einen wichtigen Termin in Berlin gehabt. Der Betriebsausflug hat ohne den Chef stattgefunden, das war sehr schade.

3 Ich finde, dass Betriebsausflüge manchmal gut und manchmal schlecht sind. Wichtig ist, dass das Programm gut ist. Bei unserem letzten Betriebsausflug haben wir ein Museum besucht. Das war sehr interessant. Aber manchmal machen wir nur eine Wanderung.

4 Betriebsausflüge mag ich nicht. Ich bleibe dann immer zu Hause. Ich sehe meine Kollegen bei der Arbeit oft genug. Es ist doch langweilig, wenn die Arbeitskollegen aus der ganzen Firma auch in der Freizeit zusammen sind! In meiner Freizeit treffe ich lieber meine Freunde.

Wohnen nach Wunsch 6

1c+d

1 ● Herr Bach, wie wohnen Sie?
● Wir wohnen jetzt sehr schön. Wir haben eine Wohnung in einem Mietshaus, im fünften Stock. Die Wohnung ist schön groß und sehr hell. Wir haben auch einen Balkon. Das ist wichtig für uns, weil wir Blumen mögen und gerne im Sommer am Abend draußen sitzen. Der Balkon geht nach Westen, und wenn wir am Abend von der Arbeit zurückkommen, dann haben wir noch immer Sonne. Und hinter dem Haus ist ein Hof mit einem Spielplatz. Unser Sohn kann auch allein runtergehen und dort spielen. Wir können ihn vom Balkon aus sehen. Das ist sehr praktisch. Wir wohnen sehr gern hier.

2 ● Frau Gruber, wo liegt Ihre Wohnung? Wie wohnen Sie?
■ Sie liegt ziemlich zentral, ganz in der Nähe vom Bahnhof. Unsere Straße ist eine Einkaufsstraße, es gibt viele Geschäfte ganz in der Nähe. Das ist sehr praktisch, wir brauchen kein Auto, wir können alles zu Fuß oder mit den öffentlichen Verkehrsmitteln machen. Mein Mann fährt mit der U-Bahn in die Arbeit und ich fahre mit dem Fahrrad, ich brauche nur zehn Minuten. Na ja, und wenn wir am Abend ausgehen oder ins Kino gehen wollen, dann ist das auch kein Problem. Bei uns in der Nähe gibt es drei Kinos und viele Restaurants. Mir gefällt es hier.

3 ● Herr Müller, wie wohnen Sie?
▲ Wir haben früher in der Stadt gewohnt, aber jetzt haben wir Kinder, zwei kleine Kinder, drei und fünf Jahre alt. Deshalb haben wir uns ein Haus auf dem Land gesucht, in einem kleinen Dorf. Ich brauche jetzt lange in die Arbeit, ich fahre fast eine Stunde, das ist natürlich ein Nachteil. Meine Frau hat Glück, sie ist Lehrerin und kann in der Schule im Dorf arbeiten. Und unser Haus ist wunderschön. Wir haben einen Garten hinter dem Haus, und die Straße vor dem Haus ist ruhig, da fahren nicht so viele Autos. Das ist gut für die Kinder. In der Stadt habe ich immer Angst gehabt, dass die Kinder auf die Straße laufen. Hier bei uns ist das kein Problem, es gibt nicht viele Autos in unserer Straße und die Autos fahren langsam. Ich bin sehr froh, dass wir jetzt hier wohnen.

7

● Meier-Angermann.
● Grüß Gott, mein Name ist… Ich habe Ihre Anzeige in der Zeitung gelesen.
● Die 3-Zimmerwohnung in der Mozartstraße?
● Ja, genau. Ist die Wohnung noch frei?
● Ja, sie ist noch nicht vermietet, aber es gibt schon ein paar Interessenten.
● Könnte ich die Wohnung vielleicht besichtigen?
● Gern, kommen Sie doch heute Abend um sieben.
● Oh, das ist schwierig. Ich arbeite bis sieben. Könnte ich auch ein bisschen später kommen?
● Kein Problem, ich bin bis acht in der Wohnung.
● Danke schön und auf Wiederschauen.
● Auf Wiederschauen. Baba!

Wichtige Wörter 8

● Ach ja, Ranjit, du ziehst ja nächste Woche um. Das wird sicher sehr stressig.
● Oh ja, aber zum Glück muss ich nicht alles allein machen. Meine Freunde helfen mir. Aber einige Sachen muss ich trotzdem selbst machen.
● Was denn zum Beispiel?

- Die Umzugskartons packe ich zum Beispiel selbst ein und in der neuen Wohnung packe ich sie auch wieder selbst aus. Und ich räume meine Bücher ins Regal. Aber ich kann die Möbel nicht alleine abbauen, da bekomme ich Hilfe. Außerdem lasse ich die Möbel transportieren.
- Wie meinst du das?
- Ich habe viele Möbel und ich brauche einen ziemlich großen Lkw. Aber ich habe keinen Führerschein. Zum Glück hat Mario einen, er fährt den Lkw mit den Möbeln zur neuen Wohnung.
- Das ist sehr nett von Mario.
- Ja! Aber meine Freunde können mir nicht bei allen Sachen helfen. Ich muss die Wohnung renovieren und die Zimmer lasse ich von einem Maler streichen. Und dann lasse ich den Herd von einem Elektriker anschließen. Das will ich nicht selbst machen und das sollen auch meine Freunde nicht machen, es ist zu gefährlich. Ich will …

7 Feste feiern

4

1 Hallo Herr Doktor Brinkmann. Hier spricht Sammy Schmidt. Wir müssen noch unser Firmenjubiläum planen. Wir feiern es jetzt am 29.7., also Ende Juli. Der Beginn sollte um 19 Uhr sein. Wir feiern im Hotel zur Post. Aber wir haben noch kein Programm. Können Sie mich bitte heute noch zurückrufen?

2
- Sag einmal Carla, kommst du auch zu dem Termin beim Chef?
- Welcher Termin?
- Na, der Termin nächste Woche am 20. Mai.
- Ach ja, richtig. Herr Özbek hat mich auch eingeladen, aber der Termin ist um 16.00 Uhr. Da habe ich einen Kundentermin. Ich kann nicht kommen. Gehst du hin?
- Ja. Dann gehen also nur Frau Pustola, Frau Nielsen und ich zum Chef. Schade, dass du nicht kommst.

3
- Mama und Papa, am 20. Juni ist unser Schulfest. Kommt ihr auch?
- Natürlich kommen wir, Markus. Wann beginnt es denn genau?
- Um 15.00 Uhr.
- Markus, ich muss bis 16.00 Uhr arbeiten. Mama und ich kommen also ein bisschen später.
- Das ist kein Problem. Das Fest geht bis zum Abend …

6b

1
- Welcher Tag ist heute?
- Heute ist Freitag, der fünfte Juni.
- Juli oder Juni?
- Der fünfte Juni, der 5.6.

2
- Sag einmal, kannst du mir sagen, welcher Tag heute ist?
- Heute ist Mittwoch, der 8.7., der achte Juli.

3
- Ist heute der einundzwanzigste oder der zweiundzwanzigste?
- Warte einmal, gestern hat Lisa Geburtstag gehabt, das war der zwanzigste. Also ist heute der einundzwanzigste.
- Okay, also ist heute der 21.05.

15

- Sie sind immer so freundlich.
- Danke schön, Sie auch.

- Die Hose ist toll!
- Wirklich? Vielen Dank für das Kompliment.

- Ihre Kinder sind immer so höflich.
- Meinen Sie?

- Du siehst heute fantastisch aus!
- Danke, du auch.

- Es freut mich, dass ich Sie hier treffe.
- Ich freue mich auch.

8 Neue Chancen

3

- Guten Tag, Herr Krankl.
- Guten Tag, Frau Speckowius. Nehmen Sie doch bitte Platz.
- Danke. Ich bin heute gekommen, weil ich mich über meine Berufschancen und Stellenangebote informieren möchte. Ich mache jetzt einen Computerkurs über Office-Anwendungen. Der Kurs dauert bis Ende Februar.
- Haben Sie sich schon bei einer Firma beworben?
- Ja, bei Siemens, aber ich warte noch auf die Antwort. Haben Sie vielleicht noch andere Stellenangebote?

- Ja, einen Moment … Suchen Sie eine Vollzeitstelle?
- Nein, ich möchte in Teilzeit arbeiten.
- Dann kann ich Ihnen noch zwei Adressen geben.

14

- Berger-Institut, mein Name ist Kattwitz, guten Tag.
- Grüß Gott, mein Name ist… Ich interessiere mich für den Computerkurs am Donnerstag.
- Es tut mir leid, der Kurs am Donnerstag ist schon voll. Können Sie auch am Dienstag?
- Ist am Dienstag nicht der Kurs für Anfänger? Ich möchte einen Kurs für Fortgeschrittene machen.
- Wir haben am Dienstag auch einen neuen Fortgeschrittenenkurs.
- Dann möchte ich mich gern für diesen Kurs anmelden. Kann ich das telefonisch machen?
- Nein, das ist leider nicht möglich. Sie müssen bei uns vorbeikommen und ein Formular ausfüllen. Wir haben Montag bis Freitag von 16 bis 19 Uhr geöffnet.
- Gut, dann komme ich gleich vorbei. Danke schön.
- Gern geschehen.

16a

… Und jetzt folgen Informationen zu unserem aktuellen Kursangebot: Der Computerkurs „Excel für Anfänger" beginnt am Montag, dem 3.5. um 19.30 Uhr, der Tanzkurs "Wiener Walzer" beginnt am Dienstag, dem 11.5. um 17.30 Uhr und der Deutschkurs für Fortgeschrittene beginnt am Donnerstag, dem 13.5. um 9 Uhr.

16b

- Sprachinstitut Müller, mein Name ist Reiter, guten Tag.
- Grüß Gott, mein Name ist Bielski. Ich interessiere mich für einen Englischkurs.
- Haben Sie bei uns schon einen Kurs gemacht?
- Nein, noch nicht. Ich habe bis jetzt privat gelernt.
- Dann müssen Sie bitte vorbeikommen und einen Test machen, damit wir den richtigen Kurs für Sie herausfinden.
- Wann kann ich denn vorbeikommen?
- Unser Büro ist von Montag bis Freitag von 10 bis 12 Uhr und Donnerstag auch am Nachmittag von 16 bis 18 Uhr geöffnet. Sie können jederzeit ohne Anmeldung vorbeikommen.
- Und wann fangen die neuen Kurse an?
- In drei Wochen, am 4.10., ist Kursanfang. Die Kurse dauern dann drei Monate.
- Gut, dann schaue ich in der nächsten Woche bei Ihnen vorbei. Ich danke für Ihre Informationen. Auf Wiederhören.
- Gern geschehen. Auf Wiederhören.

Wichtige Wörter 6

1

- Hallo Mario, was machst du denn hier?
- Servus, Carla, das wollte ich dich auch gerade fragen. Welchen Kurs machst du?
- Ich mache einen Yoga-Kurs. Weißt du, mein Berufsalltag ist sehr anstrengend und der Kurs ist für mich wirklich sehr entspannend. Danach fühle ich mich immer richtig gut. Der Kurs ist zweimal pro Woche. Und was machst du?
- Ich mache einen Gitarrenkurs. Gitarre spielen wollte ich schon immer und ich möchte gerne mehr über Musik lernen. Außerdem lernt mein Sohn jetzt auch Gitarre und dann kann ich mit ihm später vielleicht zusammen spielen.
- Ja, das ist eine gute Idee. Hast du nach dem Kurs noch etwas Zeit? Wir können noch zusammen etwas trinken gehen. Vielleicht so um acht Uhr?
- Ja, gerne. Mein Kurs endet um 8 Uhr. Wir treffen uns dann wieder hier, okay?
- Okay, bis später.

2

- Warum machst du eigentlich einen Kochkurs, Jack? Du kannst doch so gut kochen. Deine Einladungen zum Essen sind für alle Gäste immer ein großes Erlebnis!
- Vielen Dank für das Kompliment, aber ich bin noch nicht zufrieden. Der Kochkurs gibt mir viele neue Ideen. Und wenn Gäste kommen, kann ich immer etwas Neues anbieten. Aber du machst doch im Moment auch einen Kurs am Abend, oder? Was lernst du denn, Michaela?
- Ich mache einen Malkurs.
- Einen Malkurs? Seit wann interessierst du dich für Kunst?
- Ja, das ist neu, dass ich mich für Kunst interessiere. Aber ich denke manchmal, dass ich nicht kreativ genug bin. Ich habe viele Hobbys, aber z. B. im Sport, da muss alles immer schnell gehen. Ich brauche auch ein Hobby mit etwas mehr Ruhe und Zeit, damit man nachdenken kann. Beim Malen kann ich mich gut entspannen. Das gefällt mir.

9 Gesund leben

4

1
- Gut, ein Rezept kann ich Ihnen jetzt noch nicht geben. Gehen Sie bitte noch einmal ins Wartezimmer. Meine Arzthelferin ruft Sie dann. Sie misst den Blutdruck und nimmt Blut ab. Das schicken wir dann ins Labor. Lassen Sie sich dann noch einen Termin geben für nächste Woche.
- Okay, vielen Dank.

2
- Kommen Sie bitte herein! So, hat die Arzthelferin schon die Augen kontrolliert?
- Ja, ich habe schon einen Sehtest gemacht.
- Ah ja, ich sehe es, gut. Die Brille hat sie auch schon kontrolliert und den Blutdruck gemessen, sehr gut. Ja, dann ist alles in Ordnung, die Brille passt noch gut. Der Blutdruck ist auch in Ordnung. Ich gebe Ihnen noch das Rezept, hier bitte. Dann auf Wiederschauen und alles Gute.
- Danke. Auf Wiederschauen.

10

- Grüß Gott, was kann ich für Sie tun?
- Ich habe starken Husten.
- Sind Sie schon beim Arzt gewesen?
- Nein, noch nicht. Können Sie mir etwas empfehlen?
- Ja, natürlich. Diese Tabletten zum Beispiel sind sehr gut.
- Haben die Tabletten Nebenwirkungen?
- Eigentlich nicht. Man kann manchmal leichte Magenprobleme bekommen. Aber das ist sehr selten.
- Und wie oft muss ich die Tabletten einnehmen?
- Zweimal täglich, nach dem Frühstück und nach dem Abendessen.
- Gut. Vielen Dank, die nehme ich.
- Gerne, das macht 12 Euro 99.

11a

- Wir sprechen heute in unserer Sendung über die eigene Hausapotheke. Wir haben verschiedene Personen gefragt, was in ihrer Hausapotheke ist, welche Medikamente wichtig sind und was man sonst noch so machen kann, wenn man krank ist. Die erste Anruferin ist Frau Schneider. Frau Schneider, Grüß Gott.
- Grüß Gott. Also ich finde Medikamente wichtig. Bei schweren Krankheiten können sie Leben retten. Aber bei leichten Krankheiten geht es auch ohne Medikamente. Wenn zum Beispiel meine Tochter Schnupfen hat, dann gebe ich ihr nicht sofort Medikamente, auch keine Nasentropfen. Ich mache dann eine heiße Hühnersuppe. Das hilft sehr gut. Und ist viel gesünder als die Medikamente.
- Vielen Dank und Grüß Gott zu unserem Anrufer 2: Herr Tanager!
- Guten Tag. Wenn meine Kinder Fieber haben, dann messe ich natürlich erst einmal mit dem Fieberthermometer. Wenn es nicht mehr als 38 Grad sind, dann gebe ich keine Medikamente. Die Kinder bleiben im Bett und bekommen einen heißen Tee oder auch eine heiße Zitrone. Sie sollen dann viel Ruhe haben, meistens schlafen sie viel. Wenn es nach zwei Tagen nicht besser ist, dann gehe ich natürlich zum Arzt. Aber bis jetzt war das noch nicht nötig. Das Fieber ist dann immer schon wieder zurückgegangen.

14

- Was sind die wichtigsten Regeln, wenn man ein gesundes Leben führen möchte? Können Sie uns Ratschläge geben? Frau Nerval, fangen Sie an?
- Ja, gern. Viele sagen, dass Kaffee nicht gut für die Gesundheit ist. Ich finde, das ist Unsinn. Jeden Tag eine Tasse Kaffee am Morgen ist wichtig, weil man dann einen guten Start in den Tag hat. Der Körper braucht außerdem genug Vitamine. Deshalb sollten Sie viel Obst und Gemüse essen.
- Danke. Herr Bruckstätter, was denken Sie?
- Ich finde nicht so wichtig, was man isst. Das Essen sollte aber nicht zu fett sein. Aber ob man Fleisch oder Fisch oder Milchprodukte isst, das ist doch egal. Viel wichtiger für die Gesundheit ist, dass man sich bewegt. Ich habe viel Stress bei der Arbeit. Deshalb gehe ich jede Woche dreimal in ein Fitnessstudio und trainiere meine Muskeln. Und am Wochenende jogge ich. So bleibe ich fit.
- Okay, welchen Ratschlag haben Sie für uns, Frau Mangelsdorff?
- Wichtig ist, dass man nicht zu viel Stress hat. In der Stadt ist das Leben sehr hektisch. Das ist stressig. Deshalb lebe ich lieber auf dem Land. Hier ist es ruhig und die Luft ist gesund. Dann bleibt auch der Körper gesund.

Arbeitssuche 10

3b+c

- Grüß Gott, meine Damen und Herren, unser Thema heute ist: Bewerbungen. Wir haben Menschen gefragt, wie sie eine Arbeit suchen und wie sie eine Arbeit gefunden haben.
  Herr Sanders, wie war es bei Ihnen?
- Ich habe eine Ausbildung als Lkw-Fahrer, aber ich kann nicht mehr als Fahrer arbeiten, weil ich Probleme mit dem Rücken habe. Deshalb möchte ich mich um eine Stelle als Hausmeister bewerben. Ich habe noch keine Berufserfahrung, aber ich kann gut kleine Dinge reparieren und räume gerne auf. Auch im Garten arbeite ich gerne. Ich denke, ich kann die Arbeit gut machen. Ich habe in der Zeitung eine Anzeige gesehen. Ein Hotel sucht einen Hausmeister, das möchte ich probieren. Vielleicht habe ich ja Glück.
- Und Sie, Frau Yilmaz?
- Ich habe an der Universität Wien Deutsch studiert. Jetzt bin ich fertig und suche eine Stelle. Ich habe in der Universität einen Aushang gesehen, eine Sprachschule in Villach sucht Lehrer. Wenn ich dort eine Stelle bekomme, dann ziehe ich von Wien nach Villach. Ich möchte sehr gerne als Lehrerin arbeiten. Ich habe noch nicht viel Berufserfahrung, ich habe nur zwei Praktika gemacht. Aber das hat mir gut gefallen. Ich hoffe, dass ich auch ohne Berufserfahrung in der Sprachschule eine Chance habe.
- Herr Steiner, wo arbeiten Sie und wie haben Sie Ihre Stelle gefunden?
- ▲ Ich arbeite als Kellner im Restaurant von einem großen Hotel. Das ist oft ganz schön stressig, aber es macht mir Spaß. Die Stelle habe ich vor einem Jahr im Internet gefunden. Ich habe ein Angebot von einer Zeitarbeitsfirma gesehen. In der Stellenanzeige ist gestanden, dass eine Bedingung für die Stelle Berufserfahrung ist. Und vor einem Jahr habe ich noch keine Berufserfahrung gehabt. Aber ich habe mich trotzdem beworben … und ich habe die Stelle bekommen. Ich habe Glück gehabt.

14

- Supermarkt Haas. Gaby Rossmann am Apparat. Was kann ich für Sie tun?
- Grüß Gott. Ich habe Ihren Aushang gesehen. Sie suchen Aushilfen für die Weihnachtszeit.
- Ja, wir suchen noch eine Aushilfe für den Nachmittag. Haben Sie da Zeit?
- Ja, das geht. Können Sie mir sagen, wie die Arbeitszeiten genau sind?
- Von 16 bis 18 Uhr. Haben Sie schon als Aushilfe gearbeitet?
- Ja, schon einmal, als Aushilfe für drei Monate.
- Können Sie vielleicht morgen Abend um 19 Uhr vorbeikommen?
- Gern. Können Sie mir bitte die Adresse sagen?

16

- Also, Herr Engström. Erzählen Sie doch bitte. Wo haben Sie bisher gearbeitet?
- Nach meiner Ausbildung im Hotel Elbufer in Hamburg habe ich ein Jahr im Hotelrestaurant gearbeitet. Dann habe ich im Restaurant „Vier Jahreszeiten" in Villach angefangen. Die Arbeit war sehr interessant.
- Können Sie mir etwas über das Restaurant und die Gäste in dem Restaurant sagen?
- Das Restaurant „Vier Jahreszeiten" hat drei Sterne. Es ist also ein sehr gutes Restaurant mit Spezialitäten aus Frankreich. Die Gäste waren aus Österreich und Deutschland oder Touristen aus anderen Ländern und ich musste oft auch Englisch sprechen.
- Welche Aufgaben haben Sie gehabt?
- Neben den normalen Aufgaben in meinem Beruf, also Reservierungen, Bestellungen notieren und Essen und Getränke servieren, habe ich die Gäste auch beraten, zum Beispiel über unsere Weine.
- Wenn Sie bei uns Restaurantchef werden, haben Sie natürlich noch andere Aufgaben. Sie müssen zum Beispiel …

17

1. Wie lange haben Sie Deutsch gelernt?
2. Haben Sie eine Deutschprüfung gemacht?
3. Wie gut können Sie auf Deutsch schreiben?
4. Wo haben Sie in Österreich schon gearbeitet?

Wichtige Wörter 6

- Die Person räumt gerne auf. Sie putzt auch gerne und macht immer alles sauber.
- Die Person hat eine Werkstatt und arbeitet gern mit Holz. Sie hat viele Ideen und arbeitet selbstständig.
- Die Person ist sehr müde. Sie arbeitet zu viel und braucht Schlaf und Ruhe.

- Die Person kann überall arbeiten: egal ob im Büro, am Strand oder zu Hause. Sie braucht nur einen Laptop und ein Handy.
- Diese Person möchte immer alles wissen. Sie fragt viel und hört zu, wenn andere sprechen.

11 Von Ort zu Ort

2

- Guten Tag, meine Damen und Herren. Ich stehe hier am Hauptbahnhof von Linz und mache Interviews mit Reisenden. Entschuldigung, darf ich Sie kurz stören?
- Ja, bitte?
- Sie sind gerade mit dem IC angekommen. Darf ich fragen, woher Sie kommen?
- Meine Frau und ich haben einen kleinen Urlaub in Berlin gemacht, vier Tage.
- Hat Ihnen die Reise gefallen?
- Ja, es war super. Ich habe mich sehr gefreut, meine Eltern haben uns die Reise geschenkt. Wir haben viel gesehen. Wir waren im Reichstag und auf dem Potsdamer Platz und wir haben eine Stadtrundfahrt gemacht. Wir haben auch ein paar Museen besucht. Unser Hotel war sehr gemütlich. Und am Abend sind wir immer ins Restaurant gegangen. Wir fahren sicher bald wieder nach Berlin.
- Vielen Dank. Und Sie? Darf ich Sie auch fragen, woher Sie kommen?
- Ich komme gerade vom Flughafen Wien-Schwechat. Ich war in Moskau, in Russland. Das war eine Geschäftsreise, weil meine Firma viele Kontakte mit Russland hat. Aber ich habe nicht nur gearbeitet. Ich bin in Russland geboren und bin vor zwölf Jahren nach Österreich gekommen. Ich habe viele Verwandte in Moskau. Die habe ich auch besucht. Die Reise war anstrengend und ich bin jetzt sehr müde, aber es war auch schön.

16

- Notrufzentrale. Ja, bitte?
- Grüß Gott, mein Name ist … Ich habe eine Autopanne.
- Wo sind Sie genau?
- Ich bin auf der A1 Fahrtrichtung Linz. Auf der Notrufsäule steht Kilometer 18.
- Wo steht Ihr Auto?
- Es steht direkt neben der Notrufsäule.
- Gut, bleiben Sie, wo Sie sind. Der Pannendienst kommt in wenigen Minuten.

19

1. Kaufst du die Fahrkarten?
2. Wie lange sollen wir wegfahren?
3. Ich schlage vor, wir fahren nach Pörtschach.
4. Ich kann die Unterkunft reservieren.

12 Treffpunkte

6

1 In unserem Verein sind viele Mitglieder aktiv. Wir treffen uns das ganze Jahr, aber ab November sind wir besonders aktiv. Und natürlich dann im Jänner und Februar. Wir haben viele Tanzgruppen für die kleinen Mädchen, für die Erwachsenen eine Rock'n Roll-Gruppe, die Musikgruppe und dann bereiten wir natürlich die Faschingssitzungen und den Faschingszug vor. Es ist viel Arbeit, aber es macht auch viel Spaß. Ich freue mich immer auf unser großes Fest im Februar.

2 In meinem Verein gibt es viele verschiedene Gruppen. Ich kenne die meisten gar nicht. Ich gehe nur jede Woche einmal in meine Gymnastik. Bei der Arbeit muss ich immer viel sitzen und ich habe oft Rückenschmerzen. Deshalb ist es ganz wichtig für mich, dass ich regelmäßig Sport mache. Diese Gruppe ist genau richtig für mich. Wir sind ungefähr fünfzehn Frauen und machen eine Stunde Gymnastik mit Musik, das macht Spaß und tut mir gut.

7b

- Wie viele Menschen leben in Österreich?
- Österreich hat ungefähr 8 600 000 Einwohner.
- Wie viele Menschen leben in der Hauptstadt?
- In Wien leben ungefähr 1 800 000 Einwohner. Dazu kommen noch etwa 260 000 Pendler, also Menschen, die jeden Tag in die Arbeit nach Wien kommen.
- Wie viele Mitglieder haben die Fußballvereine in Österreich?
- Die Fußballvereine in Österreich haben ungefähr 590 000 Mitglieder.
- Sind auch viele Mädchen und Frauen Mitglied im Fußballverein?
- Ja, natürlich. Heute spielen auch viele Mädchen Fußball, selbstverständlich nicht so viele wie Buben, aber wir haben inzwischen mehr als 100 Frauenmannschaften.

- Wie viele Personen passen in das Wiener Fußballstadion?
- Im Ernst-Happel-Stadion gibt es mehr als 50 000 Plätze.

16

- Bezirksamt Linz, Leitner spricht. Grüß Gott.
- Grüß Gott, mein Name ist... Können Sie mir sagen, was ein Stand auf dem Straßenfest kostet?
- Tut mir leid, für die Standmiete bin ich nicht zuständig. Das macht meine Kollegin Frau Antes.
- Können Sie mich bitte verbinden?
- Ja gern. ... Hallo? Hören Sie, Frau Antes spricht gerade, rufen Sie doch später noch einmal an.
- Wie ist die Durchwahl?
- Die Durchwahl ist 255.
- 255. Vielen Dank, auf Wiederhören.
- Gern geschehen, auf Wiederhören.

Banken und Versicherungen 13

4

- Grüß Gott, Koch ist mein Name. Ich habe einige Fragen zu einem Girokonto bei Ihnen.
- Ja gerne, womit kann ich helfen?
- Ich würde gerne wissen, wie viel so ein Konto kostet.
- Soll es ein Geschäftskonto oder ein Privatkonto sein?
- Das Konto soll ein Privatkonto sein, aber nicht für mich, sondern für Freunde, die bald von Russland nach Österreich umziehen. Sie brauchen das Konto vor allem für Überweisungen von Russland nach Österreich, aber zum Beispiel auch für die Miete, die sie hier in Österreich bezahlen.
- Dann passt unser Angebot *Giro extra* sehr gut. Die Gebühr ist 4 Euro im Monat, man hat 30 Überweisungen pro Monat frei und die Bankomatkarte kostet nichts.
- Haben Sie ein Prospekt mit Ihren Angeboten für Girokonten?
- Natürlich, hier bitte.
- Vielen Dank für das Prospekt und Ihre Informationen. Dann kann ich meinen Freunden Bescheid geben. Wenn sie Ihre Angebote interessant finden, eröffnen sie das Konto sicher bei Ihrer Bank.

Wichtige Wörter 5a

- Entschuldigen Sie, können Sie mir helfen? Ich möchte gern 100 Euro an dem Bankomaten abheben.
- Ja, natürlich. Zuerst müssen Sie Ihre Bankomatkarte in den Schlitz stecken. Dann geben Sie Ihre Geheimzahl ein. Wählen Sie den Betrag aus, 100 Euro, und drücken Sie „Bestätigen".
- Wo ist denn die Taste „Bestätigen"?
- Hier, die grüne Taste.
- Ah, ja.
- Jetzt müssen Sie Ihre Karte wieder entnehmen und da sind schon Ihre 100 Euro.
- Ach, das ist ja eigentlich ganz einfach.
- Ja, wenn man weiß, wie es geht! Wenn Sie noch einmal Hilfe brauchen, melden Sie sich!

Freunde und Bekannte 14

2

1 Ich freue mich schon sehr auf die Fußballsaison. Meine Freundin Anika und ich interessieren uns schon seit Jahren für Fußball. Wir sehen uns auch oft Fußballspiele im Stadion an. Da ist was los! Wir treffen uns dort auch mit vielen anderen. Und wenn wir gewinnen, dann gibt es eine große Party. Wenn wir verlieren, na ja, dann diskutieren wir über das Spiel, aber wir ärgern uns meistens nicht lange.

2 Ich kann mich auf meinen Freund Michi wirklich verlassen. Letzten Sommer hat sich meine Freundin von mir getrennt. Es war nicht so einfach für mich. Aber Michi und ich haben viel über mich und meine Freundin geredet – das war wichtig für mich und hat mir sehr geholfen.

11

- Liebe Zuhörer, unser Thema ist heute Freundschaft. Wir haben einige Hörer gefragt, was für sie Freundschaft bedeutet. Als erstes sprechen wir heute mit Helga Schmidt. Frau Schmidt, erzählen Sie doch über Ihre Freunde und Freundinnen.

- Ja, gern. Also Hanna, Ingeborg und ich, wir sind jetzt siebzig und kennen uns schon seit mehr als sechzig Jahren. Wir waren schon zusammen in der Schule und haben viel zusammen erlebt. Wir kennen natürlich auch unsere Familien sehr gut. Seit über 10 Jahren treffen wir uns regelmäßig in einem Kaffeehaus, das ist besser als zu Hause, dann haben wir keine Arbeit. Wir treffen uns einmal pro Woche, immer am Mittwochnachmittag um 15 Uhr. Dann trinken wir zusammen Kaffee, essen Kuchen und reden gemütlich miteinander. Wir erzählen uns viel über unsere Kinder und Enkelkinder. Bei ihnen ist immer etwas los: sie gehen ins Ausland, haben einen neuen Job oder bekommen Kinder. Das ist interessant. Manchmal sprechen wir auch über Bücher oder wir gehen zusammen in ein Konzert oder in eine Ausstellung. Ich bin froh, dass ich Freundinnen habe, mit denen ich alles teilen kann.
- Vielen Dank Frau Schmidt. Unser nächster Anrufer ist einige Jahre jünger. Lukas, wer ist dein guter Freund oder deine gute Freundin?
- Ferhad ist ein echt guter Freund für mich. Letztes Jahr habe ich zum Beispiel Stress in der Schule gehabt. Ich habe keine Lust mehr gehabt, mir war alles egal. Meine Noten waren total schlecht. Besonders in Englisch und Deutsch. Na ja, und dann hat Ferhad mir die Meinung gesagt: Dass ich mich anstrengen muss, dass das Lernen wichtig ist und so weiter. Ich war erst ziemlich sauer. Ich wollte das nicht hören. Aber er hat nicht aufgehört. Ja und dann habe ich verstanden: Er wollte mir ja nur helfen. Ich habe dann Nachhilfe genommen und Ferhad hat viel mit mir gelernt. Meine Noten sind jetzt besser und ich bin froh, dass Ferhad mit mir gesprochen hat. Er ist wirklich ein guter Freund. Wir sehen uns fast täglich, nicht nur in der Schule. Wir unternehmen auch viel zusammen am Nachmittag und am Wochenende. Wir interessieren uns für ähnliche Dinge: Wir lieben Musik und Sport. Wir spielen beide gern Fußball. Die anderen in der Klasse spielen auch Computerspiele, aber das machen wir beide nicht so gerne. Ferhad ist oft bei mir zu Hause, er mag meine Familie. Am Samstagnachmittag sind wir manchmal bei meinen Großeltern, wir spielen mit ihnen Karten und trinken zusammen Kaffee.

CD Inhalt

Auf diesen CDs finden Sie alle Hörtexte zum Arbeitsbuch.

CD1

Nr			Seite
1.01	Nutzerhinweis		
	Lektion 1	**Meine Geschichte**	
1.02	Ü 11a+b	Interview mit Herrn Sorokin	7
1.03	Ü 18	Textkaraoke	9
1.04	Wörter Ü 3	Wörter hören und nachsprechen	13
1.05	Wörter Ü 4	Lerntipps	14
	Lektion 2	**Medien**	
1.06	Ü 4a	Medien im Alltag	17
1.07	Ü 4b	Interview mit Frau Kostas	17
1.08	Ü 12b	Das Fernsehprogramm	20
1.09	Ü 13	Textkaraoke	20
1.10	Wörter Ü 3	Wörter hören und nachsprechen	25
1.11	Wörter Ü 5	Neue Wörter nachsprechen	26
1.12	Wörter Ü 6	Sätze sprechen	27
	Lektion 3	**Wochenende**	
1.13	Ü 1	Was macht Herr Pazzi am Wochenende?	28
1.14	Ü 13	Im Restaurant 1	32
1.15	Ü 14a	Im Restaurant 2	33
1.16	Ü 16	Textkaraoke	33
1.17	Ü 17	Was möchten Filipp und Selvi bestellen?	34
1.18	Wörter Ü 4	Wörter hören und nachsprechen	37
1.19	Wörter Ü 6	Neue Wörter hören und nachsprechen	38
	Lektion 4	**Schule**	
1.20	Ü 2b+c	Interview mit Herrn Vogel	41
1.21	Ü 4a	Die Mutter von Filip erzählt	41
1.22	Ü 9c	Fragen und Antworten	43
1.23	Ü 16	Die Schulzeit von Frau Sánchez	46
1.24	Wörter Ü 4	Wörter hören und nachsprechen	49
1.25	Wörter Ü 6	Wörter nachsprechen	50

Nr			Seite
	Station 1		
1.26		ÖIF-Test Neu, Hören, Teil 1	54
1.27		ÖIF-Test Neu, Hören, Teil 2	54
1.28		ÖIF-Test Neu, Hören, Teil 3	55
	Lektion 5	**Am Arbeitsplatz**	
1.29	Ü 1b	Berufe	56
1.30	Ü 18	In der Cafeteria	62
1.31	Ü 21	Meinungen über Betriebsausflüge	63
1.32	Wörter Ü 3	Wörter hören und nachsprechen	65
1.33	Wörter Ü 5	Wörter nachsprechen 1	66
1.34	Wörter Ü 8	Wörter nachsprechen 2	67
	Lektion 6	**Wohnen nach Wunsch**	
1.35	Ü 1c+d	Wo wohnen die Familien?	68
1.36	Ü 7	Textkaraoke	70
1.37	Wörter Ü 4	Wörter hören und nachsprechen	77
1.38	Wörter Ü 5b	Wörter nachsprechen	78
1.39	Wörter Ü 8	Interview mit Ranjit	79
	Lektion 7	**Feste feiern**	
1.40	Ü 4	Termine	81
1.41	Ü 6b	Welcher Tag ist heute?	82
1.42	Ü 15	Textkaraoke	85
1.43	Wörter Ü 4	Wörter hören und nachsprechen	89
1.44	Wörter Ü5b	Wörter nachsprechen	90

CD2

Nr			Seite
2.01	Nutzerhinweis		
	Lektion 8	**Neue Chancen**	
2.02	Ü 3	Ein Gespräch mit dem AMS-Berater	96
2.03	Ü 14	Textkaraoke	101
2.04	Ü 16a	Wann beginnen die Kurse?	102
2.05	Ü 16b	Anruf bei einer Sprachschule	102
2.06	Wörter Ü 3	Wörter hören und nachsprechen	105
2.07	Wörter Ü 5	Wörter nachsprechen	106
2.08	Wörter Ü 6	Welche Kurse machen die Personen?	106
	Lektion 9	**Gesund leben**	
2.09	Ü 4	Beim Arzt	109
2.10	Ü 6	Beim Gesundheits-Check	110
2.11	Ü 7b	Wortakzent bei Komposita	110
2.12	Ü 10	Textkaraoke	112
2.13	Ü 11a	Die Hausapotheke	112
2.14	Ü 14	Ratschläge für ein gesundes Leben	114
2.15	Wörter Ü 4	Wörter hören und nachsprechen	117
2.16	Wörter Ü 6	Wörter nachsprechen	118
	Lektion 10	**Arbeitssuche**	
2.17	Ü 3b+3c	Wo haben sich die Personen beworben?	121
2.18	Ü 14	Textkaraoke	124
2.19	Ü 16	Welchen Beruf hat Herr Engström?	126
2.20	Ü 17	Fragen beim Vorstellungsgespräch	126
2.21	Wörter Ü 4	Wörter hören und nachsprechen	129
2.22	Wörter Ü 5	Adjektive nachsprechen, Teil 1	130
2.23	Wörter Ü 6	Wer ist das?	130
2.24	Wörter Ü 7	Adjektive nachsprechen, Teil 2	131

Nr			Seite
	Lektion 11	**Von Ort zu Ort**	
2.25	Ü 2	Interviews mit Reisenden	132
2.26	Ü 8	Einen Flug buchen	134
2.27	Ü 15	Platzreservierung	137
2.28	Ü 16	Textkaraoke	137
2.29	Ü 19	Eine Reise planen	138
2.30	Wörter Ü 4	Wörter hören und nachsprechen	141
2.31	Wörter Ü 5b	Urlaubsaktivitäten nachsprechen	142
	Lektion 12	**Treffpunkte**	
2.32	Ü 6	Vereine	150
2.33	Ü 7b	Welche Zahl hören Sie?	151
2.34	Ü 16	Textkaraoke	154
2.35	Wörter Ü 3	Wörter hören und nachsprechen	157
2.36	Wörter Ü 5	Wörter nachsprechen	158
	Lektion 13	**Banken und Versicherungen**	
2.37	Ü 4	Dialog auf der Bank	161
2.38	Ü 5	Ein Gespräch auf der Bank / Textkaraoke	161
2.39	Ü 10a	Anruf bei der Versicherung	163
2.40	Wörter Ü 4	Wörter hören und nachsprechen	169
2.41	Wörter Ü 5a	Wie hebt man Geld am Bankomaten ab?	170
2.42	Wörter Ü 5b	Wörter nachsprechen 1	170
2.43	Wörter Ü 7	Wörter nachsprechen 2	171
	Lektion 14	**Freunde und Bekannte**	
2.44	Ü 2	Zwei Freundschaften	172
2.45	Ü 11	Gute Freunde	177
2.46	Wörter Ü 4	Wörter hören und nachsprechen	181
2.47	Wörter Ü 6	Verben mit Präpositionen nachsprechen	182

Bildquellen

Cover: Fotolia / Lisa Payr; **S. 5:** Fotolia / newb1; **S. 7:** oben rechts Cornelsen / Hugo Herold Fotokunst; oben 2. von links Fotolia / Kadmy; unten Fotolia / Yusei; oben links Fotolia / dudlajzov; oben 2. von rechts ClipDealer / ksl; **S. 8:** unten Fotolia / kathrinm; oben Bundesministerium für Inneres Ref III / 3 / a (Passwesen); **S. 13**: links Fotolia / mRGB; rechts ClipDealer / Robert Biedermann; **S. 20**: unten Shutterstock / Patrick Foto; oben Shutterstock / withGod; Mitte Fotolia / Vera Kuttelvaserova; Computersymbole Cornelsen / finedesign, Büro für Gestaltung; **S. 21**: oben Fotolia / contrastwerkstatt; Smileys Cornelsen / finedesign, Büro für Gestaltung; **S. 23**: unten Fotolia / Thaut Images; oben Fotolia / Monkey Business; **S. 25**: (2) Shutterstock / Nejron Photo; (6) Shutterstock / Patrick Foto; (4) Shutterstock / withGod; (1) Fotolia / IvicaNS; (3) Fotolia / massimhokuto; (5) Fotolia / Vera Kuttelvaserova; (7) Fotolia / massimo_g; **S. 26**: Cornelsen / Hugo Herold Fotokunst; **S. 27**: (4), (13) Shutterstock / Smileus; (3) Shutterstock / racorn; (5) Shutterstock / veronchick84; (10) Shutterstock / NRT; (2) Fotolia / mindscanner; (14), (15) Fotolia / Andrey Popov; (6) Fotolia / jannoon028; (9) Fotolia / Boggy; (11) Fotolia / Thomas R.; (7) Fotolia / thodonal; (12) Shutterstock / Alexander Raths; (16) Shutterstock / scyther5; (8) Shutterstock / frotos; (1) Shutterstock / Thomas Pajot; **S. 32**: oben Shutterstock / Tyler Olson; unten Fotolia / ExQuisine; Mitte Fotolia / kameramann; **S. 33**: unten Shutterstock / Blend Images; oben Shutterstock / Lighthunter; **S. 35**: (D) Fotolia / imagox; (F) Fotolia / philippe Devanne; (E) Fotolia / purplequeue; (B) Fotolia / JackF; (C) Fotolia / Syda Productions; Smileys Cornelsen / finedesign, Büro für Gestaltung; **S. 37**: Fotolia / juniart; **S. 38**: (5) Shutterstock / Maglara; (4) Clip Dealer / Erwin Wodicka; (9) Fotolia / Whyona; (10) Fotolia / Olaf Wandruschka; (11) Clip Dealer / Thomas Klee; (3) Fotolia / j.o.photodesign; (13) Fotolia / Schlierner; (8) Fotolia / Pixelspieler; (12) Fotolia / Moritz Hirth; (1), (2) Clip Dealer / purplequeue; (14) Fotolia / eyetronic; (7) Fotolia / euthymia; (16) Fotolia / euthymia; (6) Fotolia / karandaev; (15) Fotolia / exopixel; **S. 39**: (B) Fotolia / ExQuisine; (C) Fotolia / denio109; (F) Fotolia / thommy1973; (A) Fotolia / kameramann; (D) Fotolia / nata_vkusidey; (E) Shutterstock / arfo; **S. 40**: oben Fotolia / Woodapple; unten Fotolia / tinadefortunata; **S. 41**: Shutterstock / Layland Masuda; **S. 43**: oben Fotolia / Jürgen Fälchle; unten Fotolia / Kzenon; **S. 44**: links Fotolia / Welf Aaron; 2. von rechts Fotolia / Apart Foto; 2. von links Fotolia / Paulista; rechts Shutterstock / seyomedo; **S. 45**: Fotolia / Christian Jung; **S. 46**: Fotolia / muro; **S. 50**: (7) Shutterstock / Minerva Studio; (3) Shutterstock / bikeriderlondon; (9) Fotolia / dudek; (4) Fotolia / Monkey Business; (10) Fotolia / st-fotograf; (6) Fotolia / alho007; (14) Fotolia / locoleal; (16) Fotolia / an_m; (15) Fotolia / Photographee.eu; (8) Fotolia / Gerhard Seybert; (2) Fotolia / tinadefortunata; (12) Fotolia / drubig-photo; (11) Shutterstock / Konrad Mostert; (1) mauritius images / imageBROKER / Michael Weber; (5) Shutterstock / Krivosheev Vitaly; (13) Shutterstock / Dja65; **S. 51**: (29) Shutterstock / Jamie Wilson; (24) Shutterstock / Olesya Feketa; (25) Fotolia / Robert Kneschke; (28) Fotolia / contrastwerkstatt; (18) Fotolia / Tyler Olson; (23) Fotolia / Christian-Schwier; (20), (21) Fotolia / Monkey Business; (30) Fotolia / michelangeloop; (17) Fotolia / benschonewille; (31) Fotolia / Kara; (26), (27) Fotolia / highwaystarz; (22) Shutterstock / Denise Lett; (19) Shutterstock / Michael Woodruff; (32) Shutterstock / bikeriderlondon; **S. 53**: 3. von rechts Fotolia / pressmaster; rechts Fotolia / belahoche; 2. von rechts Fotolia / ARochau; 3. von links Shutterstock / seyomedo; links Shutterstock / LuckyImages; 2. von links Fotolia / Nomad_Soul; **S. 56**: (1) Fotolia / william87; (4) Fotolia / Oksana Kuzmina; (2) Shutterstock / Kzenon; (3) Shutterstock / wavebreakmedia; **S. 57**: (1), (2) Fotolia / Robert Kneschke; **S. 60**: Fotolia / geniuskp; **S. 61**: Mitte Fotolia / Africa Studio; oben Fotolia / Teamarbeit; unten Fotolia / Apart Foto; **S. 63**: rechts Fotolia / nd3000; links Fotolia / pure-life-pictures; **S. 66**: (3) Clip Dealer / Erwin Wodicka; Mitte Fotolia / Jakob Kamender; (2), (4), (5) Fotolia / Kadmy; (10) Fotolia / fotoblitzch; (8) Fotolia / savoieleysse; (1) Fotolia / Kzenon; (12) Fotolia / goodluz; (11) Fotolia / starflamedia; (7) Fotolia / Sergey Nivens; (9) Fotolia / Gina Sanders; (6) Fotolia / grafikplusfoto; **S. 67**: (3) Fotolia / Galyna Andrushko; (2) Fotolia / Felix Loechner; (8) Fotolia / Gerhard Seybert; (9) Fotolia / Picture-Factory; (10) Fotolia / autofocus67; (12) Fotolia / Kzenon; (5) Fotolia / william87; (7) Fotolia / CandyBox Images; (6) Fotolia / mariakraynova; (4) Fotolia / Angelo Giampiccolo; (1) Fotolia / Olesia Bilkei; (11) Clip Dealer / Monkey Business Images; Mitte Flughafen Wien AG vie timelapse © Roman Boensch 2012; **S. 68**: (2) Fotolia / marcus_hofmann; (1) Fotolia / ThomBal; (3) Shutterstock / Heiko Kueverling; **S. 69**: oben Fotolia / Stefan Arendt; unten Fotolia / JS-LE-PHOTOGRAPHY; Smileys Cornelsen / finedesign, Büro für Gestaltung; **S. 73**: (2) Shutterstock / Nadezhda1906; (3) Shutterstock / Jan Schneckenhaus; (1) Cornelsen / Hugo Herold Fotokunst; **S. 74**: Smileys Cornelsen / finedesign, Büro für Gestaltung; oben Shutterstock / Yulia Mayorova; unten Shutterstock / Angelo Giampiccolo; **S. 77**: (2) Clip Dealer / Edler von Rabenstein; (1) Fotolia / ehrenberg-bilder; (3) Fotolia / Photographee.eu; **S. 78**: (3) Shutterstock / Frank Fischbach; (6) ClipDealer / ArTo; (9) Fotolia / Stefan Arendt; (4) Fotolia / JS-LE-PHOTOGRAPHY; (5) Shutterstock / Bildagentur Zoonar GmbH; (7) Shutterstock / stockfotoart; (8) Shutterstock / Nicolette_Wollentin; (2) Shutterstock / Boris Stroujko; (1) Fotolia / mRGB; **S. 80**: (4) Shutterstock / Pressmaster; (2) Fotolia / Clemens Schüßler; (3) Clip Dealer / Monkey Business Images; (1) Fotolia / Thaut Images; **S. 81**: Fotolia / Daniel Ernst; **S. 83**: Mitte Fotolia / Henry Schmitt; unten Fotolia / monstersparrow; oben Shutterstock / Luchi_a; **S. 84**: (1) Clip Dealer / purplequeue; (2) Fotolia / yana_mamochkina; (3) Fotolia / manifeesto; (4) Shutterstock / ravl; **S. 85**: unten Fotolia / Bobo; oben Fotolia / VRD; **S. 87**: Fotolia / alho007; **S. 89**: Geschirr Shutterstock / Africa Studio; Hemd Fotolia / Teamarbeit; Handtuch Clip Dealer / Axel Bueckert; CD Fotolia / benjaminnolte; Buch Fotolia / Markus Mainka; Ohrringe Fotolia / Tarzhanova; Teddy Clip Dealer / Birgit Reitz-Hofmann; Krawatte Fotolia / fotografiedk; **S. 90**: (6) Shutterstock / Kzenon; (3) Fotolia / VRD; (11) Fotolia / E. Schittenhelm; (7) Fotolia / A_Lein; (8) Fotolia / A_Bruno; (10) Fotolia / Guido Grochowski; (9) Fotolia / Howgill; (12) Fotolia / Viktoria Makarova; (1) Fotolia / Clemens Schüßler; (2) Fotolia / drubig-photo; (5) Fotolia / Robert Kneschke; (4) Fotolia / benicoma; **S. 91**: (12) Fotolia / VRD; (2) Fotolia / Stefan Körber; (6) Fotolia / Mike Richter; (10) Fotolia / blende40; (7) Fotolia / Picture-Factory; (3) Fotolia / Osterland; (4) Fotolia / sarsmis; (8) Fotolia / Pixelot; (9) Fotolia / psdesign1; (11) Fotolia / Thaut Images; (5) Shutterstock / jason cox; (1) Fotolia / breedfoto; **S. 93**: Fotolia / SSilver; **S. 96**: oben Clip Dealer / Robert Kneschke; unten Fotolia / contrastwerkstatt; **S. 98**: unten Shutterstock / K3S; oben Shutterstock / Maria Sbytova; **S. 99**: unten Fotolia / Petr Malyshev; oben Shutterstock / Milles Studio; **S. 103**: unten Shutterstock / Blend Images; (1) Clip Dealer / Dmitriy Shironosov; Mitte Clip Dealer / totalpics; (3) Fotolia / Monkey Business; (4) Fotolia / K.- P. Adler; (5) Fotolia / WavebreakmediaMicro; (2) Shutterstock / Alexander Raths; (6) Shutterstock / Nataliya Zinovyeva; oben Shutterstock / Lukiyanova Natalia; **S. 106**: (5) Shutterstock / wavebreakmedia; (7) Fotolia / ARochau; (3) Fotolia / Rob; (1) Fotolia / Ravil Sayfullin; (4) Fotolia / WavebreakmediaMicro; (2) ClipDealer / Robert Kneschke; (9) Fotolia / wellphoto; (6) Shutterstock / Syda Productions; (8) Shutterstock / Iakov Filimonov; **S. 107**: (15) Fotolia / Robert Kneschke; (13) Fotolia / Pixelot; (14) Fotolia / ACP prod; (18) Fotolia / shadow7777; (10) Fotolia / maslovskiy.com; (12) Fotolia / Syda Productions; (17) Shutterstock / wavebreakmedia; (16) Shutterstock / Iakov Filimonov; (11) Shutterstock / Alexander Raths; **S. 108**: (A) Fotolia / Monkey Business; (D) Shutterstock / Kletr; (B) Shutterstock / Syda Productions; (C) Fotolia / amixstudio; **S. 109**: (1) Shutterstock / Michal Kowalski; (2) Fotolia / CandyBox Images; (3) Fotolia / Alexander Raths; **S. 110**: Fotolia / Karin & Uwe Annas; **S. 111**: unten Fotolia / goodluz; oben Fotolia / Maria Sbytova; Mitte Fotolia / GaudiLab; **S. 112**: Shutterstock / racorn; (3) Clip Dealer / Convisum; (5) Fotolia / mick20; (4) Fotolia / red2000; (1) Fotolia / B. Wylezich; (2) Fotolia / euthymia; **S. 113**: Butter Shutterstock / jeehyun; Fisch Clip Dealer / Karl Allgäuer; Saft Clip Dealer / LianeM; Eis Fotolia / unpict; Birne Fotolia / Xavier; Brötchen Fotolia / rdnzl; unten Fotolia / Günter Menzl; **S. 114**: (C) Fotolia / michaeljung; (A) Fotolia / lenets_tan; (B) Shutterstock / Sorbis; **S. 115**: unten Shutterstock / nd3000; Mitte Fotolia / VadimGuzhva; oben Fotolia / puhhha; **S. 117**: (4) Fotolia / nikesidoroff; (1) Fotolia / euthymia; (3) Fotolia / mick20; (2) Fotolia / red2000; **S. 120**: Fotolia / DragonImages; **S. 121**: links Fotolia / Astrid Gast; rechts Fotolia / Syda Productions; Mitte Shutterstock / tolgaildun; **S. 122**: oben Fotolia / VRD; **S. 123**: Fotolia / WavebreakmediaMicro; **S. 124**: Shutterstock / StockLite; **S. 125**: Fotolia / WavebreakmediaMicro; **S. 130**: (12), (14) Shutterstock / wavebreakmedia; (5), (6) Fotolia / Peter Atkins; (13) Fotolia / Tyler Olson; (11) Fotolia / Jeanette Dietl; (1) Fotolia / contrastwerkstatt; (16) Fotolia / Gina Sanders; (15) Fotolia / Luckyboost; (8) Fotolia / BillionPhotos.com; (10) Fotolia / Oksana Kuzmina; (7) Shutterstock / Blend Images; (4) Shutterstock / Crepesoles; (2) Shutterstock / Anneka; (9) Fotolia / darkbird; (3) Fotolia / Kaspars Grinvalds; **S. 131**: (8) Shutterstock / Sunny studio; (10)

Fotolia / Nadine Conrad; (3), (4) Fotolia / DoraZett; (9) Fotolia / GordonGrand; (6) Fotolia / Minerva Studio; (7) Fotolia / fotovika; (12) Fotolia / Photographee.eu; (5) Shutterstock / privilege; (2) Fotolia / dreamsnavigator; (1) Fotolia / luismolinero; (11) Fotolia / Kar Tr; **S. 132**: (4) Fotolia / flairimages; (2) Fotolia / chalabala; (1) Fotolia / Friedberg; (3) Shutterstock / Monkey Business Images; **S. 133**: Shutterstock / Andrey_Popov; **S. 134**: oben Fotolia / soniccc; unten Fotolia / puchan; 2. von unten Fotolia / mRGB; 2. von oben Fotolia / Frank; **S. 135**: Mitte Fotolia / Frofoto; rechts Fotolia / euthymia; links Fotolia / by-studio; **S. 137**: oben Cornelsen / Eva Enzelberger; unten Fotolia / Lisa Payr; Mitte Fotolia / kityyaya; **S. 139**: oben ÖBB-Holding AG; unten links Fotolia / Noppasinw; unten Mitte Fotolia / peizais; unten rechts Fotolia / JFL Photography; **S. 144**: Mitte Fotolia / NataliTerr; oben Fotolia / ARochau; unten Fotolia / contrastwerkstatt; **S. 145**: Smileys Cornelsen / finedesign, Büro für Gestaltung; **S. 148**: (1) Shutterstock / Pressmaster; unten Shutterstock / project1photography; (2) Fotolia / WavebreakmediaMicro; (4) Fotolia / contrastwerkstatt; Mitte Fotolia / Daniel Ernst; (3) Fotolia / kichigin19; (5) Shutterstock / arek_malang; **S. 150**: unten links Shutterstock / holbox; oben rechts Fotolia / maho; oben Mitte Fotolia / matimix; unten rechts Fotolia / Kzenon; unten Mitte Shutterstock / Imran's Photography; oben links Shutterstock / Patrick Poendl; **S. 152**: Shutterstock / Brenda Carson; **S. 153**: Shutterstock / wavebreakmedia; **S. 155**: Shutterstock / Dmytro Zinkevych; **S. 158**: (7) Shutterstock / Terry W Ryder; (6) Fotolia / Christian Schwier; (2) Fotolia / Ingo Bartussek; (4) Fotolia / ARochau; (3) Fotolia / olya6105; (9) Fotolia / Andrey Popov; (8) Shutterstock / anyaivanova; (1) Shutterstock / Tracy Whiteside; (5) Shutterstock / Patrick Poendl; **S. 159**: (18) Fotolia / sylvibechle; (12) Fotolia / shotsstudio; (17) Fotolia / Petrik; (13) Fotolia / Photographee.eu; (15) Fotolia / matimix; (10) Fotolia / Rita Kochmarjova; (11) Shutterstock / racorn; (16) Shutterstock / Imran's Photography; (14) Shutterstock / Ivan Karpov; **S. 160**: unten Shutterstock / 360b; oben Fotolia / M. Schuppich; **S. 162**: Shutterstock / Nicolette_ Wollentin; **S. 163**: Shutterstock / auremar; **S. 165**: oben links Clip Dealer / Achim Prill; unten Fotolia / Edler von Rabenstein; oben rechts Fotolia / euthymia; **S. 167**: SuMa Fotolia / George Wada; (E) Fotolia / Piotr Pawinski; (D) Fotolia / i-picture; Aminata Fotolia / Peter Atkins; (A) Fotolia / rdnzl; (B) Fotolia / PhotoSG; (C) Fotolia / euthymia; Andy Fotolia / BigLike Images; **S. 171**: (12) Clip Dealer / Birgit Reitz-Hofmann; (8) Fotolia / by-studio; (1) Fotolia / Lucky Dragon; (7) Fotolia / Piotr Pawinski; (3) Fotolia / gradt; (6) Fotolia / schepers_photography; (4) Fotolia / fotobenn; (2) Fotolia / janvier; (9) Fotolia / euthymia; (10) Fotolia / J.M.; (11) Clip Dealer / c-ts; (5) Shutterstock / Luisa Leal Photography; **S. 172**: (2) Shutterstock / nenetus; (4) Fotolia / JackF; (3) Shutterstock / loreanto; (1) Fotolia / complize | m.martins; **S. 173**: unten Shutterstock / William Perugini; oben Shutterstock / Syda Productions; **S. 174**: Fotolia / DW labs; **S. 175**: oben Fotolia / Aleksandr Doodko; 2. von oben Fotolia / sakkmesterke; unten Fotolia / TonyRecena; 2. von unten Fotolia / michaeljung; **S. 177**: (2) Colourbox.com; (5) Clip Dealer / Petra Röder; (3) Fotolia / maxcam; (6) Fotolia / matimix; (1) Shutterstock / Monkey Business Images; (4) Fotolia / phoenix021; **S. 178**: Hintergrund oben Fotolia / flyinglife; Schüler Cornelsen / Hugo Herold Fotokunst; **S. 179**: © Statista 2017; **S. 182**: (9) Shutterstock / Apollofoto; (4) Fotolia / contrastwerkstatt; (8) Fotolia / Tyler Olson; (1) Fotolia / kuco; (5) Fotolia / anyaberkut; (3) Shutterstock / Anton Gvozdikov; (6) Cornelsen / Björn Schumann; (7) Fotolia / Picture-Factory; (2) Fotolia / starsstudio; **S. 183**: (13) Shutterstock / Oksana Kuzmina; (11) Fotolia / .shock; (15) Fotolia / Rido; (10) Fotolia / Oksana Kuzmina; (18) Fotolia / JackF; (14), (16) Cornelsen / Hugo Herold Fotokunst; (17) Fotolia / Robert Kneschke; (12) Fotolia / SENTELLO; **S. 184**: Fotolia / Peter Maszlen; **S. 186**: rechts Fotolia / Syda Productions; links Fotolia / Monkey Business; **S. 187**: unten Fotolia / Syda Productions; oben Fotolia / Monkey Business.

Audio-CDs zum Arbeitsbuch A2

Pluspunkt Deutsch A2
Leben in Österreich

Studio:	Clarity Studio Berlin
Regie und Aufnahmeleitung:	Susanne Kreutzer
Tontechnik und Sounddesign:	Hüseyin Dönertaş, Christian Marx, Pascal Thinius
Sprecherinnen und Sprecher:	Mimi Beaufort-Spontin, Jan Goebel, Roman Hemetsberger, Ingrid Mülleder, Martin Muliar, Michael Pink, Eva Rahner, Anna Rot, Vera Schmidt, Pauls Sonderegger
Projektleitung:	Dr. Ulrike Litters
Redaktion:	Kristina Kremer